**用于国家职业技能鉴定**
**国家职业资格培训教程**
GUOJIA ZHIYE ZIGE PEIXUN JIAOCHENG
YONGYU GUOJIA ZHIYE JINENG JIANDING

# 助理项目管理师

## （国家职业资格三级）

### 编审委员会

| | | | | | |
|---|---|---|---|---|---|
| 主　任 | 刘　康 | | | | |
| 副主任 | 张亚男 | 张婀娜 | 邱菀华 | | |
| 委　员 | 杨爱华 | 邓晓远 | 宋守信 | 王亚慧 | 陈长兵 |
| | 詹　伟 | 杨　敏 | 李英侠 | 刘伊生 | 谢小钦 |
| | 周荣喜 | 李　森 | 赵雪锋 | 陈丽兰 | 王丽珍 |
| | 董纪昌 | 张金兰 | 杨彦龙 | 陈　蕾 | 刘永澎 |
| | 张　伟 | | | | |

### 编审人员

| | | | | | |
|---|---|---|---|---|---|
| 主　编 | 李英侠 | | | | |
| 副主编 | 谢小钦 | 陈丽兰 | | | |
| 编　者 | 张婀娜 | 邱菀华 | 宋守信 | 王亚慧 | 李英侠 |
| | 李凤云 | 杨　敏 | 周荣喜 | 王立文 | 刘伊生 |
| | 赵雪锋 | 陈黎明 | 李　森 | 杨　斌 | 谢小钦 |
| | 陈长兵 | 陈丽兰 | 王　晖 | 张金兰 | |
| 主　审 | 杨爱华 | | | | |

中国劳动社会保障出版社

**图书在版编目(CIP)数据**

助理项目管理师：国家职业资格三级/中国就业培训技术指导中心组织编写． —北京：中国劳动社会保障出版社，2009

国家职业资格培训教程

ISBN 978-7-5045-7790-0

Ⅰ．助… Ⅱ．中… Ⅲ．项目管理-技术培训-教材 Ⅳ．F224.5

中国版本图书馆CIP数据核字(2009)第040295号

---

**中国劳动社会保障出版社出版发行**

(北京市惠新东街1号 邮政编码：100029)

出 版 人：张梦欣

\*

北京北苑印刷有限责任公司印刷装订 新华书店经销
787毫米×1092毫米 16开本 18.5印张 321千字
2010年4月第1版 2014年9月第6次印刷
定价：35.00元

读者服务部电话：010-64929211/64921644/84643933
发行部电话：010-64961894
出版社网址：http://www.class.com.cn
版权专有 侵权必究
举报电话：010-64954652
如有印装差错，请与本社联系调换：010-80497374

# 前　言

为推动项目管理师职业培训和职业技能鉴定工作的开展，在项目管理师从业人员中推行国家职业资格证书制度，中国就业培训技术指导中心在完成《国家职业标准·项目管理师》（以下简称《标准》）制定工作的基础上，组织参加《标准》编写和审定的专家及其他有关专家，编写了项目管理师国家职业资格培训系列教程。

项目管理师国家职业资格培训系列教程紧贴《标准》要求，内容上体现"以职业活动为导向、以职业能力为核心"的指导思想，突出职业资格培训特色；结构上针对项目管理师职业活动领域，按照职业功能模块分级别编写。

项目管理师国家职业资格培训系列教程共包括《项目管理师（基础知识）》《项目管理员（国家职业资格四级）》《助理项目管理师（国家职业资格三级）》《项目管理师（国家职业资格二级）》《高级项目管理师（国家职业资格一级）》5本。《项目管理师（基础知识）》内容涵盖《标准》的"基本要求"，是各级别项目管理师均需掌握的基础知识；其他各级别教程的章对应于《标准》的"职业功能"，节对应于《标准》的"工作内容"，节中阐述的内容对应于《标准》的"能力要求"和"相关知识"。

本书是项目管理师国家职业资格培训系列教程中的一本，适用于对助理项目管理师的职业资格培训，是国家职业技能鉴定推荐辅导用书。

本书第1章由陈长兵、李凤云编写，第2章由李英侠、王立文编写，第3章由刘伊生、赵雪峰、邱菀华、陈黎明编写，第4章由杨敏编写，第5章由张婀娜编写，第6章由李森、宋守信编写，第7章由宋守信、李森编写，第8章由王亚慧编写，第9章由周荣喜、张婀娜编写，第10章由陈长兵、杨斌编写，第11章由谢小钦、陈丽兰、王晖编写。两位副主编谢小钦和陈丽兰负责本书的审稿，主编李英侠对本书的文字和内容进行调整理顺、润色和统稿。张婀娜和杨爱华审定全书。

本书在编写过程中得到了国家职业技能鉴定项目管理专家委员会秘书处、北京华夏精英项目管理咨询有限公司、中国项目管理师网（http：//www.cpmp.org.cn）等单位的大力支持与协助，在此一并表示衷心的感谢。

中国就业培训技术指导中心

# 序

　　按照中华人民共和国劳动和社会保障部 2002 年颁布的《国家职业标准·项目管理师》（试行）编写的《国家职业资格培训教程·项目管理师》（以下简称"旧版教程"）已经使用了五年。五年来，项目管理已日益广泛地应用到我国社会各行各业的各个领域中，取得了可喜的成绩。基于五年来项目管理无论在理念、方法与实践上均有很多新的发展，旧版教程已不能适应项目管理发展的需要，故亟待修订。

　　项目管理既是一种管理活动，又是一门科学体系，即人们以项目活动为研究对象，研究对项目进行科学组织与管理的理论、方法和手段。项目管理涉及的学科知识极为广泛，包括项目管理所特有的知识、一般管理的知识以及与项目相关应用领域的知识，项目管理知识体系就是这些知识的总和。知识经济时代是项目蓬勃发展的时代，发达国家和地区的实践表明，当今人类社会的大部分活动都可以按项目来运作，项目管理正以一种新的思维方式和管理模式渗透到各个领域，成为人类生存和推动社会发展的一种必要手段。为顺应时代发展和实际工作需要，我们在总结旧版教程经验的基础上，结合当今项目管理先进理论，编写了新版项目管理师国家职业资格培训系列教程（以下简称"新版教程"）。

　　新版教程力求吸收当今世界项目管理知识体系的内容，尽可能覆盖所涉及的全部知识，特别是着力反映那些已被中国实践证明适用的内容。新版教程采用国际通用的术语，同时又注意从中国具体国情出发，用中国人的思维方式和容易接受的语言进行阐述，并做到详略得当、有所创新。应该看到，在当今科技和社会进步突飞猛进的时代环境中，随着项目管理实践的不断发展和学科研究的不断深入，项目管理的内涵会变得更加丰富，项目管理知识体系将处于不断发展之中。

　　新版教程在《国家职业标准·项目管理师》基础上进行了适当调整与扩充，坚持以职业活动为导向、以职业能力为核心，突出对职业培训和资格认证的适用性。新版教程在表现形式上采用了一种全新的编写风格来讲解项目管理的完整知识体系，同时通过大量案例增加教材的实用性；在内容上采用国际项目管理的最新成就，以期尽可能反映世界范围内项目管理研究的新成果、新动向；在体系上基本沿用了 PMI（美国项目管理协会）九大知识体系的结构，但同时又改善了旧版教程使用不便的问题，以项目管理的生命期为主线，依据项目管理在不同阶段的特点，按照先后顺序讲解相关内容。

新版教程改变了旧版教程四个级别合一的编写模式，各级别单独成书，内容由浅入深、逐级递进。新版教程共包括5本：《项目管理师（基础知识）》《项目管理员（国家职业资格四级）》《助理项目管理师（国家职业资格三级）》《项目管理师（国家职业资格二级）》《高级项目管理师（国家职业资格一级）》。与旧版教程相比，新版教程在内容上增加了安全管理和环境管理、项目组合管理、大型复杂项目管理、项目后评价等。其中《项目管理师（基础知识）》增加了项目经理、项目文化、项目沟通管理、项目软件应用等内容，《项目管理员（国家职业资格四级）》增加了安全、健康与环境管理，礼仪基本知识，计算机网络基础知识等内容，《助理项目管理师（国家职业资格三级）》增加了安全管理、职业健康管理与环境保护、项目信息系统基础理论知识、绩效评价方法和项目总结报告等内容，《项目管理师（国家职业资格二级）》增加了项目章程、六西格玛管理、突发事故应急管理、环境污染防治、项目后评价等内容，《高级项目管理师（国家职业资格一级）》增加了战略管理、界面管理、关键链、物流管理、组合管理、质量经营战略、知识管理、项目索赔等内容。

新版教程在组织编写和审定过程中，得到了中国人民大学、北京航空航天大学、北京交通大学、中科院研究生院、北京化工大学、北京建筑工程学院、北京联合大学等单位的大力支持，华夏精英项目管理中心邓晓远、张金兰等同志对本书的编撰提供了大量组织保障工作，特此感谢。

张娴娜

# 目 录

## CONTENTS 国家职业资格培训教程

**第1章　项目启动** ……………………………………………………………（1）

**第1节　项目需求分析** ………………………………………………………（1）

学习单元1　项目需求分析的主要过程与基本原则 ……………………（1）

学习单元2　项目需求信息与市场调查 …………………………………（5）

学习单元3　项目需求建议书的编写 ……………………………………（13）

**第2节　项目可行性研究** ……………………………………………………（16）

学习单元1　项目信息资料的收集与整理 ………………………………（16）

学习单元2　可行性研究的阶段划分与要求 ……………………………（21）

学习单元3　初步可行性研究报告的编写 ………………………………（28）

学习单元4　项目评估 ……………………………………………………（37）

**第2章　项目范围管理** ………………………………………………………（41）

**第1节　项目范围计划** ………………………………………………………（41）

学习单元1　编写项目范围说明书 ………………………………………（41）

学习单元2　创建项目工作分解结构 ……………………………………（46）

**第2节　项目范围控制** ………………………………………………………（53）

学习单元1　识别影响项目范围变更的因素 ……………………………（53）

学习单元2　处理项目范围变更请求 ……………………………………（57）

**第3章　项目时间管理** ………………………………………………………（61）

**第1节　项目进度计划** ………………………………………………………（61）

| | | |
|---|---|---|
| 学习单元1 | 编制工作清单 | (61) |
| 学习单元2 | 项目工作持续时间估计 | (66) |
| 学习单元3 | 工作排序 | (69) |
| 学习单元4 | 编制项目进度计划 | (73) |

第2节　项目进度控制 ……………………………………………(83)

| | | |
|---|---|---|
| 学习单元1 | 项目进度跟踪 | (83) |
| 学习单元2 | 项目进度控制软件 | (86) |

## 第4章　项目费用管理 …………………………………………(88)

第1节　项目费用计划 ……………………………………………(88)

| | | |
|---|---|---|
| 学习单元1 | 收集项目资源信息 | (88) |
| 学习单元2 | 编制项目资源说明书 | (91) |
| 学习单元3 | 编制项目费用计划 | (96) |

第2节　项目费用控制 ……………………………………………(99)

| | | |
|---|---|---|
| 学习单元1 | 项目费用控制基本知识 | (99) |
| 学习单元2 | 分析费用偏差的原因 | (101) |
| 学习单元3 | 项目费用控制软件 | (102) |

## 第5章　项目质量管理 …………………………………………(105)

第1节　项目质量计划 ……………………………………………(105)

| | | |
|---|---|---|
| 学习单元1 | 项目质量管理原理 | (105) |
| 学习单元2 | 编制质量检查表 | (109) |
| 学习单元3 | 编制质量计划 | (115) |

第2节　项目质量管理 ……………………………………………(119)

| | | |
|---|---|---|
| 学习单元1 | 2000版ISO 9000系列标准 | (119) |
| 学习单元2 | 实施质量保证 | (124) |

第3节　项目质量控制 ……………………………………………(126)

| | | |
|---|---|---|
| 学习单元1 | 质量控制原理 | (126) |
| 学习单元2 | 质量控制方法 | (128) |

## 第6章 项目人力资源管理 (134)

### 第1节 项目人力资源计划 (134)
学习单元1 项目角色与职责描述 (134)
学习单元2 项目组织结构设计 (139)
学习单元3 项目人力资源需求计划 (145)

### 第2节 项目团队的组织与建设 (149)
学习单元1 项目团队的组织 (149)
学习单元2 项目绩效考核 (153)

## 第7章 安全、健康与环境管理 (160)

### 第1节 安全与健康管理 (160)
学习单元1 安全管理计划实施 (160)
学习单元2 职业健康管理 (165)

### 第2节 环境保护 (171)
学习单元1 大气污染防治 (171)
学习单元2 水污染防治 (174)
学习单元3 噪声控制 (176)

## 第8章 项目沟通管理 (180)

### 第1节 项目沟通计划 (180)
学习单元1 项目沟通需求确定 (180)
学习单元2 项目沟通计划编制方法和步骤 (182)

### 第2节 项目信息管理 (188)
学习单元1 项目信息管理基本知识 (188)
学习单元2 项目信息系统的分类 (191)
学习单元3 项目信息系统的开发与管理 (194)

## 第9章 项目风险管理 (199)

### 第1节 项目风险管理计划 (199)
学习单元1 项目风险管理基础知识 (199)

学习单元2　项目风险识别与定性评估 …………………………（204）
　第2节　项目风险控制 ……………………………………………（212）
　　学习单元　项目风险控制 ………………………………………（212）
第10章　项目采购与合同管理 ………………………………………（216）
　第1节　项目采购计划 ……………………………………………（216）
　　学习单元1　采购计划的编写 …………………………………（216）
　　学习单元2　采购合同的编写 …………………………………（222）
　　学习单元3　采购市场调查与分析 ……………………………（227）
　　学习单元4　招投标的概念与招投标文件编制 ………………（233）
　第2节　采购计划的实施 …………………………………………（241）
　　学习单元1　采购计划实施管理一般知识 ……………………（241）
　　学习单元2　采购对象市场价格的整理与分析 ………………（244）
　　学习单元3　采购招投标的组织 ………………………………（246）
　　学习单元4　采购合同的谈判与签订 …………………………（257）
第11章　项目收尾 ……………………………………………………（260）
　第1节　合同收尾 …………………………………………………（260）
　　学习单元1　核实合同条款 ……………………………………（260）
　　学习单元2　复查并核实合同履行情况 ………………………（262）
　　学习单元3　组织合同资料归档 ………………………………（270）
　第2节　管理收尾 …………………………………………………（274）
　　学习单元1　起草项目验收报告 ………………………………（274）
　　学习单元2　起草项目总结报告 ………………………………（278）

**参考文献** …………………………………………………………………（283）

# 第1章 项目启动

## 第1节 项目需求分析

 **学习单元1　项目需求分析的主要过程与基本原则**

 **学习目标**

> 掌握需求分析的主要过程
> 掌握需求分析的基本原则

### 一、项目需求分析的主要过程

项目需求分析是项目投资者通过对项目产品（服务）的市场需求、社会需求、公众需求以及投资者自身发展需求的综合分析，确定项目的方向以及项目投资的必要性，为投资决策提供必要的准备工作。需求分析的过程包括需求的产生和需求的识别两个主要阶段。

**1. 需求的产生**

随着社会的发展，人们的需要日益增长和多样化。这些需求和期望解决的问题导致了项目的产生。人类生活、社会发展和国防建设的种种需要，常常要通过项目来满足。社会经济各部门的现在和将来的发展，也都需要大量的项目。可以说，需求是产生项目的基本前提，项目存在于社会生产、分配、消费和流通的各个环节。

项目需求可分为三大类：

（1）公共需求与公共项目

公共项目起源于公共需求，公共需求又起因于经济与社会的发展与进步。社会发展必然产生众多新的需求，需求有力地拉动着项目的实施，项目的实施进一步推动了社会的发展。

（2）市场需求与市场项目

市场需求所引发出来的项目，如企业的新产品开发等。

（3）私人需求与私人项目

私人需求的主体包括个人、家庭、社会团体、组织、企业等，私人需求从而产生私人项目。

**2. 需求的识别**

需求识别是项目启动阶段首要的工作，始于需求、问题或机会的产生，结束于需求建议书的发布。客户识别需求、问题或机会，是为了使自己所期望的目标能以更好的方式来实现。只有需求明晰，供方（承担方、承包商等）才能准确地把握客户的意图，才能规划出好的项目。需求识别是一个过程，需求产生之时也就是识别需求之始。项目需求的识别，只有通过不断收集信息和资料，进行调查和研究，才能使自身的需求明晰化。

下面以访谈法为例简要介绍需求识别的基本过程：

（1）拜访客户

拜访客户就是要求项目团队发扬"从群众中来，到群众中去"的精神，到客户工作和生活的地方去，尽可能接近他们真实的工作环境。

（2）提出开放式问题

项目团队可以通过五六个开放式问题让客户讲述自身的工作故事，从而发现客户的真正需求。需要注意的是，访谈者提出的问题不能有任何倾向性，保证客户讲述的内容是其真实想法而非访谈者的想法。

（3）聆听客户

在访谈客户过程中，访谈者一定要认真聆听、认真记录，绝对不要掺杂任何主观臆断的内容。访谈结束后，访谈小组应尽快认真审阅访谈记录。

（4）解释客户所说内容

访谈小组需要采用描述声音和图像的形象化语言，最大限度抓取客户最强烈的想法和感受，并对这些想法和感受达成共识。

（5）转化为需求

将客户的每个想法和感受转化为相应的需求，再根据需求的重要程度进行归类和压缩，减少需求数目，形成一定数量的需求组，并进行需求陈述，直至团队内部对需求达成共识。

（6）表达需求

客户需求最终是通过需求建议书来表达的，当客户需求界定后，便可以着手准备需求建议书了。

## 二、项目需求分析的基本原则

做好项目的需求分析，需要把握以下基本原则。

**1. 明确阐明需求**

项目是为了满足人们的需要而产生的，明确的需求是项目的基础。因此，首先要明确阐明需求，否则就难以通过行动来满足它。为了阐明需求，需要对其进行详尽研究，并进行全面、明确的描述，进而形成项目的功能要求。阐明项目需求可以按以下5个步骤来进行：

（1）让客户尽可能清楚地描述其需求

客户在开始时，对自己需求也可能只有一种感觉，而没有一个清晰的认识。为此，项目人员的一个重要任务是与客户密切配合，帮助他们确定究竟需求什么，通过引导让其尽可能清楚地描述出来。

（2）提出一系列问题理解需求

通过提出一系列问题从不同的角度理解需求，例如，可以提出以下具体问题：

1) 你遇到什么问题？
2) 在这一方面你以前做过什么事？结果如何？碰到什么阻碍？
3) 你想要的究竟是什么？
4) 你期望的最终产品或服务是什么？有些什么功能？怎样衡量质量？
5) 有没有具体的时间要求？你的预算是多少？
6) 除了近期目标，有没有长远目标？
7) 哪些事必须考虑？哪些事又不必考虑？

（3）开展必要的研究以更好地理解需求

项目人员需要从技术、管理等多方面进行必要的研究，以便更好地理解需求。对以下问题的回答往往有助于项目人员深入理解客户需求：

1) 提出需求的人是如何描述需求的？
2) 需求真实吗？是真正的需求还是需求的表面现象？
3) 我们能满足这个需求吗？其他人能满足这个需求吗？是否真有解决办法？
4) 需求重要吗？值得去满足它吗？
5) 满足需求的关键问题是什么？满足这个需求后是否会产生新的需求？还要进一步满足其他需求吗？新的需求能取代目前的需求吗？
6) 需求涉及什么人？这些人认为这是一个必要的需求吗？满足需求后对他们有什么影响？为满足这个需求其反应会是什么？
7) 需求对客户组织的影响是什么？

（4）尽可能清楚地阐述需求

通过上述三个步骤得出的结论已经对需求及其内在问题有了一个比较清晰的认识，此时对需求的阐述已经不同于刚开始时对需求的阐述。

（5）修改完善

经过上述分析所做的需求阐述，还不一定是客户真正的需求，而可能是项目（专业）人员代表客户分析出来的需求。为此，项目人员应该根据客户的意见对需求阐述做适当的修改，尽最大努力确认所阐述的需求的确反映了客户的需要。

**2. 避免发生误解**

为了避免对客户的需求发生误解，应该通过需求建议书来全面、详细地表达客户的需求。当然，并非所有的项目都需要需求建议书，对于组织内部的项目，一般可以通过口头的信息交流和信息传递来实现，而非通过需求建议书的形式来表达。

**3. 了解需求的变化性**

需求是动态的、不断变化的。需求改变的原因包括以下几种：

（1）人员的变化

由于项目人员所在机构、客户机构以及供应商机构经常出现人员的变化，每次出现的新人对项目都会有自己的理解，他们有可能会要求彻底改变需求或对需求有不同的解释。

（2）预算的变化

由于项目来源单位预算的变化有可能会使原有的项目取消，或者是改变项目的需求以适应预算的变化。

（3）技术的变化

技术在不断地发展。每一种新技术进入市场，都会促使人们重新考虑对需求的设想。

（4）商业环境的变化

商业环境的变化越来越激烈。汇率的变化、政府政策的改变、竞争对手竞争策略的改变、供应商价格的变动等，都会对项目产生重大影响。项目计划和管理人员在需求不断变化的前提下表达需求时，不但要考虑当前的环境还要考虑未来的发展。

**4. 使用分析工具**

阐述需求时，要尽可能地使用图形、图表以及物理模型等工具。这些工具能够比文字更清晰地表达客户需求。

**5. 建立监督变更机制**

项目需求的变更往往影响整个项目。这是因为，项目变更一方面对系统中其他相关部分产生影响，另一方面导致费用发生变化。因此，必须对项目进行严格的变更管理，否则，大量变更将难以控制。

项目变更一般要填写变更申请单，变更申请单的主要内容包括以下几项：

（1）请求变更日期。

（2）请求变更人姓名。

（3）变更内容。

（4）变更对整个项目的影响。

（5）变更涉及的人员和任务。

（6）经费预算。

（7）变更申请人签字。

## 学习单元2　项目需求信息与市场调查

### 学习目标

➢ 掌握项目需求信息分类

➢ 掌握市场调查的基本方法

➢ 能够汇总项目需求信息

## 一、项目需求信息的分类

项目需求信息的收集与分析是项目决策和项目计划的重要依据,其来源广泛,可以分类如下。

**1. 国家和地区需求**

一般情况下,国家和地区的长期发展规划和相关经济政策可以反映国家和地区对项目的需求。

**2. 社会需求**

项目建设不仅要考虑经济效益,还要考虑社会效益。社会效益包括社会经济、社会人文、社会环境、社会可持续发展、社会和谐、人类安全与和平等诸多方面。

**3. 消费(服务)群体需求**

项目定位的消费(服务)群体一般由项目产品的特点决定,消费群体定位的范围与项目需求的广度密切相关。

**4. 项目业主的需求**

项目业主筹建项目时不仅考虑国家和社会的经济效益,更会考虑自身的长远发展规划和眼前的经济利益。

**5. 项目自身的相关需求**

项目在实施过程中其自身的相关需求相当广泛,比如原材料、燃料、辅助材料、技术与设备、资金需求、人才需求、咨询需求、环境需求等。

## 二、市场调查

**1. 市场调查的目的与原则**

科学的投资决策以可靠的市场调查和准确的市场预测为基础,广泛而全面的市场调查是项目可行性研究的基础工作。市场调查是对现有市场和潜在市场各方面情况的研究和评价,其目的在于收集市场信息,了解市场动态,把握市场的现状和发展趋势,发现市场机会,为企业投资决策提供科学依据。市场调查是进行科学市场预测的前提和基础。

**2. 市场调查的内容**

市场调查的内容因组织及其需求的不同而有差异。一般而言,市场调查的主要内容包括市场需求调查、市场供应调查、消费调查和竞争者调查。

(1)市场需求调查

市场需求调查主要包括市场对产品或服务需求的数量、价格、质量、区域分布的历史、现状和发展趋势等相关信息，重点是对市场容量的调查。市场容量包括有效需求、潜在需求和需求的增长速度三方面。有效需求是指消费者现阶段能用货币支付的需求；潜在需求是指现时无法实现，但随着收入水平的提高或商品价格的降低等因素的变化，在今后可以实现的有效需求；需求的增长速度是影响项目建成后市场需求的重要因素，是由现时市场需求推测未来市场需求的关键因素。

（2）市场供应调查

市场供应调查主要调查市场的供应能力、主要生产或服务企业的生产能力，了解市场供应与市场需求的差距。市场供应调查，要调查供应现状、供应潜力以及正在或计划建设的供应相同产品的项目的生产能力。

（3）消费调查

消费调查的内容主要包括产品或服务的消费群体、消费者购买能力和习惯、消费演变历史和趋势等。某一种具体产品针对某一特定的消费者群体，在经过市场细分明确产品或服务的消费者之后，需要对这部分消费者的消费层次、消费要求、心理状况、消费动机、消费方式进行调查和分析。只有了解消费动机和消费层次，才能在细分市场中把握组织的目标市场，正确预测市场需求。

（4）竞争者调查

竞争者调查主要包括调查区域内提供同类及替代产品或服务的组织数量，各组织的市场占有率、生产能力、销售数量、销售渠道、成本水平、管理能力、赢利水平等，以及可能的潜在竞争者的相关情况等。通过竞争者调查，希望了解同类生产企业的生产技术水平高低、经营特点和生产规模、主要技术经济指标、市场占有率以及市场集中度等市场竞争特征。只有充分了解竞争对手，才能制定有效的竞争策略。

**3. 市场调查的方法**

市场调查是一项复杂的工作，必须有目的、有计划、有组织地进行。为了使调查工作按目的顺利进行，在组织调查之前，首先需要设计一个周密的调查方案，或者列出调查大纲。调查方案的基本内容包括明确调查目的、确定调查对象和调查单位、确定调查项目、确定调查时间和调查期限、制订调查的组织实施计划。

选择调查方法要考虑收集信息的能力、调查研究的成本、时间要求、样本控制和人员效应的控制程度。市场调查方法通常包括文案调查法、观察法、询问法、实验法等，具体方法介绍参见国家职业资格培训教程《项目管理员（国家职业资格四级）》。

另外，按照调查的组织形式，市场调查还包括普查、重点调查、典型调查与抽样调查。

（1）普查

普查是专门组织的、一次性全面调查，主要用来调查属于一定时点上的社会经济现象的总量，用于全面系统地掌握重要的国情国力方面的统计资料。普查往往在全国范围内进行，工作量大、时间性强，需要动员较多的人力、物力，组织工作繁重。

（2）重点调查

重点调查是在调查对象范围内，选择部分在全局中举足轻重的重点调查单位搜集统计资料的非全面调查。这里的重点单位是指在全部总体中虽然数目不多，所占比重不大，但对总体各单位所共同反映的属性或特征却占有很大比重。

（3）典型调查

典型调查是在调查对象中有意识地选取若干具有典型意义的或有代表性的单位进行的非全面调查，其中心问题在于如何正确地选择典型单位，要保证被选中的单位具有充分的代表性。

（4）抽样调查

由于市场是一个复杂庞大的总体，组织用户不仅数量众多，而且分布广泛。如果采用普查，不仅耗费大量的人财物力，而且调查时间长，不能及时取得调查结果，时效性比较差。所以，市场调查经常采用抽样调查的方法。所谓抽样调查，就是根据一定的要求从调查对象的总体中抽取一部分个体（也称样本）进行观察，并依据所获得的数据资料对调查总体的特征进行具有一定可靠性的推断，从而达到认识和了解总体的一种调查方法。抽样调查不仅能够对某些总体庞大、分布松散、不可能或没必要进行普查的社会经济问题进行较为准确的推断，而且省时、省力、节约开支，提高调查的经济效果。

**4. 市场调查信息的汇总**

将市场调查获得的各种数据归集、汇总为供分析使用的信息是十分必要的。

（1）统计表汇总

当只有少量数据时，一般采用文本或简单的表格来表述。表格有助于定量比较，是一种简洁有效的数据介绍方式，定量比较列表更易于阅读和理解。用表格汇总数据时，表格应该包括足够的数据以便于读者理解。

统计表的制作原则是科学、规范、简明、实用、美观。从表的结构上看，通常由表号、总标题、横行标题、纵栏标题、数字注释和资料来源等要素构成。在制作统计表时，应注意以下几方面：

1) 表的标题要简短明了，要能确切说明表中数据的内容，使人一目了然。

2) 表的纵栏标题与横行标题要准确反映变量取值的含义，它们的排列也应具有一定的逻辑结构。

3) 表中的数据资料必须注明计量单位。

4) 对于一般频数分布表，应列出合计栏，以便获得整体情况的资料。

5) 各种表格均应以横线为主，能够不用竖线就尽量不用。

6) 如果数据不是来自于自己的原始研究，应该要注明数据来源。

(2) 统计图汇总

统计图是研究者用来简化和反映调查资料的一种常用方法和形式。与表格相比，图形显示的信息较少，经常只是一些近似值。但是，统计图比表格更易被阅读、更直观，更能迅速地传达定量值和比较，具有直观、生动、形象等特点。

与统计表相比，统计图主要用于调查资料初级统计结果的描述，特别适合于对调查总体的内部构成进行描述，对不同现象的分布进行比较以及对现象变化的趋势进行展示等。常用的图形包括条形图、饼图、线图、面积图、高低图、箱图、金字塔图、散点图和直方图等。条形图（bar chart）是用条带的长短或高低来表现数据大小的图形，用于对性质相似的数据进行比较，包括简单条形图、复合条形图和堆栈条形图。饼图又称圆形图，是以圆内不同的扇形面积的大小来表示总体中不同部分所占的比重，形象地反映总体的内部结构。线图则通过线段的升降来反映研究现象在时间上的变化趋势、现象的分配情况和两个现象之间的依存关系。

## 汇总项目需求信息案例

某商业集团想在某省会城市近郊市区投资建设购物场所，需要对该区域家庭购物决策者的购物习惯有一个真正的了解，以便做好扩大销售布点的项目决策。

一、工作准备

1. 集团开发部门组织成立专门的调查小组实施本项调查工作。

2. 了解调查的主要目的，对项目需求信息的来源进行初步分析。

3. 了解集团的投资发展战略、现有销售布局情况，掌握购物场所相关商业知识。

二、策划调查方案并编制调查大纲

经过调查小组的分析讨论，进行调查方案策划，完成调查大纲，并上报集团主管副总经理批准。设计的市场调查大纲与消费者调查问卷参考如下。

### 某近郊市区投资建设购物场所项目市场调查大纲

（一）调查目的

在某省会城市近郊市区投资建设购物场所，需要对该区域家庭购物决策者的购物习惯有一个真正的了解，以便做好扩大销售布点的项目决策。

（二）调查对象与单位

按照拟投资商业点方位选择调查区域为本市A、B、C、D、E五个区与附近F、G、H三个郊县，重点为城区消费群体。样本总量为800人，每区或县各100人。

（三）调查具体内容

按照市场需求调查、市场供应调查、消费调查和竞争者调查分别分析并列出具体调查内容。本案例只以消费调查为代表，对家庭主要购物者、购物频率、平均花费、花在路途上的时间和不同类型商店各类商品的购买情况等作为调查的具体内容。

（四）调查时间与期限

调查时间限定在消费者今年1年。完成本次调查报告的时间期限是2个月。

（五）调查组织实施计划

1. 调查小组为5人，除组长外，每两人负责4个区或县的调查。由组长对成员进行充分的培训与交底。
2. 选择抽样样本，列出具体的被调查对象。
3. 确定问卷调查为主要的调查方法并设计调查问卷。
4. 发送问卷，采用留置问卷形式。
5. 调查费用预算与落实。

### 消费者调查问卷

尊敬的消费者：

我们能否获得您的帮助？

我们正在就本地区投资建设一购物场所进行市场调查，旨在为本公司能更好地服务于广大消费者的需求。由于您被选为一个相对较小的样本的一员，您的回答对研究结果的准确性至关重要。您所有的回答我们都会为您保密，只以统计数据的形式综合和介绍。

如果您能花几分钟时间回答这份调查，我们会非常感谢！在回收问卷时，将赠送一份本公司的小礼品，热切等待您的回答。

××公司<br>××××年××月××日

1. 作为家庭购物决定者的您的性别、年龄、学历、家庭平均收入水平

性别：男（　　），女（　　）。

年龄：14岁以下（　　），15~19岁（　　），20~25岁（　　），26~30岁（　　），31~35岁（　　），36~40岁（　　），41~45岁（　　），46~50岁（　　），51~55岁（　　），56~60岁（　　），60岁以上（　　）。

学历：初中以下（　　），高中（　　），大专（　　），大学及以上（　　）。

家庭平均月收入：1 000元以下（　　），1 001~2 000元（　　），2 001~3 000元（　　），3 001~4 000元（　　），4 001~5 000元（　　），5 001元以上（　　）。

2. 您今年日常最常去的购物场所

综合商场（　　），仓储式超市（　　），便利店（　　），菜市场（　　），批发市场（　　），社区小型超市（　　），专卖店（　　）。

3. 您今年每周去日常购物场所的次数与花费

|  | 附近菜市场/百货市场 | 大卖场 | 超市 |
|---|---|---|---|
| 平均次数 |  |  |  |
| 平均花费（元） |  |  |  |

4. 影响您选择购物场所的关键因素

需要花费在路上的时间（　　），商品的质量和新鲜度（　　），购物环境（　　），商品的种类（　　），商品的价格（　　），服务水准（　　）。

5. 其他（略）

1. 市民日常购物对购物场所选择的调查统计汇总

通过汇总市民日常购物对购物场所选择的调查数据，得到表1—1。

表1—1　　　　市民日常购物对购物场所选择的调查统计汇总表

| | A区 | B区 | C区 | D区 | E区 | F县 | G县 | H县 |
|---|---|---|---|---|---|---|---|---|
| 综合商场 | 11% | 9% | 9% | 13% | 7% | 11% | 15% | 8% |
| 仓储式超市 | 15% | 12% | 15% | 17% | 19% | 13% | 14% | 17% |
| 便利店、菜市场 | 40% | 38% | 37% | 38% | 36% | 33% | 41% | 45% |
| 批发市场、社区小型超市 | 23% | 36% | 34% | 22% | 37% | 37% | 27% | 23% |
| 专卖店 | 11% | 5% | 5% | 10% | 1% | 6% | 3% | 7% |

调查表明：可以看出，便利店、菜市场、批发市场、社区小型超市是市民日常购物的主流。综合商场、仓储式超市并不是市民们在平时购物消费时主要选择的场所，去综合商场、仓储式超市的比重仅占26.0%，只有少数市民会把综合商场、仓储式超市作为日常购物场所。

2. 不同购物场所平均次数与花费调查数据汇总

对不同购物场所平均次数与花费进行数据统计，得到表1—2。

表1—2　　　　不同的购物场所平均次数与花费统计汇总表

| | 附近菜市场/百货市场 | 大卖场 | 超市 |
|---|---|---|---|
| 平均次数 | 5 | 1.5 | 3 |
| 平均花费（元） | 50.3 | 99.5 | 20.81 |

平均次数分析表示，饮食讲究"新鲜"的习惯是造成这一排列的主因。大卖场和超市的农副产品必须品质新鲜优良、购买和烹调方便，才有可能夺走菜市场的销售份额。

平均花费分析表明购物频率高并不一定花费高。大卖场的表现比超市强劲，消费者在大卖场的花费是附近超市的两倍，相比之下，与其他类型店铺的花费差距更大。这表明，大卖场和超市作为典型的现代零售渠道，非常受欢迎。

3. 影响市民选择购物场所的关键因素调查数据汇总

对影响市民选择购物场所的关键因素进行数据统计，得到表1—3。

表1—3　　　　影响选择购物场所关键因素统计汇总表

| 因　素 | 比　例 |
|---|---|
| 需要花费在路上的时间 | 31% |
| 商品的质量和新鲜度 | 17% |
| 购物环境 | 10% |
| 商品的种类 | 16% |
| 商品的价格 | 8% |
| 服务水准 | 12% |

市民外出购物时会考虑各种因素,76.0%的市民认为商品价格和商品质量是影响购物的两大重要因素;最大的影响因素是购物的便捷性,需要花费在路上的时间影响和制约着对购物商场的选择。

4. 家庭购物决策者购物决策相关因素调查及分析

对家庭购物决策者购物决策相关因素进行统计,得到表1—4。

表1—4　　　　家庭购物决策者购物决策相关因素统计汇总表

| 因素 | A区 | B区 | C区 | D区 | E区 | F县 | G县 | H县 |
|---|---|---|---|---|---|---|---|---|
| 教育水平（中专以上） | 25% | 15% | 17% | 13% | 11% | 9% | 6% | 8% |
| 家庭人均收入（1 000~2 000元） | 38% | 37% | 28% | 31% | 34% | 31% | 26% | 29% |
| 年龄结构（26~45岁） | 67% | 57% | 66% | 71% | 68% | 73% | 69% | 58% |
| 性别（女） | 69% | 71% | 63% | 73% | 59% | 77% | 64% | 66% |

通过表1—4可以看出,与家庭购物决策密切相关的因素是26~45岁的女性,这种情况并不因为区县的差异而有明显的区别。

## 学习单元3　项目需求建议书的编写

### 学习目标

➢ 掌握需求建议书的主要内容
➢ 掌握需求建议书的编写方法
➢ 能够编写需求建议书

### 一、需求建议书的主要内容

需求建议书是客户（业主）向供方发出的用来说明如何满足其已识别的需求的建议书。它是从客户（业主）自身的角度出发,全面详细地论述、阐明所期望的目标和期望得到的结果。需求建议书要能提供全面、明确的信息,让供方能把握客户（业主）所期待的产品或服务,只有这样,供方才能进行项目识别、项目构思等后续工作,从而向客户（业主）提交一份有竞争力的项目申请书。

一份需求建议书主要包括以下内容。

**1. 满足客户（业主）需求的项目工作陈述**

客户（业主）需要概括说明要求供方完成的主要工作任务和工作范围。

**2. 期望的项目目标**

项目目标是供方所提供的实体内容，也称项目可交付成果。

**3. 对项目目标的规定**

对项目目标的规定也就是对项目目标的具体要求。

**4. 客户（业主）供应条款**

主要涉及项目实施中客户（业主）提供的保障及物品供应等。

**5. 付款方式**

指客户（业主）对供方如何付款的要求，如一次性付款、分期付款等。

**6. 项目的进度计划**

客户一般在需求建议书中对项目的进度有明确的要求。

**7. 对可交付成果的评价标准**

对项目可交付成果的评价标准就是对项目产品评价与验收的标准。

**8. 对供方项目申请书的要求**

客户（业主）需要向供方提出提交项目申请书的书面要求。

## 二、需求建议书的编写方法和步骤

需求建议书的编写需要经历三个步骤。

**1. 准备阶段**

（1）确定需求建议书的目的和宗旨。

（2）确定需求建议书的总体框架。

（3）确定需求建议书的编写人员构成。

（4）确定需求建议书的编写进度安排。

**2. 需求建议书的起草阶段**

依据准备阶段确定的分工和进度要求，按照项目需求建议书的内容要求，开始项目需求建议书的编写工作，具体包括需求分析、市场调研等前期工作。

**3. 需求建议书的修改与完善阶段**

根据项目需求的特点，尤其要考虑到需求的变化性，按照项目需求建议书的编写内容要求，逐步修改和完善项目需求建议书，直至符合项目要求。按照项目单位管理要求，一般需要经过论证与审查。

## 编写项目需求建议书案例

某企业在集团总部拟建一套网络电视与视频会议系统,为三家有资格的潜在供应商提交项目申请书而编制一份项目需求建议书。

一、工作准备

1. 完成建设该项目的需求调查。
2. 根据需求调查结果进行需求分析。
3. 确定需求建议书编写人员构成。
4. 确定需求建议书的编写进度安排。

二、确定需求建议书的总体目标

本项目需求建议书是为三家有资格的潜在供应商提交项目申请书而编制的,要求其足以反映本企业对网络电视与视频会议系统的要求,便于投标单位提供有竞争力的投标文件。

三、编写需求建议书

1. 满足其需求的项目工作陈述

供方根据项目需求完成本企业网络电视与视频会议系统的方案设计、设备供应、系统安装与调试,负责使用培训并提交全套文档资料。

2. 期望的项目目标

在12个会议室内配置必要的设施,保证能通过内部局域网观看电视、DVD节目、组织内部会议、音视频直播等,节目源包括有线电视、DVD、会议现场录像等视频。

3. 对项目目标的规定

(1) 采用适合于网路传输和观看的流媒体技术。

(2) 利用视频工作站将模拟电视信号进行采集和转换,转换成直播流发送到流媒体服务器上。

(3) 单一流媒体服务器可支持100~150个并发流(450 k左右带宽)。

(4) 具有视频会议功能,支持数据协作功能,使交流更加全面充分,如电子白板、文档共享、文件共享、协同浏览、桌面共享等。具有基于Web的会议管理功能,多种级别的会议权限验证,可靠灵活的会议控制机制等。

4. 客户供应条款

由本企业提供会议室、网络系统等。共享时必须使用的技术图样与资料见附件。施工配合将由本公司行政管理部统一归口管理。

5. 付款方式

合同签订后可以支付30％预付款，主设备到现场开展系统安装时支付50％进度款。质保金为工程结算总额的5％，期限为竣工验收后1年。

6. 项目的进度计划

本项目在合同签订后2个月内竣工。

7. 对可交付成果的评价标准

本项目在通过行业标准要求的各项测试基础上，还要通过一次实际使用验证。

8. 对供方项目申请书的要求

供方根据本需求建议书要求提交项目申请书。

××××年××月××日下午4点前提交项目申请书8份到本公司行政管理部。项目申请书将商务部分单独成册，文件全部采用打印稿。

附件：与本项目相关技术资料及条件（省略）。

四、需求建议书的审查与完善

需求建议书完成初稿后，提交给组织高级管理层，以便开展全面的审查。

五、注意事项

1. 调研小组成员非常清楚本组织对网络电视与视频会议系统使用功能的要求，如需要，应当聘请该领域的技术专家参加。

2. 与该项目相关的条件要在附件中表述清晰、完整。

# 第2节 项目可行性研究

 学习单元1 项目信息资料的收集与整理

 学习目标

➢ 掌握项目信息资料收集目的
➢ 掌握项目信息资料收集方法

➤ 掌握项目信息资料收集途径
➤ 能够整理项目需求信息

## 一、项目信息资料收集目的

项目信息资料收集的目的是了解项目组织外部的环境因素和项目组织内部的资源，进而为项目可行性分析奠定必要的基础。一般而言，事业环境因素包括组织文化、项目管理信息系统和后备人力资源等相关信息，组织过程资产包括组织方针、流程、标准和原则，已经确定的过程，历史信息和以往的经验。以上信息资料的收集有助于确定项目的方向以及项目投资的必要性，为投资决策提供必要的准备工作。

## 二、项目信息资料收集方法

项目的信息收集是指通过各种方法和途径收集与项目有关以及与相关项目有关的各种信息。按照调查收集的直接资料和间接资料分类，信息收集的方法包括现场调查法与现有信息收集法两大类。

**1. 现场调查法**

现场调查法是直接到信息产生的现场去调查研究，收集到的资料为直接资料，又称为原始资料或第一手资料。这些资料是调研人员自己通过实地调查获取的资料，一般来说这种资料的取得需要较高的成本。原始资料包括的内容有备忘录、信件、完整的访谈或演讲、法律、规则等。项目组织内部的原始数据主要包括库存记录、人事记录、采购申请表、统计过程管理图等。原始资料总是最权威的，因为这些数据没有经过第二方过滤或者解释。

现场调查法可以通过询问、观察和实验等方式实现。

**2. 现有信息收集法**

现有信息收集法也可称为第二手资料收集法，是搜集、整理已有的信息资料，间接获取信息。二手资料是对原始数据的解释。百科全书、教科书、手册、杂志和报纸上的文章以及大多数的新闻广播都可以被看成是二手资料。对于项目组织内部的成员而言，销售分析总结和年度报告是二手资料，而对于项目组织外部的人员而言，年度报告则是原始资料。

相对原始资料的收集而言，二手资料的搜集通常比原始资料的搜集要节约费用和时间，而且也更为方便。搜集第二手资料的主要方法是直接查阅、交换、索取、购买和通过情报网搜集等。二手资料有助于明确或重新明确探索性研究中的研究主题，也就是说在试探性研究中起了非常重要的作用；可以切实提供一些解决问题的方法；可以提供搜集原始资料的备选方法；提醒市场调研者注意潜在的问题和困难；提供必要的背景信息以使调研报告更具有说服力。其不足之处是缺乏可得性和相关性，准确性较差，而且内容不够充分。

现有信息收集法收集的信息资料包括以下几种：

（1）国内外公开发行的报刊文献及其他新闻媒体的信息资料，国家各级政府综合计划部门的材料、报告、报表；商业部门的统计资料，统计部门的统计资料、专项调查报告，专业咨询机构、信息服务机构的信息资料，金融机构的信息调查资料等。

（2）本行业主管部门、行业协会的信息资料、统计资料、专题研究报告等。

（3）组织内部的报表、信息资料等。

## 三、项目信息资料收集途径

信息收集的途径按照信息来源的不同可以分为以下三种。

**1. 自然收集**

自然收集是在日常的工作渠道中获取的有关项目信息。例如，通过企业内部的信息系统来收集，从客户订货单、客户关系管理系统获得的相关信息。或是通过与客户接触，或参加行业会议、展览会、洽谈会等市场活动获取相关项目的信息资源。自然收集通常是信息收集的主要方式。

**2. 相关市场衍生**

相关市场衍生是指因为过去已经发生的项目而派生出新的项目。例如，项目的一期工程结束后，在第二期工程招标时项目业主主动邀请第一期承包方参与投标。又如，一个项目建成后，一个与业主有业务接触的单位主动邀请该项目的承包方参与其项目的投标。

**3. 意外获取**

意外获取是指由于某些非常偶然的机会而得到的某些项目的信息。如公司的市场开发人员在报刊上看到某个项目的信息。

## 四、项目信息资料整理的方法

将调查搜集的大量资料变成有条理的信息，为制订计划或决策提供参考，就需要进行资料的整理与分析。在整理与分析之前，资料往往是零散的、个别的，所以需要对这些资料进行条理化、系统化的统计汇总。条理化是指对资料进行分类，从而为进一步的分析创造条件;系统化是指从整体上考察已获得的资料满足需要的程度如何,是否有必要吸收补充其他资料;统计汇总是指将各种调查数据进行初步的统计整理,从总体上把握其数量特征。整理与分析资料通常遵循如下程序和方法。

**1. 审核**

即对调查搜集来的资料进行审查核实,目的在于保证资料的客观性、准确性和完整性,从而为后续资料整理与分析工作打下较好的基础。资料审核工作一般遵循真实性原则、标准性原则、准确性原则和完整性原则。

**2. 编校**

一方面,要将调查表格的数据按照要求计算清楚,对表中彼此有关的数字进行校对,使调查表本身没有自相矛盾之处。另一方面,要把经过审核的资料按调查提纲的要求,将有些情况、问题和答案加以整理,通过编校过程来消除资料中含糊不清的地方,以确保资料准确。

**3. 分类**

对经过编校的资料进行分析,围绕调查目的和题目进行分类。分类的一般原则如下:

(1) 各类别之间应有显著的差异性,不交叉、不从属。
(2) 同一类的资料应尽量保持相同的性质。
(3) 分类的粗细、层次要适度。

**4. 汇总**

将资料分类后进行汇总,得到定性资料与统计资料。定性资料一般以文字形式进行组织和编辑,统计资料则以统计图表的形式体现。统计表又可以分为简单表、分组表和复合表。数据汇总与表述详见本教程第1章第1节学习单元2"项目需求信息与市场调查"。

**5. 资料综合分析**

完成资料的整理后,就开始进行资料分析。资料分析方案多种多样,对于不同类别的资料有不同的资料分析方法和技术,对于同样的调查资料也可以采用不同的分析方法和技术。总体上说,资料分析方法包括定性分析方法与定量分析方法。常用的定性分析方法是直接比较研究法,即对具有可比性的多组数据进行直接比较分析的方法。常用的定量分析方法包括相关分析与回归分析法,是研究变量之间关系的主要方法。

## 整理项目信息案例

某企业需要建设设备性能实验室,委托设计院进行厂房设计,企业需要收集、整理该项目信息,并提交设计院供设计时参考。

一、工作准备

1. 针对实验室任务要求进行厂房设施的使用功能调查。
2. 查询相关资料、图书,准备大量的建筑实验室方面的资料。
3. 了解设计院对设计功能的条件要求。

二、收集项目信息

由于本项目信息收集、整理的目的是为设计院进行厂房设计提供技术条件,因此,首先确定需要收集整理的信息内容。

1. 采用现场调查法,对设备性能实验系统进行设计与规划,获得厂房内部功能区划与布局要求,得出占地面积、实验设备安装使用最高高度等数据,计算实验系统中各设备的用电、用水量,计算最大单件设备重量等。
2. 采用现有信息收集法,查阅类似实验室系统设计资料与厂房设计建造有关资料。

三、整理项目信息

与项目信息使用单位——设计院协商,得到其对项目信息的要求。按照使用面积、高度、水电、运输、起重、通信、网络、空调、装饰等基本要求进行分类,经过核查、汇总整理,得到表1—5所示的××实验室厂房设计要求汇总表,并提交设计院。

表1—5　　　　　××实验室厂房设计要求汇总表

| | 长 | 宽 | 高 | 水 | 电 | 行车 | 运输 | 通信 | 网络 | 装饰 |
|---|---|---|---|---|---|---|---|---|---|---|
| 数量 | 18 m | 12 m | 12 m | 10 t/h | 800 kW | 10 t | 20 t/m² | 电话 | 宽带 | 一般 |
| 说明 | 净长 | 净宽 | 最高设备11 m | 自来水 | 总装机容量 | 单梁 | 标准10 t集装箱车辆进入厂房内 | 2门 | 10 m | |

四、注意事项

1. 收集的资料数据必须准确无误,现场调查与现有信息收集方法要互相补充。
2. 要明确收集与整理项目信息的目的,根据实验室的使用功能收集并整理出基本信息即可。而对这些信息进行进一步分析,则有待于专业设计人员完成。

**学习单元 2　可行性研究的阶段划分与要求**

 **学习目标**

➢ 了解可行性研究的含义
➢ 了解可行性研究不同阶段的要求与研究内容
➢ 能够应用要素分层法进行项目机会研究
➢ 能够编写项目建议书

## 一、可行性研究的含义

可行性研究是通过考察项目经济上的合理性、赢利性，技术上的先进性、适用性，实施上的可能性、风险性，在项目投资决策前，对项目进行调查研究和全面的技术经济分析论证，为项目决策提供科学依据的一种科学方法和工作阶段。

## 二、可行性研究不同阶段的要求与内容

可行性研究可分为机会研究、初步可行性研究及详细可行性研究三个阶段。

**1. 机会研究的内容**

机会研究是在将项目意向变成项目建议的过程中，对所需的参数、资料和数据进行量化分析的主要工具。机会研究较为粗略，它主要依靠笼统的估计而不是详细的分析，费用数据通常从现有的可比项目中取得。进行机会研究应根据调查的情况，来决定采取哪一种研究方式——一般的机会研究，或是特定项目的机会研究，或是两者兼做。

（1）一般的机会研究

一般的机会研究主要包括以下内容：

1) 地区研究。即选定一个地区为研究范围，通过分析其地理位置、自然特征、人口、地区经济结构、经济发展状况、地区进出口结构等状况，选择投资或发展方向。

2) 部门研究。通过分析部门特征、经营或投资者所处部门的地位作用、增长情况等，进行项目的方向性选择。

3）资源研究。通过分析资源分布状况、资源储量、可利用程度、已利用状况、利用的限制条件等信息，寻找项目机会。

（2）特定项目的机会研究

特定项目的机会研究即在确定项目发展方向或领域后，做进一步的调查研究，经方案筛选，将项目发展方向或投资领域转变为概括的项目提案或项目建议。特定机会研究报告往往以项目建议书的形式提交。

由于机会研究的目的只是在众多的投资机会中挑选出有利的投资机会，所以要以少量花费迅速确定有关项目的投资可能性。这个阶段的工作比较粗略，投资与成本的数据一般是通过与现有的可比项目的对比而来的，因而数据的精度误差可在±30%以内，所需费用占投资总额的0.2%~1%。

**2. 初步可行性研究的内容**

初步可行性研究是介于投资机会研究和详细可行性研究之间的一个研究阶段。只靠机会研究往往难以确定项目的取舍，而进行详细可行性研究则要花费很多的金钱和时间。所以，在进行详细可行性研究之前，往往先进行初步可行性研究。初步可行性研究的内容与详细可行性研究的内容基本相同，只是在初步可行性研究阶段更注重如下内容：

（1）市场和生产能力，主要包括市场需求分析预测，渠道与推销分析，初步的销售量和销售价格预测，依据市场销售量做出初步生产规划。

（2）物料投入分析，主要指从建设到经营的所有物料的投入分析。

（3）坐落地点及厂址的选择。

（4）项目设计，主要包括项目总体规划、工艺设备计划、土建工程规划等。

（5）项目进度安排。

（6）项目投资与成本估算，主要包括投资估算、成本估算、筹集资金的渠道及初步筹集方案。

（7）项目的经济效益估算。

初步可行性研究与详细可行性研究的主要区别在于所获得资料的详细程度和对各项内容的讨论深度。对项目投资和生产成本的估算程度一般要求控制在±20%左右，所需费用约占投资总额的0.25%~1.25%。

**3. 详细可行性研究的内容**

项目可行性研究也称详细可行性研究。它是根据国民经济长远规划和地区、行业规定的要求，按照市场反映的需求状况，对拟投资项目在技术、经济和社会上是否合理和可行，进行全面分析、论证，进行多方案比较，并提出评价意见，为投资决策和项目审批提供科学依据。具体地说,可行性研究通常要解答下列问题:为什么要建设这个项目?其建设的必要性如何?资源及市场情况如何?建多大规模合适?项目建在何处最好?采用什么工艺技术,有何特点?需要什么样的外部条件?建设期多长合适?需要多少资金?能否获得所需资金?建成后的宏观和微观经济效益如何?

可行性研究的内容比较详尽,所花费的时间和精力都比较大。在这一阶段对投资额和成本要根据该项目的实际情况进行认真调查、预测和详细计算,其计算精度应控制在±10%以内。大型项目可行性研究工作所花费的时间为8~12个月,所需费用占总投资额的0.2%~1%;中小型项目可行性研究工作所花费的时间为4~6个月,所需费用占总投资额的1%~3%。

表1—6综合了项目可行性研究各阶段的工作性质、工作内容及成果、投资估算精度、费用占投资总额的比例以及所需时间。

表1—6　　　　　　　　项目可行性研究阶段

| 工作阶段 | 投资机会研究 | 初步可行性研究 | 详细可行性研究 |
|---|---|---|---|
| 工作性质 | 项目设想 | 项目初选 | 项目拟定 |
| 工作内容及成果 | 鉴别投资方向,寻找投资机会,提出项目建议,为初步选择项目提供依据 | 对项目进行专题辅助研究,编制初步可行性研究报告,确定是否有必要进行详细可行性研究,进一步判断建设项目的生命力 | 对项目进行深入细致的技术经济论证,编制可行性研究报告,提出结论性意见,作为项目投资决策的重要依据 |
| 投资估算精度 | ±30% | ±20% | ±10% |
| 费用占投资总额百分比(%) | 0.2~1.0 | 0.25~1.25 | 大项目0.2~1.0<br>中小项目1.0~3.0 |
| 所需时间(月) | 1~3 | 4~6 | 4~12或更长 |

## 三、项目机会研究的方法

机会研究也就是鉴别项目机会,主要任务是为投资者提出投资方向的建议。机会研究要求在若干种投资机会中迅速而经济地做出鉴别和选择,一般只是根据相类似的工程项目来进行粗略的估测,而不进行详尽的分析计算。

要素分层法是机会研究中常用的方法。要素分层法是列出机会研究所涉及的各方面要素,并区分类别,对各要素重要程度给出权重,并通过评分的方法找出关键要素，确定项目方向。下面举例说明如何应用要素分层法进行项目机会研究。

A公司承接了某国际机场通信雷达导航系统升级项目，而如何有效地管理和利用大量的项目文件、图样、传真、邮件和信息（统称项目资料），是A公司面临的一大难题。A公司从该项目实际需要出发，基于利用成熟的计算机和网络技术，实现对项目文件收发和查询的有效操作，拟决定研制项目资料管理系统。下面以此项目为例说明要素分层法的应用程序。

**1. 列举项目影响因素**

通常是随机列举出项目意向所涉及的所有（或主要）影响因素。

该项目的影响因素包括：

（1）拥有优秀的网站设计和开发员工。

（2）公司刚刚升级的网络设施。

（3）公司领导对该项目高度重视。

（4）项目预算增幅控制非常严格。

（5）项目需求文档不规范。

（6）完全凭经验进行项目管理。

（7）行业需要专业高效的项目管理信息系统。

（8）公司明确了向海外发展的战略定位。

（9）业主对项目提出了近乎苛刻的要求。

**2. 影响要素分层**

分别对各要素按项目机会、项目问题、承办者所处优势、承办者所处劣势进行分层。

在上述因素中，项目机会包括行业需要专业高效的项目管理信息系统，公司明确了向海外发展的战略定位；项目问题包括项目预算增幅控制非常严格，业主对项目提出了近乎苛刻的要求；承办者所处优势包括拥有优秀的数据库设计和开发员工，公司刚刚升级的网络设施、公司领导对该项目高度重视；承办者所处劣势包括项目需求文档不规范，完全凭经验进行项目管理。

**3. 做出分层矩阵**

用矩阵的形式列举出影响因素，具体见表1—7。

表 1—7　　　　　　　　　要素分层矩阵实例表

| | 项目机会 | 得分 | 项目问题 | 得分 |
|---|---|---|---|---|
| 外部 | 行业需要专业高效的项目管理信息系统 | 95 | 项目预算增幅控制非常严格 | 80 |
| | 公司明确了向海外发展的战略定位 | 90 | 业主对项目提出了近乎苛刻的要求 | 90 |
| | 优势 | 得分 | 劣势 | 得分 |
| 内部 | 拥有优秀的数据库设计和开发员工 | 90 | 项目需求文档不规范 | 80 |
| | 公司刚刚升级的网络设施 | 95 | 完全凭经验进行项目管理 | 85 |
| | 公司领导对该项目高度重视 | 95 | — | — |
| 得分合计 | — | 93 | | 84 |

**4. 要素评分**

运用主观评分的方法对各影响要素打分。评分的方法不限，可采取一般评分法，也可采用加权评分法，或采用高低点评分法等。

通过组织专家组，对各因素进行主观评分，结果见表 1—7。经过计算，该项目的机会和优势高于问题和劣势，所以该项目可以初步判定可行。

当然，还可以通过分析项目问题转化为项目机会的可能性和劣势转化为优势的可能性，对转化后的情况重新评分。最终核算出项目机会、项目问题、优势、劣势和各自的得分，并依据得分决定该项目的取舍。

## 四、项目建议书的编写

项目建议书是指拟建项目的承建单位，在国民经济和社会发展的长远目标、行业和地区的规划、国家的经济政策和技术政策以及企业的经营战略目标下，结合本地区、本企业的资源状况和物质条件，经过市场调查、需求与供给分析、销售状况预测，寻找投资机会，在构思投资项目概念的基础上，对投资项目的总体轮廓以书面形式进行描述，从宏观上就项目建设的必要性和可能性提出初步论证，初步分析项目是否具备建设条件，以及对拟投入的人力、物力做出分析和研究，进而向政府主管部门推荐项目、提供项目决策依据的法定文件。项目建议书是项目决策的依据，也是可行性研究的依据。一般要包括：承办单位概况，项目概况，市场预测，建设条件初步分析，工作制度、劳动定员和培训，项目的进度安排，投资估算与资金来源，投资效果初步分析，主要结论及需要说明的问题。

## 编写项目建议书案例

不同行业根据具体情况，对不同项目的项目建议书都有具体编写规定与要求。下面提供项目建议书的参考格式与基本要求，以供读者参考。

一、承办单位概况

1. 单位基本情况

单位名称、性质、法人代表、职工人数与构成、总资产、固定资产，资产负债率，生产经营内容、生产经营规模、银行信用等级、近期销售收入、产值、利润和税金等。

2. 产品、科研、生产技术水平与现状

介绍本单位产品、科研、生产技术水平与现状，并确定与国内外领先水平的差距。

3. 现有条件情况

二、项目概况

1. 项目名称、项目由来及背景

2. 项目立项的必要性和依据

3. 项目产品国内外技术现状与差异

4. 项目建设的主要内容、规模、纲领，可利用的存量资产

生产类项目要提出主要产品品种、生产工艺及生产能力；非生产类项目要根据项目的不同特点说明其规模，如旅馆、宾馆项目要说明有多少客房、多少床位，房地产开发项目要说明拟建项目的建筑物类别及数量，成片开发建设的小区要说明小区主要功能、建筑容积率等。

5. 主要生产技术与工艺

对主要生产技术与工艺的说明需要包括工艺流程和研制流程，生产、试验条件，原材料来源、能源消耗等内容。

6. 任务分工与协作关系

7. 新增和改扩建固定资产设施的必要性

这部分要包括建设方案、工艺区划和生产试验等内容。

8. 新增主要设备的必要性

在这部分要开列设备名称。对于技术引进项目，要简述技术引进内容（关键设备或技术专利）、拟引进技术设备水平及其国别和厂商、引进的理由分析。

9. 项目建成后能达到的技术水平和主要经济指标

三、项目产品或服务的市场预测

1. 项目有关产品在国内外市场的供需现状和发展趋势,以及生产能力的对比分析。

2. 销售预测和价格、产品竞争能力分析。

3. 预测国家的方针政策对产品市场的影响。

四、项目建设初步选址及建设条件

1. 项目建议拟选址的地理位置、占地范围(四至范围)、占用土地类别(国有、集体所有)和数量、拟占土地的现状及现有使用者的基本情况。

如果不指定建设地点,要提出对占地的基本要求。

2. 项目建设条件。简述能源供应条件、主要原材料供应条件、交通运输条件、环境保护的要求与对策、市政公用设施配套条件及实现上述条件的初步设想,以及防火、防震、抗震、防空、安全和文物保护等的要求与对策。需进行地上建筑物拆迁的项目,要提出拆迁安置初步方案。

五、工作制度、劳动定员和培训(略)

六、项目的进度安排(略)

七、投资估算及资金来源

1. 项目总投资额与投资构成。技术引进项目要说明进口技术设备使用外汇数额,建设费用和购置国内设备所需人民币数额;外商投资企业要说明总投资额、注册资本数额、合营各方投入注册资本的比例、出资方式及利润分配方式。

2. 资金来源与筹措方式。利用银行贷款的项目要将建设期间的贷款利息计入总投资内。

3. 利用外资项目要说明外汇平衡方式和外汇偿还办法。

八、经济效益和社会效益的初步分析

经济效益分析包括新增销售收入、利润、税金、投资利润率、投资回收期、借贷偿还期及还款分析。

社会效益分析包括项目对国民经济的宏观效果及由此产生的社会效益和社会影响。

九、主要结论及需要说明的问题(略)

十、附件

各种对项目有关的政府文件、区域地形图、资信证明材料等。

## 学习单元3  初步可行性研究报告的编写

 **学习目标**

➢ 了解初步可行性研究报告的作用
➢ 了解初步可行性研究报告的依据与要求
➢ 了解初步可行性研究报告的编写方法与内容
➢ 能够编写初步可行性研究报告

### 一、初步可行性研究报告的作用

初步可行性研究使项目管理程序更加严谨,是投资项目前期的主要工作。根据我国建设项目管理程序要求,初步可行性研究报告对项目进行初步的全面描述、分析和论证,是向有关主管部门提交项目建议书的必要条件,是开展详细可行性研究的依据。

初步可行性研究报告的作用主要体现在以下几方面。

1. 初步可行性研究报告是建设项目投资决策的依据。
2. 初步可行性研究报告是建设项目融资的依据。
3. 初步可行性研究报告是项目主管部门商谈合同、签订协议的依据。
4. 初步可行性研究报告是项目进行工程设计、设备订货、施工准备等建设前期的依据。
5. 初步可行性研究报告是项目采用新技术、新材料、新设备研制计划和补充地形、地质工作和工业性试验的依据。
6. 初步可行性研究报告是环保部门审查项目对环境影响的依据,并作为向项目建设所在地政府和规划部门申请建设执照的依据。

### 二、初步可行性研究报告的依据与要求

**1. 初步可行性研究报告的依据**

(1) 项目机会研究成果,项目建议书及其批复文件。
(2) 国家和地方的经济和社会发展规划、行业部门发展规划,如江河流域开发

治理规划、铁路公路网规划、电力电网规划、森林开发规划等。

(3) 有关法律、法规和政策。

(4) 有关机构发布的工程建设方面的标准、规范、定额。

(5) 拟建场址的自然、经济、社会概况等基础资料。

(6) 合资、合作项目各方签订的协议书或意向书。

(7) 与拟建项目有关的各种市场信息资料。

**2. 初步可行性研究报告的基本要求**

(1) 预见性

可行性研究报告不仅应对历史、现状资料进行研究和分析,更重要的是应对未来的市场需求、投资效益进行预测和估算。

(2) 客观公正性

可行性研究报告必须坚持实事求是,在调查研究基础上按照客观情况进行论证和评价。

(3) 可靠性

研究确定项目的技术经济措施,以保证项目的安全性和可靠性,同时也应否定不可行的项目或方案,以避免投资损失。

(4) 科学性

可行性研究报告必须应用现代科学技术手段进行市场预测,还应运用科学的评价指标体系来分析项目的赢利能力和偿债能力,为项目决策提供科学依据。

## 三、初步可行性研究报告的主要编写方法与内容

**1. 初步可行性研究报告与详细可行性研究报告的联系与区别**

初步可行性研究报告的结构及主要内容基本与详细可行性研究报告相同,所不同的是占有的资料细节有较大差异。初步可行性研究报告所提供的投资估算和成本费用测算结果允许误差在±20%,而经过详细可行性研究后,这些数据结果的精度要达到±10%以内。由此可见,项目的初步可行性研究只是对项目的粗略研究(相对项目的详细可行性研究而言)。

初步可行性研究报告的格式要比详细可行性研究报告更加简略。方法一般作为简介的一部分,报告的重点放在结果和结论上。如在对项目投资、成本的估算中,更多的是套用已有类似项目的指标进行估算,而在详细的可行性研究报告中,则需采用更为精确的概预算方法进行估算。

**2. 初步可行性研究报告的风格**

初步可行性研究报告的风格包括技术报告和管理报告两种类型，通常取决于读者的类型。

一般而言，技术报告风格的初步可行性研究报告遵循研究的流程。首先是前言材料，例如授权书和目录；然后是介绍研究目的的简介，接下来是介绍研究方法的内容，研究的结果，包括表格和其他图表，结论部分包括建议；最后，附录包括技术信息、工具、词汇和参考注释。

管理报告风格的初步可行性研究报告各部分内容的顺序与技术报告的顺序相反。在前言和简介之后是结论和建议，然后再提出单个的结果来支持已经做出的结论。在附录中介绍相关方法。这种报告使阅读者在不需要进行太多阅读的情况下就可以快速地领会结论和建议。如果阅读者希望知道更多的内容，他们可以继续阅读结果。

**3. 编写初步可行性研究报告应该注意的问题**

（1）编写报告前要关心的问题

1）这份报告的目的是什么。报告的内容将给出实现这个目的的答案。

2）谁会阅读这份报告。这并不意味着要歪曲事实来满足阅读者的需要、性格和偏见，而是说要在表述的时候根据读者的特征决定报告的风格和篇幅。同时阅读者和报告编写者在技术背景方面的差异也将影响报告的表述风格。

3）编写报告的环境和局限性是什么。应该考虑报告的范围和占用的时间。一般截止日期经常给报告带来局限性。

4）报告将如何被使用。编写报告前应考虑如何使信息更加方便实用，应该做出多大努力吸引读者的注意力和兴趣，应该准备多少份复印件，如何分发这些报告。

编写初步可行性研究报告之前，应该先列出大纲和参考书目。

（2）编写草稿时应关心的问题

编写草稿时应决定如何放置图形、表格，一般应该与大纲特定部分相对应。编写草稿时，应重点考虑以下因素：

1）可读性。报告内容应该使议题让读者感兴趣，并在他们的技能领域之内。此外，应指出报告的用处。最后，应在适合读者阅读能力的水平上写作。

2）可理解性。编写者必须避免含糊、歧义和暗指，应该小心选择正确的单词，单词要能够正确、清楚和有效地传达思想。当用到概念和结构时，必须给出操作性定义或者描述性定义。必须小心地组织和编辑单词和句子，分清主次。还要提高报告页面向阅读者介绍信息的速度。

3) 语调。尽量使用积极的语调。如"业务部门想要在他们的 IT 服务外包供应商的选择上有更多的自主权"就比"业务部门不想让采购部门告诉他们要选择哪家 IT 服务外包供应商"更积极，不会使业务部门和采购部门对立起来。

4) 最终检验。在进行最终编辑之前将草稿放置一段时间比较有帮助。编写者可以做一些与报告编写不相关的事情，然后再回到这份报告，用批评的眼光阅读这份报告。如检验报告是否通顺，是否有必要的过渡，结构是否清楚，结果和结论是否充分，表格和图形是否易读等。

(3) 表述时应考虑的因素

在初步可行性研究报告中应使用合适的字体，打印在优质的纸张上，形成一致的、容易阅读的文字。当需要复印件时，应确认复印件是干净的，没有黑色斑纹或者灰色区域。文本的外观不宜过分拥挤，可以为阅读者提供适当的白色空间以调节视觉。

## 编写初步可行性研究报告案例

下面提供一般工业项目初步可行性研究报告编制大纲，以供读者参考。

一、总论

1. 项目背景

(1) 项目名称

(2) 承办单位概况

新建项目指筹建单位情况，技术改造项目指原企业情况，合资项目指合资各方情况。

(3) 初步可行性研究报告编制依据

(4) 项目提出的理由及过程

2. 项目概况

(1) 拟建地区

(2) 建设规模与目标

(3) 主要建设条件

(4) 项目投入总资金及效益状况

(5) 主要技术经济指标

3. 问题与建议

二、市场预测

1. 产品市场供应预测

(1) 国内外市场供应现状

(2) 国内外市场供应预测

2. 产品市场需求预测

(1) 国内外市场需求现状

(2) 国内外市场需求预测

3. 产品目标市场分析

4. 价格现状与预测

(1) 产品国内市场销售价格

(2) 产品国际市场销售价格

三、资源条件评价（指资源开发项目）

1. 资源可利用量

矿产地质储量、可采储量，水利水能资源蕴藏量，森林蓄积量等。

2. 资源品质情况

矿产品位、物理性能、化学组分、煤炭热值、灰分、硫分等。

3. 资源储存条件

矿体结构、埋藏深度、岩体性质、含油气地质构造等。

4. 资源开发价值

资源开发利用的技术经济指标。

四、建设规模与产品方案

1. 建设规模

(1) 建设规模方案比选

(2) 推荐方案及其理由

2. 产品方案

(1) 产品方案构成

(2) 主产品方案的初步比选

(3) 推荐方案及其理由

五、场址选择

1. 场址所在地区现状

(1) 地区与地理位置

(2) 场址土地权属类别及占地面积

(3) 土地利用现状

(4) 技术改造项目现有场地利用情况

2. 场址建设条件

(1) 地形、地貌、地震情况

(2) 工程地质与水文地质条件

(3) 气候条件

(4) 城镇规划及社会环境条件

(5) 交通运输条件

(6) 公用设施社会依托条件（水、电、气、生活福利）

(7) 防洪、防潮、排涝设施条件

(8) 环境保护条件

(9) 法律支持条件

(10) 征地、拆迁、移民安置条件

3. 场址地区条件比选

(1) 场址建设条件比选

(2) 场址建设投资比选

(3) 场址运营费用比选

(4) 推荐场址方案的地理位置示意图

六、技术方案、设备方案和工程方案

1. 技术方案

(1) 生产方法（包括原料路线选择）

(2) 工艺流程

(3) 工艺技术来源（需引进技术的，应说明理由）

(4) 推荐方案主要工艺流程图

2. 主要设备选择

(1) 主要设备选型

(2) 主要设备来源（进口设备应提出供应方式）

3. 工程方案

(1) 主要建、构筑物初步方案

(2) 技术改造项目原有建、构筑物利用情况

(3) 主要建、构筑物工程一览表

七、主要原材料、燃料供应

1. 主要原材料供应

(1) 主要原材料品种、质量与年需要量

(2) 原材料来源与运输方式

2. 燃料供应

(1) 燃料品种、质量与年需要量

(2) 燃料供应来源与运输方式

3. 主要原材料、燃料价格

(1) 价格现状

(2) 主要原材料、燃料价格预测

八、总图、运输与公用工程

1. 总图布置

(1) 项目构成（列出主要单项工程）

(2) 总平面布置图

2. 场外运输（运输量及运输方式）

3. 主要公用工程

九、环境影响评价

1. 场址环境条件

2. 项目建设和生产对环境的影响

3. 环境保护初步方案

十、投资估算

1. 建设投资估算

(1) 建筑工程费

(2) 设备及工器具购置费

(3) 安装工程费

(4) 工程建设其他费用

(5) 基本预备费

(6) 涨价预备费

(7) 建设期利息

2. 流动资金估算

3. 投资估算表

(1) 项目投入总资金汇总表

(2) 主要单项工程投资估算表

(3) 流动资金估算表

十一、融资方案

1. 资本金筹措

(1) 新设项目法人项目资本金筹措

(2) 既有项目法人项目资本金筹措

2. 债务资金筹措

十二、财务评价

1. 新设项目法人项目财务评价

(1) 财务评价基础数据与参数选取

1) 财务价格

2) 计算期与生产负荷

3) 财务基准收益率设定

4) 其他计算参数

(2) 销售收入估算

(3) 成本费用估算

(4) 财务评价报表

1) 财务现金流量表

2) 损益和利润分配表

3) 资金来源与运用表

4) 借款偿还计划表

(5) 财务评价指标

1) 赢利能力分析（项目财务内部收益率和资本金收益率）

2) 偿债能力分析（借款偿还期或利息备付率和偿债备付率）

2. 既有项目法人项目财务评价

(1) 财务评价范围确定

(2) 财务评价基础数据与参数选取

(3) 销售收入估算

(4) 成本费用估算

(5) 财务评价报告

1) 增量财务现金流量表

2) "有项目"损益和利润分配表

3) 借款偿还计划表

(6) 财务评价指标

1) 赢利能力分析（项目财务内部收益率和资本金收益率）

2) 偿债能力分析（借款偿还期或利息备付率和偿债备付率）

3. 财务评价结论

十三、国民经济评价

1. 影子价格及通用参数选取

2. 效益费用范围调整

3. 效益费用数值调整

4. 国民经济效益费用流量表

5. 国民经济评价指标（经济内部效益率）

6. 国民经济初步评价结论

十四、社会评价

1. 项目的社会影响分析

2. 项目与所在地互适性分析

3. 社会风险分析

4. 社会评价结论

十五、风险分析

1. 项目主要风险因素识别

2. 风险程度初步分析

十六、研究结论与建议

1. 推荐方案总体描述

2. 推荐方案优缺点描述

(1) 优点

(2) 存在问题

(3) 主要争论与分歧意见

3. 结论与建议

十七、附图、附表、附件

1. 附图

(1) 场址位置图

(2) 主要工艺流程图

(3) 总平面布置图

2. 附表

(1) 投资估算表

1）项目总投入资金估算汇总表
2）流动资金估算表
（2）财务评价报表
1）销售收入、销售税金及附加估算表
2）总成本费用估算表
3）财务现金流量表
4）损益和利润分配表
5）借款偿还计划表
（3）国民经济评价报表
1）项目国民经济效益费用流量表
2）国内投资国民经济效益费用表
3. 附件
（1）资源开发项目有关资源勘察及开发的审批文件
（2）主要原材料、燃料及水、电、气供应的意向性协议文件
（3）新技术开发的技术鉴定报告
（4）项目资本金的承诺及银行等金融机构对项目贷款的意向性文件
（5）中外合资、合作项目各方草签的协议

 学习单元4　项目评估

 学习目标

➢ 了解项目评估的目的
➢ 了解项目评估的主要内容与基本方法
➢ 了解项目评估的一般流程

一、项目评估的目的

项目评估指在项目可行性研究的基础上，由第三方（国家、银行或有关机构）根据国家颁布的政策、法规、方法、参数和条例等，从项目（或企业）、国民经济、社会角度出发，对拟建项目建设的必要性、建设条件、生产条件、产品市场需求、

工程技术、经济效益和社会效益等进行评价、分析和论证，进而判断其是否可行的一个评估过程。

项目评估是项目投资前期进行决策管理的重要环节，其目的是审查项目可行性研究报告的可靠性、真实性和客观性，为决策部门的审批决策提供科学依据。

项目评估是对项目可行性研究报告进行全面的审核和再评价的工作，要对拟建项目投资是否可行和确定最佳投资方案提出评估意见，编写评估报告，作为项目投资最终审批决策的主要依据。它为决策部门和人员提供结论性意见，具有一定的权威性和法律性作用。

## 二、项目评估的主要内容与基本方法

项目评估的对象是可行性研究报告，所以评估的内容与可行性研究的内容基本一致。为了使投资决策的依据比较充分，一般情况下，项目评估主要是对以下几方面内容进行全面的技术经济论证。

**1. 项目建设必要性评估**

项目建设是否必要，是影响项目投资经济效益的决定性因素，也是决定项目方案取舍的前提条件。包括评价项目是否符合国家产业政策、投资政策、行业规划，评价项目在国民经济和社会发展中的作用如何，评价项目是否符合组织的发展规划，项目的产出是否符合市场需要，以及其竞争力和市场潜力如何等。

**2. 项目建设条件评估**

一定的生产建设条件是投资项目实现预期目标，取得预期经济效益的保证，也是决定项目取舍的决定性因素。当肯定项目建设的必要性之后，就要对项目的生产建设条件进行全面的审查分析，根据客观条件判断项目建设的可能性。评估内容包括：投资项目资源组成结构，工程、水文、地质、气候等情况；项目建成后所需原辅材料、燃料、动力等的供应状况；生产工人、技术人员的素质是否符合生产技术要求，管理人员是否懂技术、会经营、较稳定；项目的供水、供电、供热、交通运输、厂址选择与规划等必备的建设条件和其他外部协作配套条件是否落实；项目的劳动保护、环保治理是否符合有关部门的要求。

**3. 项目技术评估**

项目技术评估既包括项目产品方案的具体规划，又包括项目采用何种工艺技术和设备的具体规划。它直接决定着产品的质量、数量、生产规模与生产效率，对产品市场、产品成本和项目的经济效益有着至关重要的影响。通过项目的技术评估，可以判断项目在技术上的可行性。技术评估的主要内容有：产品方案和资源利用是否合理；采用的工艺、技术、设备是否先进、适用、安全可靠；检测手段是否完备；引进的技术和设备是否符合我国国情，是否先进、配套；有无消化吸收能力以及技术方案的综合评价如何等。

**4. 项目财务效益评估**

项目财务效益评估是从项目（或组织）的角度出发，以现行价格为基础，根据收集、整理与估算的基础财务数据，分析比较项目在整个寿命期内的成本和收益，以此判断项目在财务方面的可行性。

**5. 项目国民经济效益评估**

项目国民经济效益评估是从国民经济全局的角度出发，以影子价格为基础，分析比较国民经济为项目建设和经营付出的全部代价和项目为国民经济作出的全部贡献，以此判断项目建设对国民经济的合理性。

**6. 社会效益评估**

项目社会效益评估更多的是从促进社会进步的角度出发，分析项目为实现国家或地区的各项社会发展目标所作的贡献和产生的影响。

## 三、项目评估的一般流程

**1. 成立评估小组**

根据项目的性质成立项目评估小组，确定项目负责人，就评估的内容配备恰当的专业人员，明确各自的分工。一般评估小组中应包括工程技术专家、市场分析专家、财务分析专家及经济分析专家。为了评审结论的科学、可靠和全面性，应重视从机构外部寻求专家。

**2. 制订评估工作计划**

评估工作计划一般应包括评估目的、评估内容、评估方法和评估进度安排。

**3. 开展调查研究，收集并整理有关资料**

为了保证评估结论的真实、可靠，应对可行性研究报告和相关资料进行审查和分析。在评估过程中，开展独立的调查工作是必不可少的。通过调查收集与项目相关的资料，以保证资料来源的可靠性和合法性。

**4. 分析与评估**

在上述工作基础上，按照项目评估工作的内容和要求，对项目进行技术经济分析和评估。

**5. 编写评估报告**

在分析论证的基础上，评估小组应编制出对拟建项目可行性研究报告的评估报告，提出总结性意见，推荐合理的投资方案，对项目实施可能存在的问题提出合理的建议。

**6. 报送评估报告并归档**

评估小组作为决策的参谋或顾问，在完成评估报告后，需将评估报告提交决策者，作为决策者制定最终决策的依据。同时应将评估报告归入评估机构内部的项目档案，供开展类似项目评估时参考。

# 第 2 章 项目范围管理

## 第 1 节 项目范围计划

 **学习单元 1　编写项目范围说明书**

 **学习目标**

- ➢ 掌握项目范围说明书的编写要求
- ➢ 掌握项目范围说明书的主要内容
- ➢ 能够编写项目范围说明书

项目管理的要素很多，从以前的成本、进度和质量的三要素，发展到成本、进度、质量加范围的四要素，在此基础上增加了项目组织，称为项目管理的五要素，但成功的项目管理一般还要考虑客户的满意度，合起来成为成功项目管理的六要素。

美国项目管理协会于 1996 年首次提出"项目范围管理"概念，获得了项目管理界的一致认同，项目范围管理也是现代项目管理的重要标志。

## 一、编写项目范围说明书

项目范围说明书是项目团队和项目委托方之间签订协议的基础。项目利益相关者通过项目范围说明书对项目范围达成共同的理解并进行确认。项目范围说明书说明了为什么要进行这个项目,明确了项目目标和主要可交付成果,是项目实施的重要基础。项目和子项目都要编写范围说明书。一般来说,项目范围说明书要由项目团队来写。

项目范围说明书既包括项目范围规划阶段的初步范围说明书,还包括项目范围定义阶段的详细范围说明书。初步范围说明书是详细范围说明书的编制依据之一,详细范围说明书是编制工作分解结构的依据之一。范围说明书的长短和内容与项目的类型有密切关系。对于规模庞大、内容复杂的项目而言,一般项目范围说明书可能会很长。例如在需要对产品进行详细说明时,项目范围说明书可能长达数百页。应该针对项目的需求编写项目范围说明书,做到量体裁衣。

编写项目范围说明书时必须具有以下依据。

**1. 成果说明书**

所谓成果,就是任务委托方在项目结束时要求项目团队交出的成果。在成果说明书中,对要求交付的成果必须有明确的要求和说明。

**2. 项目许可证**

项目许可证是正式承认某项目存在的一种文件,它可以是一个特别的文件形式,也可以用其他文件替代,如企业需求说明书、产品说明书等。项目许可证中有关于项目目标的记载。

**3. 制约因素**

制约因素是限制项目团队行动的因素。例如,项目预算将会限制项目团队对项目范围、人员配置以及日程安排的选择。

**4. 假设前提**

假设是指为了制订计划而考虑假定某些因素将是真实的、符合现实的和肯定的。例如,如果项目的某个关键人物到位的时间不确定,项目小组将假设项目某一特别的开始日期作为该关键人物到位时间的假定。假设常常包含一定程度的风险。

## 二、项目范围说明书的主要内容

**1. 初步范围说明书的主要内容**

初步范围说明书为将来项目实施提供了基础。其主要内容包括以下几项:

(1) 项目合理性说明

这部分内容主要解释创建项目的商业需求,即为何要进行这一项目,为以后权衡各种利弊关系提供依据。例如,某公司启动 IT 更新项目的目的是支持几个重要因特网应用程序的开发工作。

(2) 项目成果的简要描述

这部分主要概括项目产品、服务或结果的基本特征。在初步范围说明书中这些特征不够详细,随着项目产品、服务或结果特征的逐步明晰,产品范围说明书也会逐步明晰。例如,某 IT 更新项目的成果可以简要描述为公司所有计算机要求配置的软件和硬件的最低要求。

(3) 可交付成果清单

这部分主要列明项目的可交付成果。例如,某 IT 更新项目的可交付成果可以包括项目计划、WBS、详细的成本估算、沟通管理计划、绩效报告以及其他类似的文件材料。其他可交付成果主要包括更新过的软硬件清单、更新的软硬件本身以及项目状态汇报等。

(4) 项目目标的实现程度

这部分主要列明项目成功必须达到的量化标准,例如成本、时间进度和质量水平等。

例如,如果经过 9 个月,投入 150 万元之后,90% 的公司员工的计算机都更换完毕,开始使用新的因特网系统,该 IT 项目就可以被视为是成功的。虽然目标是更换所有员工计算机的软硬件,但能够达到 90% 的程度,利益相关者就可以满意地接受。如果需要,可以将预算提高到 170 万元。

**2. 详细范围说明书的主要内容**

详细范围说明书是范围定义的结果之一,它详细说明了项目的可交付成果和为提交这些可交付成果而必须开展的工作,是评价变更请求或增加的工作是否超出了项目边界的基准。详细范围说明书的主要内容包括以下几项:

(1) 项目目标

项目目标包括可测量的项目成功标准及费用、进度和质量指标。

(2) 产品范围说明书

这部分包括项目应创造的产品、服务或结果特征的更为详细和明确的说明。

(3) 项目要求说明书

项目要求说明书说明项目可交付成果为满足合同、标准、技术规定说明书或其他正式强制性文件的要求而必须满足的条件或必须具备的能力。对利益相关者所有需要、愿望和期望所做的分析结果，要按照轻重缓急和重要性大小反映在项目要求说明书中。

(4) 项目边界

项目边界通常明确哪些事项属于项目的内容，哪些事项不包括在项目之内。

(5) 项目可交付成果

可交付成果既包括由项目产品、服务或结果的组合，也包括附带结果，如项目管理报告和文件。对可交付成果可以概括说明，也可以详细说明，具体视项目范围说明书的情况而定。

(6) 产品验收准则

产品验收准则确定验收已完成产品的过程和原则。

(7) 项目制约因素

项目制约因素列出并说明同项目范围有关并限制项目团队选择的具体项目制约因素。例如，客户或实施组织签发的事先确定的预算或任何强制性日期（如里程碑）。

(8) 项目假设

项目假设列出并说明同项目范围有关的具体项目假设以及其在不成立时可能造成的潜在后果。

(9) 项目初步组织

识别项目团队的成员与利益相关者。项目的组织也形成文件。

(10) 初步确定的风险

通过识别潜在风险和回顾以前的低优先级别的风险为创建应对机制奠定基础。

(11) 里程碑

确定项目生命期各阶段的重要里程碑和影响项目的外部里程碑。

(12) 资金限制

说明置于项目基金上的所有限制，包括总金额或规定的时间。

(13) 费用估算

费用估算通常包括自下而上的估算和自上而下的估算。自下而上的估算是通过累计低层次的估算来决定项目的成本。自上而下的估算通常是由完整的项目估算开始，将项目估算按比例分配给每一个阶段的项目任务。在范围说明书中的费用估算通常采用自上而下的方法。

(14) 项目配置管理要求

说明项目实施的配置管理和变更控制水平。

(15) 项目技术规定说明书

项目技术规定说明书识别项目应当遵守的技术规定文件。

(16) 批准要求

批准要求识别适用于诸如项目目标、可交付成果、文件和工作等事项的批准要求。

## 编写项目范围说明书案例

以某新款 MP3 播放器市场推广项目为例说明如何编写项目范围说明书，见表 2—1。

表 2—1　　某新款 MP3 播放器市场推广项目范围说明书

| 项目名称 | 某新款 MP3 播放器市场推广项目 |
|---|---|
| 项目日期 | 2007/10/08—2008/06/30 |
| 项目背景 | A 公司主要生产便携式电子产品，目标客户为中国内地、香港特区和台湾地区 20~35 岁的年轻人群。近年来 MP3 播放器市场持续增长，A 公司根据市场需求推出了具有更卓越创新功能和品质的新款 MP3 播放器，希望通过这一新款 MP3 播放器市场推广项目再次提升市场占有率。目前 MP3 市场概况如下：<br>1. 根据 IDC 所公布的数据显示，2004—2008 年 MP3 播放器市场每年以 20% 的速度在增长<br>2. 预计 2008 年目标市场有 360 万台的销量 |
| 项目目标 | 目前市场占有率为 5%，在市场增长总体放缓的前提下计划下半年投入 500 万预算进行市场推广，预计 2008 年占有 4.5% 的市场份额<br>1. 预计销售收入：1 200 元/台×40 000 台＝48 000 000 元<br>2. 预计销售利润：300 元/台×40 000 台＝12 000 000 元 |
| 项目产品描述和可交付成果 | 1. 广告宣传：完成活动发包和与媒体的联系，提出市场推广期间的广告及印刷需求<br>2. 促销活动：完成活动现场的软硬件设施落实工作并进行效果评估<br>3. 电子与平面媒体广告：完成媒体的选择和洽谈工作，并定期推出广告<br>4. 业绩跟踪表：各阶段执行后的市场反应调查表 |
| 项目边界 | 1. 广告宣传　2. 促销活动　3. 电子与平面媒体广告　4. 市场反应调查表 |
| 进度里程碑 | 2007/10/08 项目小组成立<br>2007/11/25 产品销售渠道构建完成；产品发布会<br>2007/12/01 代言人选择活动开始；正式开始销售；电子与平面媒体推出广告<br>2007/12/15 开始圣诞新年几种促销活动<br>2008/01/03 完成代言人选择<br>2008/01/16 结束圣诞新年几种促销活动<br>2008/02/01 召开第一次销售讨论会<br>2008/03/31 召开第二次销售讨论会<br>2008/06/30 项目结束 |
| 初步确定的项目风险 | 1. 竞争对手打价格战　2. 宣传广告费用超支　3. 产品的淘汰率太高　4. 目标市场定位出现偏差　5. 品牌形象遭受负面影响　6. 成品的库存控制不当 |

续表

| 项目管理的人员配置与授权 | 项目经理：林一格　市场分析：狄鸣　促销：潘越　广告：安澜 |
|---|---|
| 成功的关键因素 | 1. 项目成员对该工作领域熟悉　2. 市场调查分析准确，符合实际情况　3. 资金流分布合理，不会出现项目后期资金不足的情况 |
| 项目假设 | 1. 项目小组成员全体参与本项目　2. 该产品在市场上有相当高的知名度　3. 项目预算足额核发，不考虑资金的时间价值 |
| 项目制约因素 | 成本预算：500万　项目结束时间：2008/06/30　项目人力：6人　成果要求：销售4万台 |
| 起草人：<br>起草日期： | 批准人：<br>批准日期： |

 **学习单元2　创建项目工作分解结构**

 **学习目标**

➢ 掌握项目工作分解结构（WBS）的作用

➢ 掌握项目工作分解结构（WBS）编写的原则和要求

➢ 掌握创建工作分解结构的步骤

➢ 能够创建项目工作分解结构

➢ 能够编写 WBS 字典

➢ 能够对 WBS 编码

## 一、项目工作分解结构（WBS）的作用

项目工作分解结构（work breakdown structure，WBS）是范围管理的一项重要工具，是将整个项目分解成为便于管理的工作单元。工作分解结构的作用如下。

**1. 明确和准确说明项目目标**

一旦确定了项目目标，就可以用工作分解结构识别完成项目目标所必需的主要活动，WBS 所包含的内容就是为完成项目需要做的工作。

**2. WBS 是项目的"组织结构图"**

一般而言，通过典型的组织结构图可以理解组织的结构关系（如汇报关系、沟

通渠道、部门负责人等）。WBS与组织结构图的逻辑关系相同，通过WBS识别需要关注的关键活动、各个子任务以及工作包和工作包之间的逻辑关系。

**3. 为项目费用、进度以及绩效控制奠定基础**

WBS中的每一个工作包都有明确的预算和绩效标准，这是进行项目控制的基础。

**4. 沟通项目状态**

一旦确定了项目要完成的工作包以及每个工作包的责任分配状况，就可以确定哪些工作正在进行，哪些是关键工作，哪些工作还没有开始，谁是项目状态的责任人。

**5. 全面改进项目沟通**

WBS不仅说明了如何将项目分解为易于识别的组成部分，还表明了各组成部分如何配合形成整体规划方案。这就可以使项目团队成员意识到自己工作与整体工作的关系，识别谁是上下游工作的负责人。因此，WBS可以提高项目团队内的沟通效率。

**6. 表明如何控制项目**

从项目总体结构中可以看出需要重点控制的环节。例如，项目的目的是要产生一个可交付成果还是要改进组织内部某个过程或服务。无论哪种情况，工作分解结构都为项目的控制方法提供了良好的参考。

## 二、项目工作分解结构（WBS）编写的原则和要求

**1. WBS编写的原则**

（1）充分必要性原则

充分必要性原则也称为百分之百原则，在建立一个WBS和评估分解逻辑时，该原则是最重要的标准。百分之百原则的含义是：某个WBS元素的下一层分解（子层）必须百分之百地表示上一层（父层）元素。该规则能够帮助编写WBS的人员经常问自己是否理解了有关项目工作的广度和深度。

（2）功能或技术性原则

在建立WBS时必须考虑到每一阶段的功能，以及这一阶段到底需要什么样的技术或专家。

（3）可控性原则

把一个项目分解成更小的、有意义的、可以管理的工作单位，可以在很大程度上保证项目完全可控。

**2. WBS 编写的要求**

编写 WBS 时，应符合如下要求：

（1）WBS 覆盖了项目工作的全部范围，不在 WBS 中的工作也不在项目中。所有的可交付成果或输出产品都应体现在 WBS 中。每一层元素的总和都百分之百地代表了下一层工作元素，每一个元素中的工作都等于其下属元素工作的总和。

（2）细分应该是有逻辑性的，并要反映项目产品的本质特征。每一个 WBS 元素都应该代表一个离散的工作元素，这些工作可以在 WBS 中进行描述。

（3）每一个 WBS 元素都应该有一个唯一的标志符。

（4）WBS 元素的描述最好使用名词，如有必要，可加入形容词。为了便于理解或是由于文化背景的原因，WBS 的描述要尽可能包括动词和修饰成分。然而，这些不能被认为是活动，因为活动是通过 WBS 元素下发生的行为元素定义的。

（5）每个 WBS 元素中的工作都可以用 WBS 字典来详细地描述，WBS 字典可能成为工作陈述或工作授权文档的基础。WBS 字典是用来定义和描述每一个 WBS 元素中将要执行的工作的文档。

（6）项目管理在所有的 WBS 中都是第一层元素。

（7）项目利益相关者应该参与 WBS 的开发。在项目利益相关者批准了 WBS 后，WBS 应该成为基准。成为基准的 WBS 应该有一个正式的变更过程。

（8）WBS 应集中于项目输出产品或可交付成果，它不是一个组织图，也不是一个进度计划或资源表。

（9）最低层 WBS 元素应该是在活动以上的那一层——工作包级。工作包可以在项目进度管理中进一步分解，从而获得项目实施中需要开展的各种项目活动，项目活动是不能够被分解的项目工作的最小单元。

（10）WBS 不反映元素间的时间关系或横向关系，所有的结构关系都是纵向的。

### 三、创建 WBS 的步骤

开发 WBS 的步骤如图 2—1 所示。

下面以某晚餐宴会项目为例分别说明"自下而上"和"自上而下"两种创建工作分解结构的方式。

图 2—2 代表的晚餐宴会项目 WBS 最初是采用自下而上的方法构造的，即先列出所有的工作包，然后再把它们按相关性进行分组。其中，项目管理是第一层中

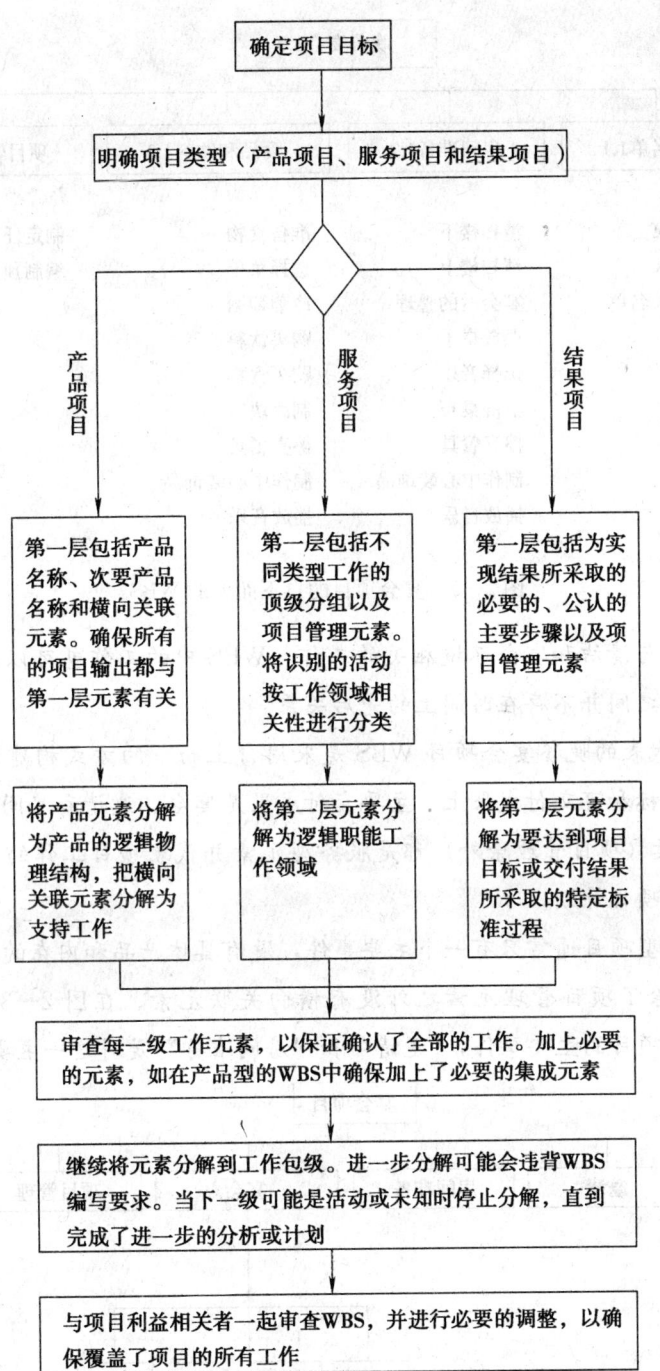

图 2—1 创建 WBS 的步骤

唯一的横向关联元素。

这个 WBS 包含顶层、第一层的工作元素以及第二层的工作包。注意,食品和饮料可以在第二层中分开,分开后每一项下面的活动应该在第三层。类似地,房间

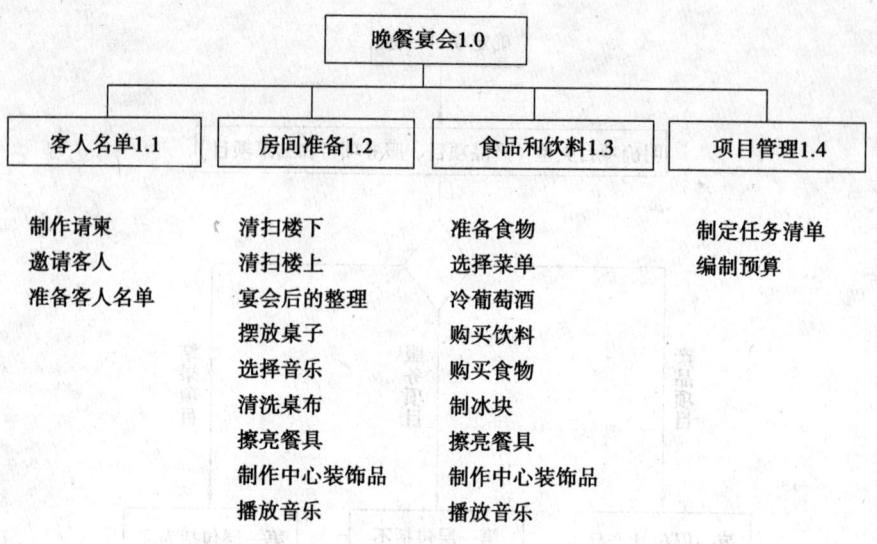

图 2—2 宴会项目的自下而上的 WBS

准备可以分为与清洁和宴会环境相关的工作。WBS 中的工作包可以继续分解为活动，而工作包之间并不存在时间上的先后关系。

图 2—3 代表的晚餐宴会项目 WBS 是采用自上而下的方式构建的，其最初的焦点集中在目标和可交付成果上。主要交付成果是宴会、邀请和房间准备。无论如何，WBS 元素（项目管理除外）都是服务型元素并代表项目工作的逻辑分组，这样有利于编制项目计划。

由于服务型项目通常只有一个主要事件，没有具体产品和内在的物理结构，所以此类 WBS 除了项目管理元素之外没有横向关联元素。在图 2—3 所示的 WBS 中，宴会是该项目的主要事件，"邀请"和"房间准备"是对这一主要事件的补充。

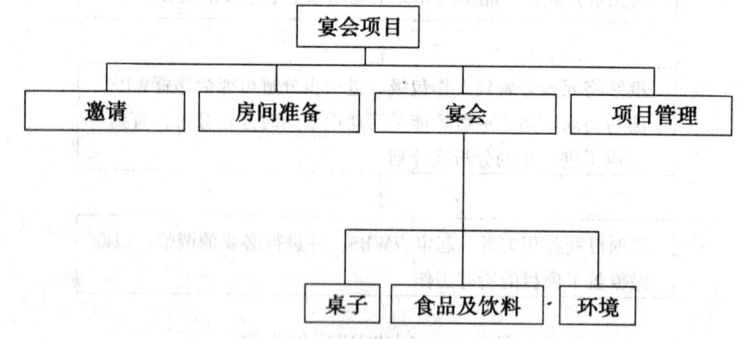

图 2—3 宴会项目的自上而下的 WBS

## 四、编写 WBS 字典

WBS 字典是用来定义和描述每一个 WBS 元素中将要执行的工作的文档。它提供的信息不必很长，但应该充分地描述所做的工作。许多组织发现，使用一个表格来集中 WBS 字典的信息是十分有用的。WBS 字典的优势之一是用文字描述每个元素的工作规范。简短、总结性的 WBS 元素描述经常是模糊的或容易引起误解的，而 WBS 字典能够消除可能产生的任何误解。

有些计划人员发现使用字典中已实施活动的术语来描述 WBS 元素十分有效。其优点是不需要 WBS 字典也能明确元素中的工作。然而，活动术语的使用会引起混乱，并可能失去一个基于名词——产品 WBS 所需要的规范。使用基于活动的 WBS 元素描述的另一个缺点是很难评估是否违背了百分之百原则。

用来描述每个工作包的 WBS 字典能够方便地转变为对项目或子项目的综合性陈述，WBS 字典的作者需要确认 WBS 字典涉及所有要执行的工作。因此，全部项目范围也就清楚和易于理解定义了。

下面举例说明如何编写 WBS 字典，具体见表 2—2。

表 2—2　　　　　　　　WBS 字典格式示例

| 编号 | 任务名称 | 过程 | 资源 | 结果 | 完成的标准/质量 | 负责人 |
|---|---|---|---|---|---|---|
| 1.1 | 需求分析 | 核心成员到 A 公司进行调查与需求分析 | 调查标准：100 人时；设计标准：5 000 元 | 需求分析报告和系统设计 | 包括所有列出的要开发的交付结果的标准 | 李晶 |

WBS 除了必须包含定量化的资源需求之外，还可能包括预算、计划、交付和挣值管理等数据，这些数据对工作包是有用的，但是对总结或更高级的元素可能用不到。

## 五、WBS 编码

在开发 WBS 时，通过给各种元素和层级进行编码或编号，能够显著地改善 WBS 在各种相关应用中的功能。编码可以采用任何一种方法，但是保持一致性很重要。大多数组织都有标准的编码。这些编码能够被使用和修改，用一些数字或字母对每一项工作给出唯一的识别。可识别的 WBS 编码为计划、预算、跟踪、再计划和分配提供了说明，为项目沟通提供了说明。许多项目管理软件包允许输入 WBS 编码，并可使用这些编码进行数据分类并准备相应的报告。

有许多可以为 WBS 元素进行编号的系统。所有编号系统的目的都是为了快速识别 WBS 工作元素，并确定其在整个项目层次结构中合适的位置。WBS 元素经常有类似的名称，编号系统则可以清楚地识别每一个元素。

常用的编码系统有大纲式编码系统和多位编码系统。

**1. 大纲式编码系统**

如果采用大纲式编码，则 WBS 第一层元素的编号为 1，2，3 等，下一层的编号为 1.1，1.2，1.3 等；再下一层的编号为 1.1.1，1.1.2，1.1.3 等。

大纲式编码系统是精确的、完整的，能够精确到任意一个所需要的层级。这种编码应该被扩展到计划或网络图中所有的活动，这样，每一项活动都能被独立的确定。大纲式编码可以独立确定网络图中所有的活动，并且与典型的会计系统编码相匹配，因而为成本计算、成本累计以及挣得值分析提供了便利。

下面以某车库项目为例说明如何进行大纲式编码，如图 2—4 所示。

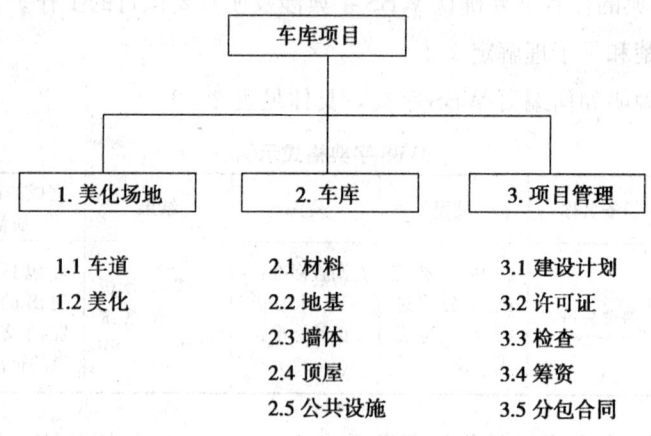

图 2—4 车库项目编码

**2. 多位编码系统**

如果采用多位编码系统，则 WBS 的顶层编码是 1000 等，第一层编码是 1100…1200…1300 等，第二层编码是 1110…1120…1130 等。采用多位编码系统可以重新构造 WBS 等级，还可以在恰当的位置上添加新的部分。这种等级式的设计便于索引和前后参照。

下面以某侦察机系统为例说明如何对 WBS 进行多位编码，具体如图 2—5 所示。

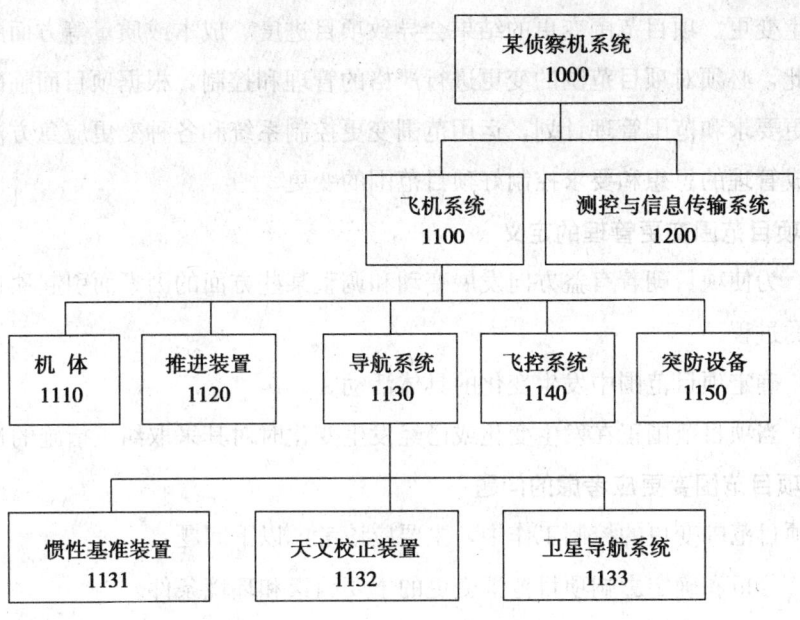

图2—5 某侦察机系统项目

## 第2节 项目范围控制

 **学习单元1 识别影响项目范围变更的因素**

 **学习目标**

➢ 掌握项目范围变更管理的基本概念
➢ 掌握影响项目范围变更的因素
➢ 能够识别引起项目范围变更的因素

### 一、项目范围变更管理的基本概念

项目一旦实施,其内部条件和外部环境都可能发生变化,这种变化会导致项目范围发生变更。项目范围变更的结果会导致项目进度、成本或质量等方面的全面改变，因此，必须对项目范围的变更进行严格的管理和控制，根据项目面临的实际情况、变更要求和范围管理计划，运用范围变更控制系统和各种变更应急方法，按照项目集成管理的思想和要求控制好项目范围的变更。

**1. 项目范围变更管理的定义**

（1）为使项目朝着有益方向发展变动和调整某些方面的因素而引起项目范围发生变化的过程。

（2）确定项目范围中发生变化的具体活动。

（3）当项目范围正在发生变化或已经发生变化时对其采取纠正措施的过程。

**2. 项目范围变更应考虑的问题**

在项目范围变更的控制工作中，主要应该考虑以下问题：

（1）分析和确定影响项目范围变更的主要因素和环境条件。

（2）管理和控制那些能够引起项目范围变更的主要因素和环境条件。

（3）分析和确认项目利益相关者提出的项目变更请求的合理性和可行性。

（4）当项目范围变更发生时对其进行严格的控制，设法使项目变更朝着有利的方向发展。

项目范围变更管理关心的是对造成项目范围变更的因素施加影响，并控制这些变更造成的后果。项目范围变更不是孤立的，因此，在进行项目范围变更管理时，必须同时全面考虑对其他因素或方面的控制，特别是对时间、费用和质量的控制。

**3. 项目范围变更管理的作用**

（1）合理调整项目范围

范围变更是在已审批通过的项目范围基础上进行改变与调整。项目范围变更常常伴随着对成本、进度、质量或其他目标进行调整的要求。项目范围变更的结果往往是对计划过程、技术和计划文件进行更新。变更一旦确定，需要将所有更新内容或文件以适当的方式通知或传达到项目利益相关者手中。

（2）纠偏行动

纠偏行动是将计划实施纳入计划轨道的行为。

（3）总结经验教训

导致范围变化的原因、采取纠偏行动的依据以及其他任何来自变更控制实践的经验和教训，都应该书写成文，形成数据和资料以供备份存档之用。

## 二、影响项目范围变更的因素

范围变更请求可能由不同的来源提出，如项目组织外部提出或项目组织内部提出的；也可能以不同的形式出现，如口头的或书面的、直接的或间接的、法律强制性的或可选择的等。范围变更可能会扩展项目范围，也可能会缩小项目范围。影响范围变更的因素主要包括以下五方面。

**1. 项目要求发生变化**

这是范围变化中最常见的一种情况，主要源于项目发起人（业主）对项目需求和期望发生了变化。他们可能要求增加项目产品某一方面的性能或特征，也可能由于发起人的财务状况恶化而降低了对项目的要求和期望。

**2. 工艺技术变化**

在项目实施阶段过程中出现了新的生产技术、手段或方案等，如果采用就会对项目产生较大影响，导致项目范围发生一定程度的改变。例如，在项目开始后发现了可以大幅度降低费用的新技术。

**3. 人员变化**

在项目实施过程中发生的人事变动和组织结构调整可能会对项目要求、设计、技术以及经营理念产生影响，进而使项目范围产生变更。例如，项目经理、项目技术人员的调离以及项目发起人的变化。

**4. 项目设计变化**

在项目实施过程中出现的各种困难往往会激励设计人员改进设计方案，提出实现项目目标的更好方法。此类变化一般是在项目实施以及设计思维逐渐成熟的过程中产生的。

**5. 经营环境变化**

项目外部环境的动态开放性经常会引起项目经营环境的变化。例如，市场上出现的某种新产品或替代品，发生的汇率或利率浮动，都会使项目范围受到不同程度的影响。

## 识别引起项目范围变更的因素案例

识别引起项目范围变更的因素是成功进行项目范围变更管理的基础。识别引起项目范围变更的因素有两层含义：第一，变更尚未出现，将可能导致范围变更的因素识别出来，视为项目风险因素并制定应对措施；第二，变更已经出现，对变更的表象加以分析和诊断，识别导致变更的本质原因，为处理变更请求提供决策依据。

专家调查法、头脑风暴法、使用项目变更档案是识别引起项目范围变更因素的常见方法。

下面以某冶金工程技术联合开发研究中心的实际项目为例说明引起项目范围变更的常见因素。

一、项目要求发生变化

2007 年，这家中心为某韩国客户设计和制造一台 14 辊可逆不锈钢冷轧轧机。在签订合同后对最终技术方案审核时，客户要求变更上卷小车形式，将原来的辊轮支撑变为 V 形面支撑。该变更不但在技术上可行而且降低了生产成本。

通过该例可以看出，项目要求发生变化时对项目的影响并不全是负面的，有时也会产生积极影响。

二、工艺技术变化

这家中心在为国内某客户设计和制造 14 辊轧机过程中，采用了国外进口的新型无纺布材料替代原来的橡胶条作为除油设备，结果使技术交流工作量增加，同时也增加了采购和制造成本，但大大降低了客户的维护时间和维护成本，提高了客户满意度。

三、人员变化

这家中心在为国内某客户设计和制造平整机的过程中，由于客户方新上任的总经理高度重视该设备的上马和投产，并将其作为"1 号工程"亲自主抓，明确要求提高该设备的自动化水平，结果使该项目范围大幅度增加。

四、项目设计变化

这家中心在为国内某客户生产 20 辊轧机过程中，设计团队将原来的组装式测速辊改进为焊接式测速辊，将原来的整体调质、淬火、热装工艺改为焊接、渗碳、淬火工艺，将原来用的轧辊钢用现在的 20 号钢替代，提高了成本率，降低了成本。

五、经营环境变化

由于竞争对手采用低价竞争策略对这家中心的市场竞争造成一定压力，该中心在保证项目质量的前提下，加大了价值工程的应用力度，使项目范围增加的同时提高了市场竞争力。

 **学习单元 2　处理项目范围变更请求**

 **学习目标**

- 掌握项目范围跟踪和控制的基本原理
- 掌握项目范围变更控制系统包括的主要内容
- 掌握处理项目范围变更请求的主要方法
- 能够处理项目范围变更的请求

### 一、项目范围跟踪和控制的基本原理

项目范围变更主要是指项目目标、项目范围、项目要求、内部环境以及项目技术质量指标等偏离原来确定的项目计划。

项目范围跟踪是指在项目实施过程中将实际情况与范围计划进行比较，及时发现问题，及时调整，控制项目范围计划的实施过程。在进行项目范围跟踪时，首先要将经过审核和确认的项目范围计划作为比较基准，作为在项目实施过程中进行评价的基准线，然后制定项目范围跟踪流程规范，比如跟踪频率、实际数据的来源、采集何种项目实际信息、如何对项目进展进行评价等。

此外，项目管理专用软件可以帮助项目管理人员快速动态跟踪项目范围的实施情况，统计分析项目进度数据，及时发现项目进展中的问题并进行调整，高效辅助项目控制管理。可以使用项目管理软件进行项目范围的动态跟踪，步骤如下：

1. 将被批准优化后的项目范围计划保存为比较基准，作为在项目实施过程中进行评价的基准线。

2. 在项目范围计划开始实施以后，定期将实际发生的项目信息输入到系统中，及时更新项目信息。

3. 比较基准计划，找出差异，并根据新的项目状态重新规划项目范围。

项目范围变更控制的重心是对造成项目范围变更的因素施加影响，并控制这些变更造成的后果，确保范围变更请求与纠正措施可以通过项目整体变更控制过程进行处理。

为规范项目范围变更管理，需要制定明确的项目范围变更管理流程，其主要内

容是识别并管理引起项目范围扩大或缩小的所有因素。项目范围变更管理的一般流程如图2—6所示。

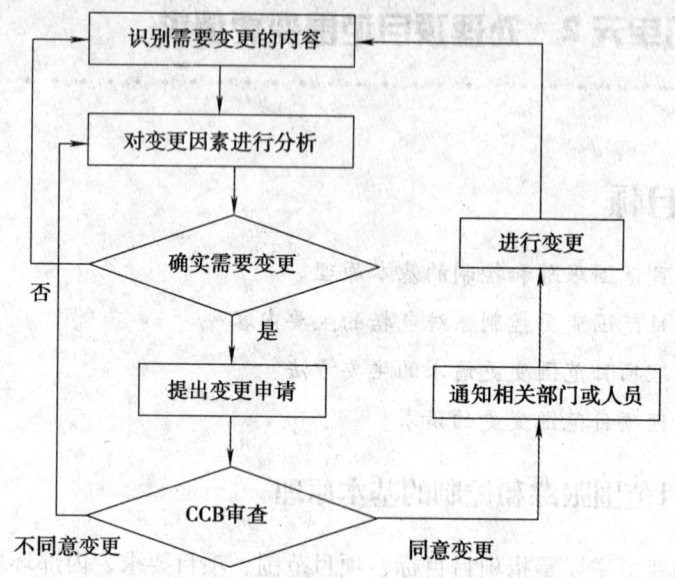

图2—6 项目范围变更管理的一般流程

需要说明的是，在图2—6中，CCB（change control board）是指变更控制委员会，通常由项目风险承担者组成，要定期召开会议，遵循一定的变更机制对近期所产生的变更请求进行分析、整理，并做出决定。

## 二、项目范围变更控制系统包括的主要内容

针对影响项目范围变更的因素，在进行项目范围变更控制时，要以工作分解结构、项目绩效报告、来自项目内外的变更请求和范围管理计划作为依据，以范围变更控制系统、绩效测量和补充计划编制作为变更控制的主要工具和技术。项目范围变更控制的结果是在全面保障和促进项目工作绩效的同时生成一系列项目范围变更控制文件。

项目范围变更控制系统可以对项目范围变更进行控制，它执行修改项目范围时应遵循的系列程序和方法，其主要内容包括以下几项。

**1. 文档工作**

主要指一些有文档记录的过程，说明了如何提交变更申请，如何管理变更请求以及由于这些变更附属于相关项目而带来的管理方面的影响。

**2. 项目实施跟踪系统**

它跟踪变更申请的状态，包括其批准状态。

**3. 多种项目范围变更审批的处理**

一些变更申请可以根据项目管理者的决定得到批准，有些则需要正式的批准或者需要经过多级批准，如项目主管、行政领导等。并非所有的变更申请都可以得到批准，没有得到批准的变更也会被跟踪并且记录在项目记录簿中以便将来参考。

## 三、处理项目范围变更请求的主要方法

项目管理团队可以采取以下方法处理项目范围变更请求。

1. 制定并遵循一个要求的管理程序，包括项目最初要求的确定程序。

例如，在本章第1节学习单元1的案例中，每个子项目的范围计划都要得到主要项目利益相关者的书面认可。

2. 使用案例模型、原型制作和合作设计等方法，透彻理解客户的需求。

案例模型是指对项目本身、项目发起人和项目组织内外对项目的反应等进行识别和模型化。这种方法适用于以产品为导向的系统开发，可以帮助开发者很好地理解用户需求。原型制作是指制作项目范围中全部或部分工作的复制品。这些复制品可能用后即被丢弃，也可能作为项目可交付成果的附加部分。原型制作是一种十分有效的工具，通过这种方法可以很好地理解客户要求、判断客户需求的可行性并解决项目范围界定不清晰的问题。合作设计是指召集项目发起人、客户、项目组成员等在内的利益相关者，通过高度系统和深入的专题探讨，共同确定项目范围。这种方法同样也有助于客户积极地参与项目需求的确定工作。

例如，在本章第1节学习单元1的案例中，项目团队为了成功完成现场促销子项目，召集卖场负责人、消费者代表和项目成员，通过系统讨论卖场平面图、A公司以往MP3消费记录、卖场同类商品销售历史、消费者评价、消费者对促销方式的喜恶，合作设计了现场促销方案，并通过沙盘对现场促销活动进行模拟。在促销活动当天，当A公司的竞争对手以A公司巨幅宣传海报阻挡了其产品陈列为理由要求卖场负责人派人将海报移走时，由于卖场负责人了解A公司宣传创意，知道海报对促销活动的意义，没有同意这一要求，很好地保障了促销子项目的效果。

3. 对所有要求都记录在案，并确保这些信息易于流传和获得。

可以借助计算机建立要求数据库来进行记录和管理。

例如，在本章第1节学习单元1的案例中，由于项目相关人员异地办公，见面沟通非常困难。为此，项目组利用google的文档网络管理功能，顺畅地交流和获取项目信息，并实现项目文档的存储和查询功能。

4. 在项目生命期内实施足够的测试，以确保项目产品能够符合期望和要求。

例如，在本章第1节学习单元1的案例中，项目组通过聘请代表不同目标客户群的消费者参加各子项目的启动会和每个子项目方案的评估，并充分发表他们的看法，保证了推广方案真正符合消费者的期望和要求。

5. 运用评审过程，采用系统观点评审提出的变更请求。

例如，确保范围变更也包括相应的成本变更和进度变更。变更请求应征得利益相关者的同意。作为项目经理在面对各方提出的变更请求时，应该告诉他们这样的变更需要多长时间，然后询问变更申请人如何做。刚开始这样做时压力会很大，但是当项目团队在规定的时间和成本内实现了变更申请人想要的特殊要求时，问题就解决了。

例如，在本章第1节学习单元1的案例中，某省的渠道代理商在项目执行过程中提出变更宣传手册设计方案的需求，但是项目团队对其强调了需求管理程序，新的需求必须经过所有利益相关者讨论通过后才能变更，而且提出变更方案的渠道代理商要负责变更引起的一切后果。最终渠道代理商反复权衡后放弃了变更方案，项目团队也保证了市场推广项目的进度，控制了项目预算。

6. 强调完工日期。

项目经理可以向变更申请人特别强调项目必须在某个确定的日期之前完成，询问变更申请人愿意放弃什么以得到新的要求。项目经理往往可以通过严格按照日期行事来成功地控制范围蔓延。

例如，在学习单元1的案例中，项目经理对项目团队经常强调："12月1日是正式开始销售的日期，所有其他事情都必须在此之前完成。渠道代理、媒体、卖场、广告公司可能会找到我们，要求增加项目，我们要询问他们愿意放弃什么以满足新的要求。我们就是要通过强调完工日期控制项目范围的变更。"

# 第3章 项目时间管理

## 第1节 项目进度计划

 **学习单元1 编制工作清单**

 **学习目标**

- ➢ 掌握工作清单的概念
- ➢ 掌握编制工作清单的依据
- ➢ 能够建立工作清单的模板

### 一、工作清单的概念

编制工作清单主要是确定为完成项目可交付成果所必须进行的各项具体工作,并对它们进行定义。编制工作清单开始于工作分解结构的最下层,即工作包。工作包被有计划地分解为更小的组成部分,称为计划活动,为估算、安排进度、执行,以及监控项目工作奠定基础。编制工作清单的主要工作内容如图3—1所示。

在图3—1中,编制工作清单的工具和技术包括分解、模板、滚动式规划、专

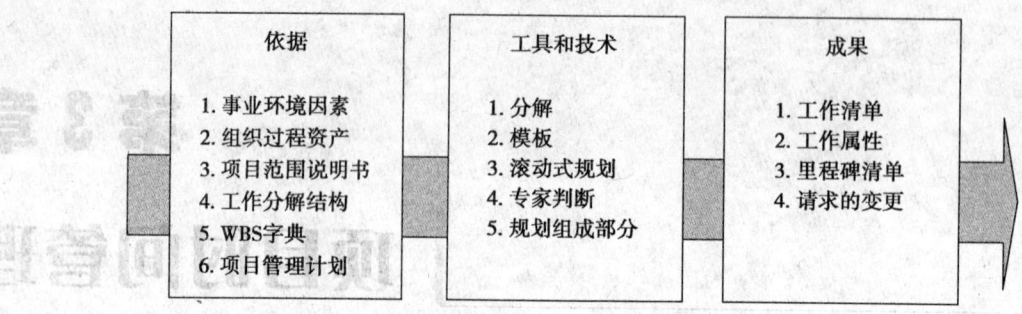

图 3—1　编制工作清单的主要工作内容

家判断与规划组成部分。

其中，分解技术是指把项目工作包进一步分解为更小、更易于管理的称为计划活动的组成部分，通常由负责这一工作包的项目团队成员完成。标准的或以前项目活动清单的一部分，往往可作为新项目的模板使用。模板中的有关活动属性信息还可能包含资源技能，以及所需时间的清单、风险识别、预期的可交付成果和其他文字说明资料。模板还可以用来识别典型的进度里程碑。滚动式规划是规划渐进明晰的一种表现形式，近期要完成的工作在工作分解结构最下层详细规划，而计划在远期完成的工作分解结构组成部分的工作，在工作分解结构较高层规划。最近一两个报告期要进行的工作应在本期工作接近完成时详细规划。所以，项目计划活动在项目生命期内可以处于不同的详细水平。在信息不够确定的早期战略规划期间，活动的详细程度可能仅达到里程碑的水平。擅长制定详细项目范围说明书、工作分解结构和项目进度表并富有经验的项目团队成员或专家，可以提供活动定义方面的专业知识。控制账户和规划包是两个常见的规划组成部分。在 WBS 级别中，控制账户高于规划包，规划包高于工作包。项目团队选择并利用这些规划组成部分来规划工作分解结构较高层次的各种未来工作的进度，控制账户和规划包可以是无法用于项目工作详细估算、进度安排、执行、监控的概括性活动。

工作清单包括项目将要进行的所有计划活动，不包括任何不必成为项目范围一部分的计划活动，是项目进度表的单个组成部分，不是工作分解结构的组成部分。活动清单的详细程度要能保证项目团队成员正确理解需要完成什么工作。工作属性通常包括工作标志、工作编号、工作名称、紧前工作、紧后工作、逻辑关系、提前与滞后时间量、资源要求、强制性日期等。里程碑清单将列出所有里程碑，并指明里程碑属于强制性还是选择性。里程碑清单是项目管理计划的一部分，里程碑用于进度模型中。请求的变更通过整体变更控制过程审查与处置。

表 3—1 即是某技术改造项目工作清单。

表 3—1　　　　　　　　某技术改造项目工作清单与逻辑关系

| 编号 | 工作名称 | 持续时间（月） | 紧前工作 | 紧后工作 | …… |
|---|---|---|---|---|---|
|  | 开始 |  | — | A |  |
| A | 可行性研究 | 1 | — | B, C |  |
| B | 审批 | 1.5 | A | D, E, F, G, H |  |
| C | 设计任务书 | 0.8 | A | D, F, H |  |
| D | 改建设计 | 2 | B, C | I |  |
| E | 改建筹资 | 1.5 | B | I |  |
| F | 设备设计 | 3 | B, C | J |  |
| G | 设备筹资 | 2 | B | J, K |  |
| H | 软件系统设计 | 1.5 | B, C | K |  |
| I | 改建施工 | 6 | D, E | L |  |
| J | 设备制造 | 7 | F, G | L, M, N |  |
| K | 软件编程 | 4 | G, H | N |  |
| L | 设备安装 | 1.5 | I, J | O |  |
| M | 职工培训 | 1 | J | — |  |
| N | 软件调试 | 1 | J, K | O |  |
| O | 试运行 | 1 | L, N |  |  |
| P | 投产 |  |  | — |  |

在表 3—1 中，紧前工作是指紧排在本工作之前的工作，紧后工作是指紧排在本工作之后的工作，表示工作之间存在的先后顺序关系。

完成工作定义之后，还要进一步确定在项目实施过程中进行工作的先后次序（即明确工作的依赖关系）——工作排序，并估计完成各项工作所需要的时间（工作持续时间）、资源等，据此制订进度计划。

## 二、编制工作清单的依据

编制工作清单依据中的项目范围说明书、工作分解结构、工作分解结构字典和项目管理计划等具体内容请参见本书第 2 章项目范围管理相关内容，这里不再重复。编制工作清单依据中的事业环境因素指是否有可利用的项目管理信息系统与进度安排工具软件。组织过程资产包括同活动规划有关的正式与非正式方针、程序与原则，需要在活动定义中给予考虑。

## 建立工作清单模板案例

下面以软件开发项目为例说明如何建立工作清单模板。

同类项目常常有类似的工作内容,因此,在项目进度计划编制的工作清单编制阶段参考类似项目的工作清单模板常常能使项目工作清单编制事半功倍,当然工作清单应根据项目具体情况在模板基础上进行相应的调整。下面是某软件开发项目工作清单模板的一部分。

---

**某软件开发项目工作清单模板(部分)**

1　项目范围规划
　1.1　确定项目范围
　1.2　获得项目所需资金
　1.3　定义预备资源
　1.4　获得核心资源
　1.5　项目范围规划完成
2　分析/软件需求
　2.1　行为需求分析
　2.2　起草初步的软件规范
　2.3　制定初步预算
　2.4　工作组共同审阅软件规范/预算
　2.5　根据反馈修改软件规范
　2.6　确定交付期限
　2.7　获得开展后续工作的批准(概念、期限和预算)
　2.8　获得所需资源
　2.9　分析工作完成
3　设计
　3.1　审阅初步的软件规范
　3.2　制定功能规范
　3.3　根据功能规范开发原型
　3.4　审阅功能规范
　3.5　根据反馈修改功能规范

3.6　获得开展后续工作的批准
　　3.7　设计工作完成
4　开发
　　4.1　审阅功能规范
　　4.2　确定模块化/分层设计参数
　　4.3　分派任务给开发人员
　　4.4　编写代码
　　4.5　开发人员测试（初步调试）
　　4.6　开发工作完毕
5　测试
　　5.1　根据产品规范制订单元测试计划
　　5.2　根据产品规范制订整体测试计划
　　5.3　单元测试
　　5.4　整体测试
6　培训
　　6.1　制定针对最终用户的培训规范
　　6.2　制定针对产品技术支持人员的培训规范
　　6.3　确定培训方法（基于计算机的培训、教室授课等）
　　6.4　编写培训材料
　　6.5　研究培训材料的可用性
　　6.6　对培训材料进行最后处理
　　6.7　制定培训机制
　　6.8　培训材料完成
7　文档
　　7.1　制定"帮助"规范
　　7.2　开发"帮助"系统
　　7.3　审阅"帮助"文档
　　7.4　根据反馈修改"帮助"文档
　　7.5　制定用户手册规范
　　7.6　编写用户手册
　　7.7　审阅所有的用户文档

7.8 根据反馈修改用户文档
7.9 文档完成
8 试生产
 8.1 确定测试群体
 8.2 确定软件分发机制
 8.3 安装/部署软件
 8.4 获得用户反馈
 8.5 评估测试信息
 8.6 试生产工作完成
9 部署
 9.1 确定最终部署策略
 9.2 确定部署方法
 9.3 获得部署所需资源
 9.4 培训技术支持人员
 9.5 部署软件
 9.6 部署工作完成
10 总结回顾
 10.1 将经验教训记录存档
 10.2 分发给工作组成员
 10.3 建立软件维护小组
 10.4 回顾完成
11 软件开发模板结束

 **学习单元2 项目工作持续时间估计**

 学习目标

➤ 掌握项目工作持续时间估计的依据

➤ 掌握项目工作持续时间估计的方法
➤ 能够估计项目工作的持续时间

## 一、工作持续时间估计的依据

工作持续时间表示完成该工作所需的工作时间。工作持续时间估计（duration estimating）的主要工作内容如图3—2所示。

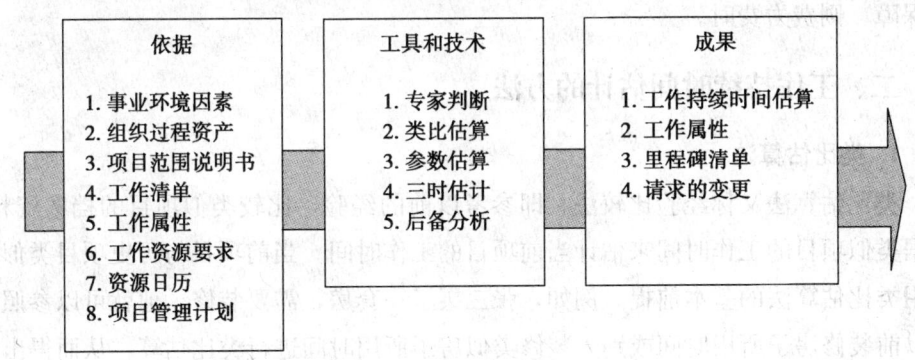

图3—2 工作持续时间估计的主要工作内容

如图3—2所示，在工作持续时间估计的主要依据中，事业环境因素主要指参与项目的一个或多个组织可能会有持续时间估算数据库与其他历史参考数据，这种类型的参考资料也可以在市场上买到。这些数据库在活动持续时间不受实际工作内容影响时，往往特别有用。组织过程资产指通常容易找到那些相关类型活动的可能持续时间的历史资料，如项目结果记录、项目日历等，参与项目的一个或多个组织、团队个别成员可能会保留这些记录。工作资源要求是指分配给计划活动的资源以及这些资源能否用于项目，将大大影响大多数工作的持续时间。制定资源日历是项目资源估算过程的一部分，包括人力资源的有无、能力与技能。设备、物资的类型、数量、能否使用以及能力对工作持续时间也有很大的影响。项目管理计划主要包括风险登记册和工作费用估算。

在给定资源条件和一定的努力水平下，某项任务可能会在一定时间内完成，当投入更多的资源，或者增加努力程度的情况下，完成同样任务需要的时间可能会短一些，反之则会长些。因此，精确的估计是不存在的。虽然如此，这并不意味着在估计工作持续时间的时候可以随意，而是要更加严肃地对待，做出切合实际的估计。

影响工作持续时间的因素主要包括以下几方面。

**1. 意外事件**

在项目实施过程中，有时会遇到一些意想不到的突发事件，如客户要求发生根本性变化,小组骨干成员突然离开等,这些突发事件大都会对项目实施带来影响,因此,在制订项目进度计划时应尽可能考虑意外事件。

**2. 小组成员的工作熟练程度与工作效率**

工作越熟练,工作效率越高,工作所需时间越少;反之,所需时间越长。

**3. 资源供应情况**

项目所需的资源如果应有尽有,则会省时;相反,如果实施项目所需的资源无法保障,则费力费时。

## 二、工作持续时间估计的方法

**1. 类比估算法**

类比估算法又称经验比较法,即参考以前的经验,比较类似项目的档案资料,根据类似项目的工作时间来估计当前项目的工作时间。当前项目与历史项目类似是采用类比估算法的基本前提。例如,张三买了一套房,需要装修,他就可以参照自己以前装修房子所用时间或别人装修类似房子所用时间进行类比估算,从而得出装修房子所需的时间。

**2. 专家判断法**

专家判断法是请本领域的专家判断完成各项工作所需的时间。工作持续时间的估计涉及许多因素,很难找到通用的计算方法,这时就要依赖专家的经验和历史记录。尽管这种方法有一定的不确定性和风险,但仍不失为一种行之有效的方法。典型的专家判断法有德尔菲法等。

**3. 参数估算法**

将应当完成的工作量乘以生产率,就可以估算出活动持续时间的基数。例如,对于设计项目,将图样的张数乘以画每张图用的工时就可以估算出生产率。

**4. 三时估计法**

三时估计法是通过估计完成工作的最乐观时间、最悲观时间及最可能时间,按下面的公式来估算工作持续时间:

工作持续时间=(最乐观时间+4×最可能时间+最悲观时间)/6

**5. 后备分析法**

项目团队可以在总的项目进度表中以"应急时间""时间储备"或"缓冲时间"为名称增加一些时间,这种做法是承认进度风险的表现。

## 估计工作持续时间案例

表3—2是某项目各工作的最乐观时间、最有可能时间和最悲观时间的列表,

试根据该表提供的信息估计该项目各工作的持续时间。

表3—2　　　　　　　　　　工作持续时间估计表

| 工作内容 | 乐观时间（周） | 最有可能时间（周） | 最悲观时间（周） |
|---|---|---|---|
| 工作 A | 1 | 2 | 5 |
| 工作 B | 2 | 3 | 4 |
| 工作 C | 4 | 5 | 8 |
| 工作 D | 6 | 9 | 12 |

根据三时估计法的公式：

工作持续时间＝（最乐观时间＋4×最有可能时间＋最悲观时间）/6

工作 A 的持续时间：(1＋4×2＋5)/6＝2.33（周）

工作 B 的持续时间：(2＋4×3＋4)/6＝3（周）

工作 C 的持续时间：(4＋4×5＋8)/6＝5.33（周）

工作 D 的持续时间：(6＋4×9＋12)/6＝9（周）

 学习单元3　工作排序

 学习目标

➢ 掌握工作排序的概念和类型
➢ 掌握工作排序的依据
➢ 掌握工作排序的方法步骤

## 一、工作排序的概念和类型

通过工作分解结构（WBS）可以知道完成项目需要执行哪些具体工作，这些工作之间存在先后顺序关系，即逻辑关系或时序关系。项目工作先后顺序的确定涉及对组成项目的各工作之间的逻辑关系的识别和说明。

**1. 工作排序的概念**

（1）紧前工作（front closely activity）。紧排在本工作之前的工作。

（2）紧后工作（back closely activity）。紧排在本工作之后的工作。

（3）平行工作（concurrent activity）。可与本工作同时进行的工作。

(4) 先行工作（preceding activities）。自起点节点至本工作之前各条线路上的所有工作。

(5) 后续工作（succeeding activities）。本工作之后至终点节点各条线路上的所有工作。

(6) 虚工作。虚拟的、实际并不存在的工作，它不占用时间，也不消耗资源，是双代号网络图中为了正确表示各工作间逻辑关系的需要而人为设置的，用虚箭线表示。

(7) 工作的总时差 TF（total float）。指在不影响整个项目完成总工期和有关时限的前提下，一项工作可以利用的机动时间。

(8) 工作的自由时差 FF（free float）。指在不影响紧后工作最早开始时间和有关时限的前提下，一项工作可以利用的机动时间。

**2. 工作排序的类型**

(1) 完成到开始关系 FTS（finish to start）。从工作完成到工作开始，后续工作的开始要等先行工作的完成。

(2) 开始到开始关系 STS（start to start）。从工作开始到工作开始，后续工作的开始要等先行工作的开始。

(3) 完成到完成关系 FTF（finish to finish）。从工作完成到工作完成，后续工作的完成要等先行工作的完成。

(4) 开始到完成关系 STF（start to finish）。从工作开始到工作完成，后续工作的完成要等先行工作的开始。

## 二、工作排序的依据

**1. 项目工作清单**

项目工作清单中的工作是需要排序的对象，它是项目工作排序最重要的依据。

**2. 项目可交付成果描述**

项目各阶段的产出物是项目工作按一定顺序开展的结果，对项目工作的内容和顺序提出了直接的要求。

**3. 项目工作之间的关系**

项目工作之间存在着强制依存关系、自由依存关系和外部依存关系，这些关系是安排项目工作顺序的逻辑要求。

**4. 项目的约束与假设条件**

项目约束条件是指项目所面临的资源和其他限制条件。项目假设条件是对于项目工作的开展所要面临的一些不确定性条件的假设，这些假设会影响到项目工作次序的安排。

## 三、工作排序的方法步骤

**1. 熟悉工作清单**

这是工作排序确定的基础。

**2. 熟悉项目描述**

项目的特性通常会影响到工作排序的确定，在工作排序的确定过程中更应明确项目的特性。

**3. 确定强制性逻辑关系**

逻辑关系是工作之间存在的内在关系，通常是不可调整的，一般主要依赖于技术方面的限制（如工艺关系），因此，确定起来较为明确，一般通过技术人员与管理人员的交流来完成。

**4. 确定组织关系**

组织关系是工作之间由于组织安排需要或资源调配需要而规定的先后顺序关系，这种关系的确定通常取决于项目管理人员的知识和经验，它的确定对于项目的成功实施至关重要。

**5. 确定外部制约关系**

项目工作和非项目工作相互影响，因此，在项目工作计划的安排过程中需要考虑到外部工作对项目工作的制约及影响，以充分把握项目发展。

**6. 考虑实施过程中的限制和假设**

为了制订良好的项目计划，必须考虑项目实施过程中可能受到的各种限制，同时还应考虑项目计划制订所依赖的假设和条件。

项目工作排序确定的最终结果是一张描述项目各工作排序的项目网络逻辑图以及工作的详细关系列表。

## 工作排序案例

下面以 MS Project 中工作排序的表示方法为例说明如何进行工作排序。

在 MS Project 软件中有四种工作相关性类型："完成—开始"（FS）、"开始—开始"（SS）、"完成—完成"（FF）、"开始—完成"（SF）。工作之间的排序默认类型为"完成—开始",如果是这种类型,软件不做特殊标志,其他类型则用"SS、FF、SF"等标志相应标出。前置重叠时间以负值输入,延隔时间以正值输入。

某轻轨项目大屏幕工程工作计划的工作排序为:先进行招标文件准备,接着出售招标文件,36个工作日后签订合同,接着合同生效;工程方案设计在合同生效同时开始,接着依次进行设计方案审核、设计方案修订、设计方案最终确定;在工程方案设计完成后进行设计联络;接口方案设计审核在设计联络完成后开始,在设计方案最终确定完成时完成,合同签订后陆续进行设备供货、设备安装、设备调试和设备联调。其工作排序用前置工作表示的工作清单见表3—3。

表3—3　　　　某轻轨项目大屏幕工程工作计划的工作排序

| 标志号 | 任务名称 | 开始时间 | 完成时间 | 前置任务 |
|---|---|---|---|---|
| 1 | 设备采购合同 | 2003年2月10日 | 2004年6月30日 | |
| 2 | 招标文件准备 | 2003年2月10日 | 2003年3月31日 | |
| 3 | 出售招标文件 | 2003年4月1日 | 2003年4月1日 | 2 |
| 4 | 合同签订 | 2003年5月23日 | 2003年5月23日 | 3FS+36工作日 |
| 5 | 合同生效 | 2003年6月3日 | 2004年6月30日 | 4FS+6工作日 |
| 6 | 设计联络和工程设计 | 2003年6月3日 | 2003年6月27日 | |
| 7 | 工程方案设计 | 2003年6月3日 | 2003年6月9日 | 5SS |
| 8 | 设计方案审核 | 2003年6月10日 | 2003年6月13日 | 7 |
| 9 | 设计方案修订 | 2003年6月16日 | 2003年6月23日 | 8 |
| 10 | 设计方案最终确定 | 2003年6月24日 | 2003年6月27日 | 9 |
| 11 | 设计联络 | 2003年6月10日 | 2003年6月16日 | 7 |
| 12 | 接口方案设计审核 | 2003年6月17日 | 2003年6月27日 | 11,10FF |
| 13 | 设备供货 | 2003年5月26日 | 2003年7月17日 | 4 |
| 14 | 设备安装 | 2003年7月18日 | 2003年8月18日 | 13 |
| 15 | 设备调试 | 2003年8月19日 | 2003年9月19日 | 14 |
| 16 | 设备联调 | 2003年9月22日 | 2004年6月30日 | 15 |

## 学习单元 4　编制项目进度计划

 **学习目标**

➢ 掌握项目进度计划编制的主要原则
➢ 掌握项目进度计划编制的主要方法
➢ 了解项目进度计划编制软件
➢ 能够编制项目进度计划

## 一、项目进度计划编制的主要原则

**1. 目标原则**

任何项目都是一个或几个确定的目标，以实现特定的功能、作用和任务，而项目计划的制订正是围绕项目目标的实现展开的。在制订计划时，首先必须分析目标，弄清目的。因此，项目进度计划具有目的性。

**2. 系统原则**

项目计划本身是一个系统，由一系列子计划组成，进度计划不是孤立存在的，与其他子计划彼此之间相对独立，又紧密相关，从而使制订出的项目计划也具有系统的目的性、相关性、层次性、适应性、整体性等基本特征，使项目计划形成有机协调的整体。

**3. 实际原则**

编制项目进度计划要基于项目现有资源的实际水平和项目环境的实际情况，实事求是。而且，项目进度计划还应按照项目拟用的技术和拟达到的质量标准进行编制，不切实际地擅自提高或降低标准会使进度计划无法顺利实施。

**4. 可行原则**

项目进度计划不是工作的简单排序，还需要多方面的保障，在编制项目进度计划时，应考虑人员、材料、资金等计划的支持，确保项目进度计划的可行性。

**5. 优化原则**

项目计划的目标不仅要求项目有较高的效率，而且要有较高的效益，所以在计划中必须提出多种方案进行优化分析。

#### 6. 弹性原则

一个项目的寿命周期短则数月，长则数年，在这期间，项目环境常处于变化之中，使计划的实施会偏离项目基准计划，因此，项目计划要随着环境和条件的变化而不断调整和修改，以保证完成项目目标，这就要求项目计划要有弹性，预留一部分回旋空间，以适应不断变化的环境。

### 二、项目进度计划编制的主要方法

#### 1. 项目里程碑计划

（1）项目里程碑计划的概念

里程碑（milestone）是项目执行过程中的检测点（checkpoint），用于项目进度的监控，确保项目按计划进行（budget/schedule）。建立里程碑的前提是要有一个项目计划；关键要设立一个合理的检测标准（要检测哪些点，什么是成功，什么是失败）；意义在于收集项目执行数据、分析影响项目执行的因素，及时调控项目执行进度，确保项目按计划进行。在多项目（工作）环境下，还意味着和其他项目（工作）的交接点。

里程碑本质上是约束关系的一种特殊表现形式。所以，确定里程碑应该是在计划阶段，根据活动之间的约束关系以及项目环境等因素来综合确定，它的功能是项目进行到一定程度的内部及外部监测和交接。里程碑计划是一个项目的框架，以中间产品或可实现的结果为依据。它显示了项目为达到最终目标而必须经过的条件或状态序列，表述了在每一阶段要达到什么状态，而不是如何达到。

（2）项目里程碑计划的编制依据

1）可交付成果清单。
2）企业战略。
3）项目的审核点。
4）项目的监控点。
5）项目技术路线。

（3）项目里程碑计划的编制方式

里程碑计划的编制方式主要有两种：一是编制进度计划以前，根据项目特点编制里程碑计划，并以该里程碑计划作为编制项目进度计划的依据；二是编制进度计划以后，根据项目特点及进度计划编制里程碑计划，并以此作为项目进度控制的主要依据之一。

（4）项目里程碑计划的编制步骤

里程碑是项目管理中不可忽视的一部分，里程碑是项目中的重大事件，在项目过程中不占资源，是一个时间点，通常指一个可交付成果的完成。编制里程碑计划对项目的目标和范围的管理很重要，可以协助范围的审核，给项目执行提供指导，好的里程碑计划就像一张地图指导项目如何进行。

编制里程碑计划最好由项目的关键管理者和关键项目利益相关者召开项目启动专题会议共同讨论和制订，里程碑目标一定要明确。通过这种集体参与方式编制里程碑计划，相比项目经理独自制订并强行要求项目组执行要好得多，它可以使里程碑计划获得更大范围的支持。一般启动专题会议参会人数不应超过6人，人过多不利于意见的统一。编制里程碑计划的具体步骤一般如下：

1）认可最终的里程碑。要求参会人员一致认可最终的里程碑，并取得共识。这项工作在准备项目定义报告时就应完成。

2）集体讨论所有可能的里程碑。与会成员通过头脑风暴法，把这些观点一一记录在活动挂图上，以便选择最终的里程碑。

3）审核备选里程碑。在得到的所有备选里程碑中，有的是另一个里程碑的一部分；有的则是活动，不能算是里程碑，但这些活动可以帮助明确认识一些里程碑。当整理这些里程碑之间的关系时，应该记录下自己的判断，尤其在判定那些具有包含关系的里程碑时更应如此。

4）对各结果路径进行实验。把结果路径写在白板上，把每个里程碑分别写在一片"便事贴"上，按照它们的发生顺序进行适当调整和改变。

5）用连线表示里程碑之间的逻辑关系。用连线表示里程碑之间的逻辑关系是从项目最终产品开始，用倒推法画出它们的逻辑关系。这个步骤有可能会促使人们重新考虑里程碑的定义，也有可能是添加新的里程碑、合并里程碑，甚至会改变结果路径的定义。

6）确定最终的里程碑计划，提供给关键的项目利益相关者审核和批准。然后把确定的里程碑用图表的方式张贴在项目管理办公室，以便大家时时能把握。

经过以上六个步骤，就可以确定最终的里程碑。将里程碑挑选出来并纳入计划，里程碑计划编制工作就完成了。

以上是编制里程碑计划的常用步骤，但是由于项目的唯一性和独特性，在实践中不要拘泥于形式，灵活运用即可。

**2. 项目横道图计划**

（1）项目横道图计划的作用

1）横道图，又称甘特图，其主要作用是通过代表工作包任务的条形图在时间坐标轴上的点位和跨度来直接反映工作包的各有关参数；通过条形图的不同图像特征（如实心条、空心条、不同颜色等）来反映工作包的不同状态（时差、关键线路、计划或实施中的实际进度）；如果带上有箭头的连线还可以反映工作包之间的逻辑关系。

2）横道图的主要作用之二是进度控制。其工作原理是将项目实施的实际进度情况同样以条形图形式（不同图像特征）画在同一个项目的进度计划横道图中，以此来直观地对比实际进度和计划进度之间的差距，并作为偏差控制计划制订的依据。

3）除此之外，横道图的另一个重要用途是作为项目资源与费用估算曲线绘制和资源优化的基础。

（2）项目横道图计划的编制方法

1）分析项目特性，以便决定研究方法、设备、程序及资源的运用，期望在一定期限内达到项目目标。

2）规划项目工作，并列出主要工作。

3）估计各项工作所需时间。

4）考虑可同时进行及必须依序执行的工作项目，并协商确定其起止时间，最后排出各项工作的时间顺序。

5）将项目的工作次序依次排列于横道图的纵坐标上，而将各项工作的预定进度以矩形绘于横道图的横坐标上。

6）项目工作的预定进度累积百分比是依据工作量的比重估计的，但也可按照工作天数、预算分配或达到项目目的具体数据进行估算。应按项目的工作性质，选择合适的人进行项目工作进度的估计。

7）制作横道图。

（3）横道图的类型

在项目管理的实践中，将网络图与横道图相结合，使横道图得到了不断的改进和完善。除了传统横道图以外，还有带时差的横道图和具有逻辑关系的横道图。

1）带时差的横道图。网络计划中，在不影响工期的前提下，某些工作的开始和完成时间并不是唯一的，往往有一定的机动时间，即时差。这种时差在传统的横道图中并未表达，而在改进后的横道图中可以表达出来，如图3—3所示。

2）具有逻辑关系的横道图。将项目计划和项目进度安排两种职能组合在一起，在传统的横道图中表达出来从而形成具有逻辑关系的横道图，如图3—4所示。

上述两种类型的横道图，实际上是将网络计划原理与横道图两种表达形式进行

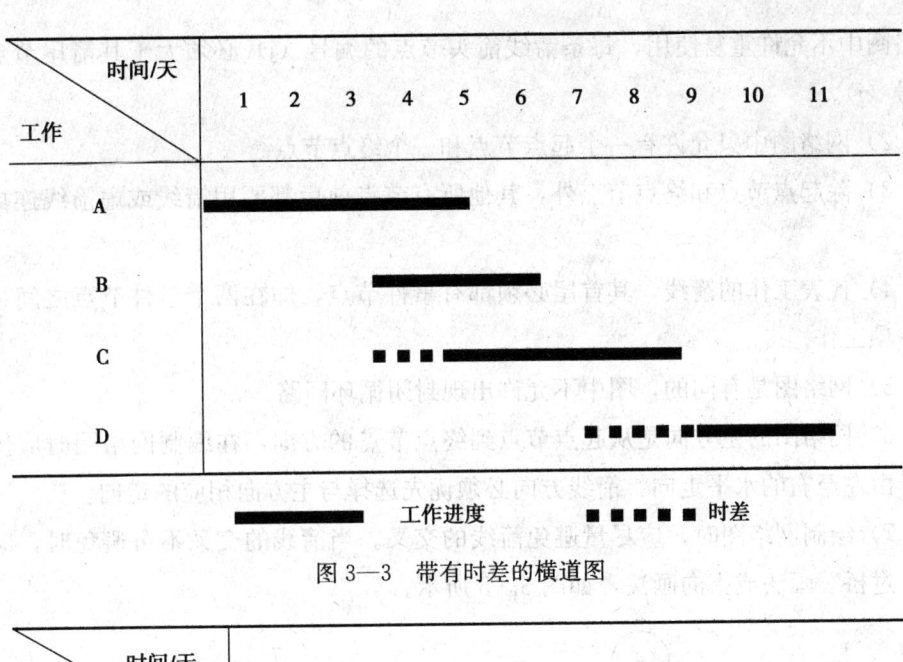

图 3—3 带有时差的横道图

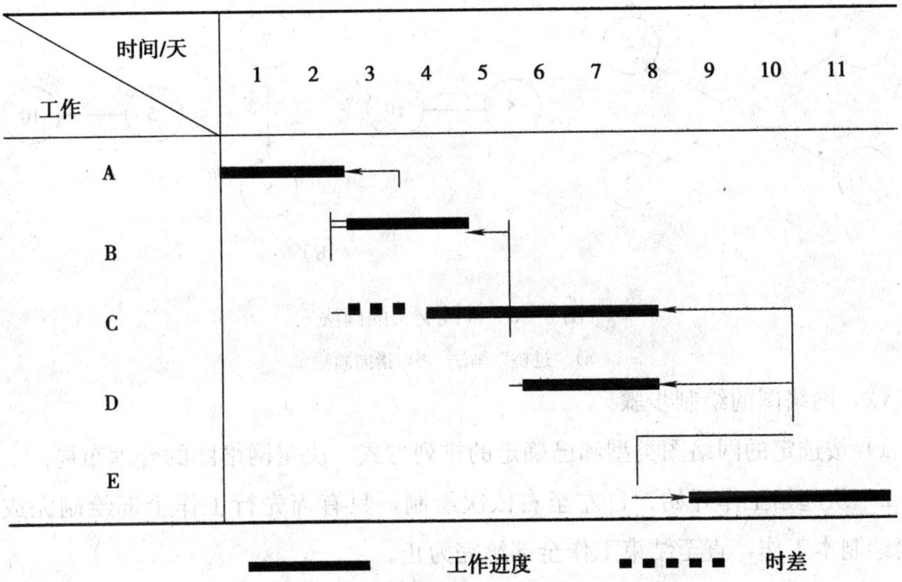

图 3—4 具有逻辑关系的横道图

有机结合的产物,其同时具备了横道图的直观性,又兼备了网络图各工作的关联性。

**3. 项目网络图计划**

网络图是进度计划的基础与核心,要正确绘制出网络图,除保证各工作间逻辑关系的正确外,还必须遵循如下一些基本规则:

(1) 网络图的基本绘制规则

1) 必须按工作的逻辑关系画图。工作或事件的字母代号或数字编号,在同一网络图中不允许重复使用,每条箭线箭头节点的编号(j)必须大于其箭尾节点的编号(i)。

2)网络图中只允许有一个起点节点和一个终点节点。

3)除起点节点和终点节点外,其他所有节点前后都要用箭线或虚箭线连接起来。

4)代表工作的箭线,其首尾必须都有事件节点,即在两个事件节点之间只能有一项工作。

5)网络图是有向的,图中不允许出现封闭循环回路。

6)网络图的主方向是从起点节点到终点节点的方向,在编制网络图时应优先选择由左至右的水平走向,箭线方向必须优先选择与主方向相应的走向。

7)绘制网络图时,应尽量避免箭线的交叉。当箭线的交叉不可避免时,应选用"过桥"画法或指向画法,如图3—5所示。

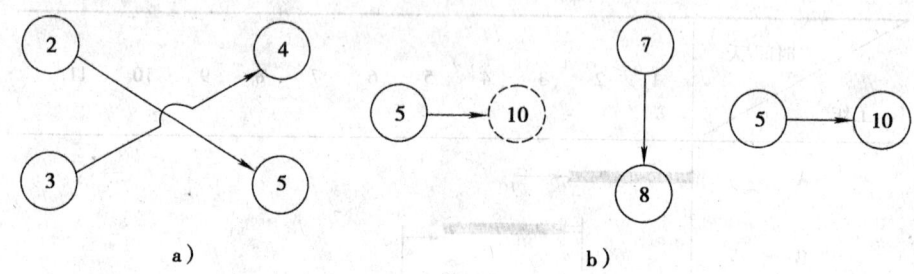

图3—5 箭线交叉的画法
a)"过桥"画法  b)指向画法

(2)网络图的绘制步骤

1)按选定的网络图类型和已确定的排列方式,决定网络图的合理布局。

2)从起始工作开始,自左至右依次绘制,只有当先行工作全部绘制完成后,才能绘制本工作,直至结束工作全部绘完为止。

3)检查工作和逻辑关系有无错、漏,并进行修改。

4)按网络图绘图规则的要求完善网络图。

5)按网络图的编号要求将节点编号。

### 三、项目进度计划编制软件

进度是项目最重要的管理目标之一,项目进度计划又直接影响项目的费用、质量等计划,所以,项目进度管理中的各种文档资料必将影响到其他的管理目标。项目计划的制订、跟踪和控制需要借助横道图等图表,进行反复的网络计算。这些图表的绘制和计算的工作量都很大，尤其是在项目规模很大的情况下，单靠手工计算是不能满足要求的，必须借助进度计划编制软件。

目前，项目进度计划编制软件能对编制项目进度计划提供很好的支持。软件可以采用里程碑、横道图、日历、网络图的方式显示进度表，其一般编制进度计划步骤如下。

**1. 横道图录入工作**

主要包括创建工作、录入工作历时、创建摘要工作、创建 WBS 编码。

**2. 建立活动间的关系**

横道图通常不能表示活动关系，而这却是网络图的优点之一。一般项目管理软件在默认情况下创建"完成—开始"类型工作关系，可以根据项目的实际情况将工作链接类型设置成"开始—开始""完成—完成"或"开始—完成"中的相应类型。

**3. 计划评审技术（PERT）分析**

PERT 分析采用三时估计法来估计活动的工期，具体步骤如下：

（1）为日程中的活动指定乐观工期、悲观工期和预期工期。

（2）设定计算活动工期公式的权重，从而计算出这三种工期的加权平均值。

（3）分别使用乐观工期、悲观工期和预期工期来确定最短、最长和最可能的项目结束日期。

**4. 网络图时间参数的计算**

一旦录入工作活动建立了活动之间的关系，估算出活动的历时，应用项目管理软件就可以自动完成网络图节点时间参数的计算。

**5. 项目进度的跟踪**

将编制好的项目进度计划保存于项目管理软件中，在项目进行中可以随时调出与项目实际进展进行对比分析。

## 编制项目进度计划案例

下面分别举例说明如何编制项目里程碑计划、横道图计划和网络图计划。

一、编制项目里程碑计划案例

对于软件开发项目，可以将里程碑简单地约定为：

1. 合约所规定的收款检核点。

2. 与客户约定的重要交付检核点。

3. 为了降低风险增加项目的可控性，还可以在项目花费到一定比例时（如每 $10\%\sim20\%$，视项目规模而定）设定相应的里程碑。

4. 依据项目特性也可将软件工程中的不同阶段点设置为里程碑,如需求阶段完成点、设计阶段完成点、实现阶段完成点、测试阶段完成点。

某软件开发项目主要划分为项目范围规划、分析/软件需求、设计、开发、测试、培训、文档、试生产、部署、实施工作结束后的回顾等工作阶段,各阶段的结束时间见表3—4,试据此编制出该项目的里程碑计划。

表3—4　　　　　　　　　　项目里程碑表

| 项目工作阶段 | 结束时间 |
| --- | --- |
| 项目范围规划完成 | 2008年1月7日 |
| 分析/软件需求完成 | 2008年1月17日 |
| 设计完成 | 2008年2月22日 |
| 开发完成 | 2008年3月17日 |
| 测试完成 | 2008年4月22日 |
| 培训完成 | 2008年4月18日 |
| 文档完成 | 2008年5月5日 |
| 试生产完成 | 2008年5月9日 |
| 部署完成 | 2008年5月16日 |
| 实施工作结束后的回顾完成 | 2008年5月23日 |

将上述数据输入项目管理软件,得到如图3—6所示的项目里程碑计划图。

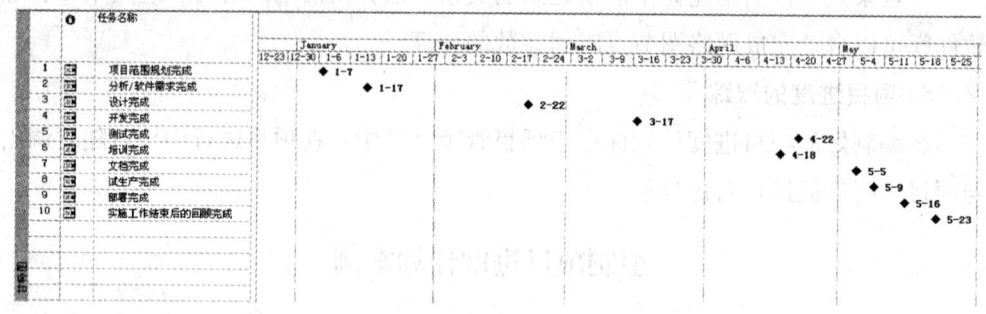

图3—6　项目里程碑计划图

二、编制项目横道图计划案例

某软件开发项目主要划分为项目范围规划、分析/软件需求、设计、开发、测试、培训、文档、试生产、部署、实施工作结束后的回顾等工作阶段,各阶段的持续时间和开始结束时间见表3—5,试据此编制出该项目的横道图计划。

表3—5　　　　　　　　　项目工作详细信息表

| 工作阶段 | 持续时间 | 计划开始时间 | 计划结束时间 |
|---|---|---|---|
| 项目范围规划 | 3天 | 2008年1月3日 | 2008年1月7日 |
| 分析/软件需求 | 8天 | 2008年1月8日 | 2008年1月17日 |
| 设计 | 3天 | 2008年1月18日 | 2008年2月22日 |
| 开发 | 23天 | 2008年1月23日 | 2008年3月17日 |
| 测试 | 42天 | 2008年2月25日 | 2008年4月22日 |
| 培训 | 40天 | 2008年2月25日 | 2008年4月18日 |
| 文档 | 48天 | 2008年1月23日 | 2008年3月28日 |
| 试生产 | 77天 | 2008年1月18日 | 2008年5月5日 |
| 部署 | 9天 | 2008年5月6日 | 2008年5月16日 |
| 实施工作结束后的回顾 | 5天 | 2008年5月19日 | 2008年5月23日 |
| 软件开发模板结束 | 0天 | 2008年5月19日 | 2008年5月23日 |

将上述信息输入项目管理软件，得到如图3—7所示的横道图计划。

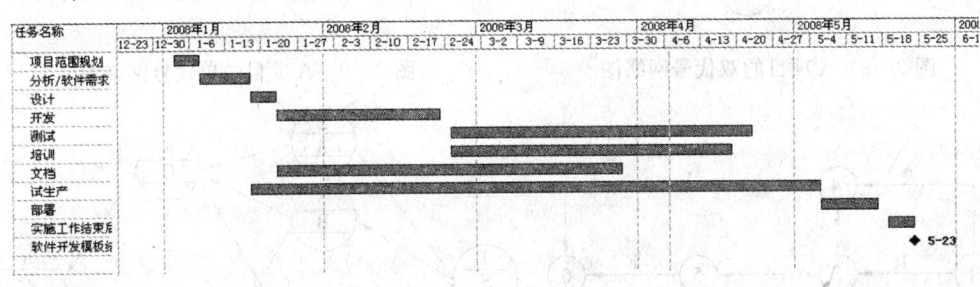

图3—7　项目横道图计划

### 三、编制项目网络图计划案例

已知A项目工作之间的逻辑关系见表3—6，B项目工作之间的逻辑关系见表3—7，C项目工作之间的逻辑关系见表3—8，试分别绘制双代号网络图和单代号网络图。

表3—6　　　　　　　　A项目工作之间的逻辑关系表

| 工作 | A | B | C | D | E | G | H |
|---|---|---|---|---|---|---|---|
| 紧前工作 | C、D | E、H | — | — | | D、H | |

表3—7　　　　　　　　B项目工作之间的逻辑关系表

| 工作 | A | B | C | D | E | G |
|---|---|---|---|---|---|---|
| 紧前工作 | — | — | — | — | B、C、D | A、B、C |

表 3—8　　　　　　　　C 项目工作之间的逻辑关系表

| 工作 | A | B | C | D | E | G | H | I | J |
|---|---|---|---|---|---|---|---|---|---|
| 紧前工作 | E | H、A | J、G | H、I、A | — | H、A | — | — | E |

【解】A、B、C 三个项目的双代号网络图和单代号网络图分别如图 3—8、图 3—9、图 3—10、图 3—11、图 3—12、图 3—13 所示。

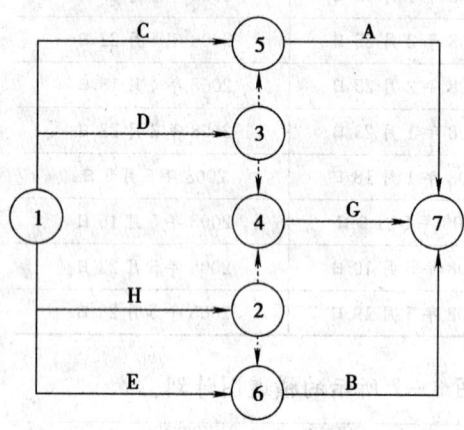

图 3—8　A 项目的双代号网络图　　　　图 3—9　A 项目的单代号网络图

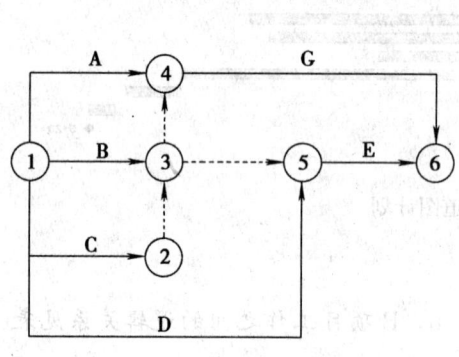

图 3—10　B 项目的双代号网络图　　　图 3—11　B 项目的单代号网络图

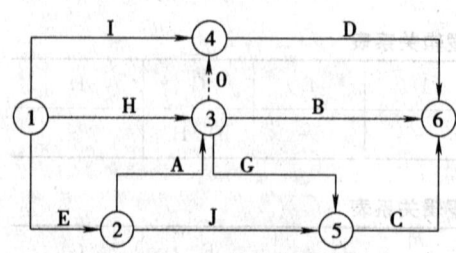 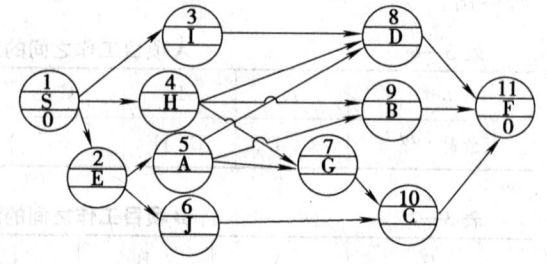

图 3—12　C 项目的双代号网络图　　　图 3—13　C 项目的单代号网络图

# 第 2 节 项目进度控制

## 学习单元 1 项目进度跟踪

**学习目标**

➢ 掌握项目进度计划执行的分析方法
➢ 掌握影响进度偏差的一般因素
➢ 能够分析项目进度记录
➢ 能够识别项目进度偏差的原因

## 一、项目进度计划执行的分析方法

根据对实际进度和计划进度的比较,即可判断实际进度是否与计划进度产生偏差;当出现偏差时,必须分析偏差对后续工作和总工期的影响程度;然后才能决定是否提速以及调整的方法与措施。由于偏差的大小和位置对后续工作及总工期影响程度不同,可利用网络图中总时差和自由时差来进行判断。具体分析步骤如下所述。

**1. 判断出现进度偏差的工作是否为关键工作**

主要依据出现进度偏差的这项工作的总时差是否等于零来判断。若总时差等于零,则此项工作位于关键线路上,无论偏差大小,一定会对后续工作及总工期产生影响,这时可以发布采取相应的高速措施;若总时差不等于零,则此项工作位于非关键线路上,需做进一步的判断,才能确定对后续工作和总工期产生的影响程度。

**2. 判断进度偏差是否大于总时差**

若此工作的进度偏差大于该工作的总时差,说明此偏差必将影响后续工作和项目总工期;若此偏差小于或等于该工作的总时差,说明此偏差不会影响项目的总工期，但它是否对后续工作产生影响，还需要进一步判断。

**3. 判断进度偏差是否大于该工作的自由时差**

若此工作的进度偏差大于该工作的自由时差，说明此偏差必将对后续工作产生影响，需要作相应调整，应根据后续工作允许影响的程度来确定。

若工作的进度偏差小于或等于该工作的自由时差则说明此偏差对后续工作无影响，可不用对原计划进行调整。

经过以上分析，进度控制人员便可根据对后续工作的不同影响采取相应的进度提速措施，以便获得新的进度计划并用于指导工程项目的施工。

## 二、影响进度偏差的一般因素

影响进度偏差的因素很多，但是大的偏差主要由以下因素造成。

**1. 项目目标的调整**

项目业主在项目进行过程中对项目意图或要求进行改变，必然会造成项目进度偏差的出现。

**2. 项目变更**

项目内容或者其他条件的变更也会造成进度偏差。

**3. 项目利益相关者的协调**

项目往往是由多专业、多方面协同进行的，其中某一方出现的问题往往波及整个项目，造成进度偏差。

**4. 项目环境变化**

项目所处的政治、经济、技术、社会、自然环境的变化，特别是突发事件会严重影响项目进度偏差。

**5. 项目进度计划编制水平**

项目进度计划中工作量、持续时间、逻辑关系的估算准确性，进度安排的可行性、合理性，以及是否优化都会影响到进度偏差。

**6. 进度跟踪的频率**

对于项目进度偏差，往往进度工作反馈的频率越高，偏差就越小。因为频繁的跟踪反馈能在大的偏差形成前就进行及时的调整。

**7. 项目人员的业务能力**

在项目的跟踪过程中往往体现较多的是项目管理能力，但在项目控制过程中体现更多的则是业务和技术能力。控制的目的是真正发现问题的根源，解决问题并纠正偏差。

例如，项目经理给项目成员安排了一个工作，要求本周完成，到了周末项目成员反馈无法完成需要延期 2 天，项目经理就确认延期 2 天并调整后续工作。到了下周二，项目成员又反馈出现了新问题，有个细节没有考虑到还需要延期 3 天，项目经理不得已又进行工作调整。这是常见的场景，整个工作和项目计划都变得不可控制了，项目成员有责任，但项目经理同样有责任。

项目经理在第一次出现偏差的时候就应该介入任务或问题本身，一起诊断和分析问题，挖掘问题延期根源，或者调整工作力度，改进监控方式，而这些都需要项目经理具备一定的业务和技术能力，具备相关的经验积累，及时做出指导。在第一次出现进度偏差的时候，需要的就是及时介入问题，查找问题根源而不是简单地关注成员反馈的下一个可能完成的时间点。只有这样才可能在进度出现小偏差的时候立即查找根源并控制，而不是在进度出现大偏差的时候进行应急处理。

## 分析项目进度记录案例

某项目在第 5 个月月初检查时用前锋线记录该项目进展情况如图 3—14 所示，试分析该项目各工作进展情况。

| 时间（月）<br>工作内容 | 1 | 2 | 3 | 4 | 5 | 6 | 7 | 8 | 9 |
|---|---|---|---|---|---|---|---|---|---|
| 工作A | ━━ | ━━ |   |   |   |   |   |   |   |
| 工作B |   | ━━ | ━━ | ━━ |   |   |   |   |   |
| 工作C |   |   |   | ━━ | ━━ |   |   |   |   |
| 工作D |   |   |   |   |   | ━━ | ━━ |   |   |

图 3—14　项目进度横道图

由图 3—14 可知，该项目在第 5 个月月初时，工作 A 已完成；工作 B 进行了 2/3，按原计划应该刚刚完成，该工作工期拖延了一个月；工作 C 进行了 1/2，正好和计划相吻合；工作 D 进行了 1/4，在计划工期基础上提前了 2 个月。

## 学习单元 2　项目进度控制软件

### 学习目标

➤ 掌握项目进度控制软件的种类、作用
➤ 掌握项目进度控制软件的基本模块

### 一、项目进度控制软件的种类

所有项目管理软件都包含了基本的项目控制功能，特别是当一项工作正在进行中或已经完成时，可将当前信息输入系统，软件会自动更新进度。同样地，如果未来工作的预计工期发生了变更，软件会自动根据输入系统的这些变更更新进度计划。软件生成的全部网络图、表格和报告均会被更新，以反映最新信息。

目前常用的项目管理软件包括 MS Project、P3、梦龙 PERT 项目管理智能软件系统等，这些软件除了可以以里程碑、横道图、日历、网络图的方式显示进度表外，还可以用来跟踪进度及工作完成情况，以及产生项目的现金流、人力资源成本费用情况等报表信息。

### 二、项目进度控制软件的作用

1. 计算项目的总工期，求出关键线路。
2. 表示各种工作之间的逻辑依赖关系。
3. 计算各工作的时间参数，如最早或最迟开始时间和结束时间，总时差和自由时差等。
4. 跟踪进度，更新网络，报告进度完成量，预测对后续工作及总工期的影响。
5. 可处理不同时间单位（如天、周、月、年）并自动转换。
6. 可用 WBS 方法将项目层层分解，组织网络计划的工序。
7. 可分类筛选和排序输出，如按时差、最早开始或最迟开始时间排序，有选择地输出。
8. 输入项目开始日期，正向计算时间参数；输入项目结束日期，反向计算时间参数。

9. 可自动计算完成工期（或完成百分比）、计划工期、剩余工期三者的关系等。

### 三、项目进度控制软件的基本模块

项目进度控制软件的基本模块包括项目进度计划分派模块、项目进度执行情况反馈模块、项目进度执行情况分析、预测模块和项目进度计划调整模块等。

# 第4章
# 项目费用管理

## 第1节 项目费用计划

### 学习单元1 收集项目资源信息

**学习目标**

➢ 了解项目费用管理的概念和主要工作
➢ 了解项目工作所需的主要资源类型
➢ 了解收集项目资源信息的主要方法
➢ 能够选择收集资源信息的恰当方法

### 一、项目费用管理的概念和主要工作

项目费用管理是在整个项目的实施过程中，为确保项目在批准的费用预算内尽可能好地完成而对所需的各个过程进行管理。目前项目费用管理的主要内容包括以下几项。

**1. 项目资源计划**

项目资源计划决定为了实施项目工作需要何种资源以及每种资源的数量。资源计划的输出是一份资源的需求清单，即项目资源说明书。

**2. 项目费用估算**

项目费用估算是指根据项目资源需求和计划以及各种资源的市场价格或预期价格等信息，估算和确定出项目各种活动的成本和整个项目全部成本这样一种项目费用管理工作。项目费用估算最主要的任务是确定用于项目所需人、机、料、费等成本和费用的概算。

**3. 项目费用预算**

项目费用预算是一项制定项目费用控制基线或项目总费用控制基线的项目费用管理工作。这主要是根据项目的费用估算为项目各项具体活动或工作分配和确定其费用预算，以及确定整个项目总预算两项工作。项目费用预算的关键是合理、科学地确定出项目的费用控制基准。

**4. 项目费用控制**

项目费用控制是指在项目的实施过程中，努力将项目的实际费用控制在项目费用预算范围内的一项成本管理工作。这包括：依据项目费用的实际发生情况，不断分析项目实际成本与项目预算之间的差异，通过采用各种纠偏措施和修订原有项目预算的方法，使整个项目的实际成本能控制在一个合理的水平。

## 二、项目资源的主要类型

项目资源是指完成项目所必需的各种实际投入。资源在硬件上包括人力、设备、物资、资金以及时间等，软件上包括项目所需的各种技术和信息。

按照资源的特性，又可以分为可重复使用资源和一次性使用资源。可重复使用资源在构成项目成本时，主要取决于项目工作对其占用的时间，所以对于这种资源的管理主要集中在对其统筹安排和合理利用上，发挥资源的最大效用。一次性使用资源在构成项目成本时主要取决于资源自身的价值，所以对于这种资源管理主要集中在避免浪费和采购合理数量上。

## 三、项目资源信息收集方法

项目资源说明书所需信息可以从以下六方面收集。

**1. 工作分解结构**

工作分解结构（WBS）可理解为项目自上而下逐级分解所形成的产品树，其各阶段的交付物是产品或服务。WBS 显示并确定了要研制或生产的产品和将要完成的诸工作单元彼此之间，以及它们和最终产品之间的联系。根据工作清单，可得到项目最基本的资源需求说明。WBS 限定了项目或计划的主要内容，是编制资源说明书的基础。

**2. 项目进度计划**

项目进度计划是控制项目进程的最主要的纲领性文件，也是其他类型项目计划的基础和指导性文件。资源说明书必然要依赖项目进度计划来制定，以使项目组能够适时地、有计划地安排合适的资源。

**3. 类似项目信息**

如果可能，要尽量掌握必要的类似项目的信息。了解以往类似项目的资源需求和使用情况，对本项目的完成会有极大的指导和借鉴作用。

**4. 专家知识**

通过某些方法与技术，如专家评判法、头脑风暴法等可汲取专家的知识，从而获得更为准确和全面的资源和费用信息。

**5. 资源相关信息**

资源相关信息主要是指当地的资源费率和各种资源之间可能存在的兑换比例等。这之所以重要，是因为存在可以用不同资源完成同样工作的情况。

**6. 资源库**

所谓资源，硬件上就是项目中完成任务的人员、设备、物资，软件上应包括项目所需的各种技术、信息。资源规划所应得到的资源都应在资源库中予以说明，可以说资源库是一个针对本项目资源的数据库。资源库的某些硬件部分可以从 WBS 字典中得到，其他部分应根据 WBS 中阶段产品需求予以展开并补充。

应该注意的是，由于项目的各个阶段使用资源的数量和水平是不同的，因而资源库必须是动态的，并且具有一定的预测性。它是项目资源的指导性和参考性的重要文件。另外，制作资源库时，必须紧紧依靠 WBS 并始终与之保持一致。详尽、实用是最高要求，但切不可盲目地事无巨细，这样只会加大项目成本，事倍功半。

总之，信息收集的原则是：充分利用已有项目和专家的信息，集思广益，多方验证，以最小的费用，全面、准确地收集、整理资源规划的有关信息。

 **学习单元 2　编制项目资源说明书**

 **学习目标**

➢ 了解资源说明书的概念和主要内容
➢ 了解资源说明书编制的主要原则
➢ 了解资源说明书的主要编制方法
➢ 了解影响资源说明书编制的主要因素
➢ 能够编制项目资源说明书

## 一、项目资源说明书的概念和主要内容

项目资源说明书的主要目的就是对项目各项工作所需资源的种类和数量进行明确的描述。这些描述一般应分解到具体的工作上，并主要用各种形式的表格和图形来体现，如资源计划矩阵、资源数据表、资源横道图、资源负荷图、资源累积需求曲线等。此处重点介绍资源负荷图和资源累积需求曲线。

**1. 资源负荷图**

资源负荷图反映了在各个时间点上，某个资源的需求总量如图 4—1 所示。资源负荷图可以很直观地显示资源在时间上的分布情况。

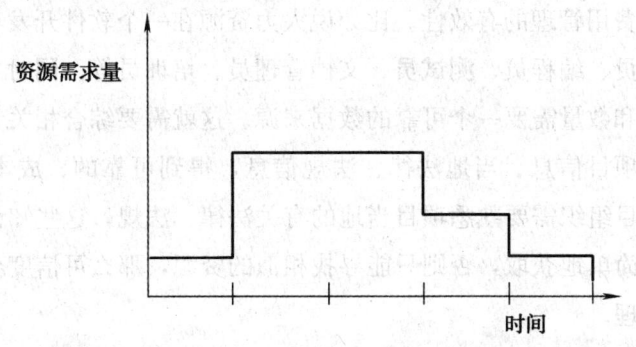

图 4—1　资源负荷图

**2. 资源累积需求曲线**

资源累积需求曲线反映了在各个时间点上，某个资源的累积需求总量，一般为一条 S 曲线，如图 4—2 所示。

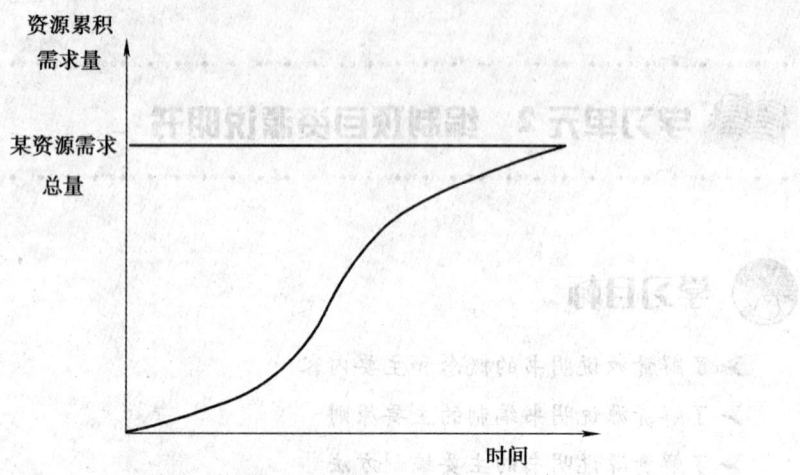

图4—2 某种资源累积需求曲线

## 二、编制项目资源说明书的主要原则

项目资源说明书的编制应遵循如下原则。

**1. 以 WBS 结构为主,结合项目进度计划进行资源规划**

WBS结构界定了项目所需完成的全部工作及其逻辑关系,因此,在理论上,工作所需资源的种类和数量也随之确定了。在编制资源说明书时,必须以此为基础进行全盘考虑。此外,资源的分配与项目的进度计划紧密相关,关键线路上的工作应优先安排资源,非关键线路上的工作所需资源则可以机动安排。

**2. 内容必须准确详细,数据来源要可靠**

资源规划是项目费用管理的基础和前提,资源说明书的详细与准确与否,必然会影响到项目费用管理的有效性。比如说人力资源在一个软件开发项目中就可以细化为系统分析员、编程员、测试员、文档管理员、培训员等。同时判断工作所需的相关资源种类和数量需要一个可靠的数据来源。这就需要综合相关专家、资源信息库、以往类似项目信息、当地法律、法规信息,得到可靠的、成本最低的信息来源。如建筑项目组织需要熟悉项目当地的有关法律、法规,这些知识通常可以通过雇用当地人而简单地获取,否则只能寻找相似的资源,那么可信度会降低,从而影响整个费用管理。

**3. 注意资源规划的柔性**

项目运行会遇到各种各样的风险,因而资源的需求也会发生相应的波动。在确定项目工作所需资源的时候,应考虑为应对风险而准备的应急资源(也可在风险管理规划中考虑)。过分严格的资源需求说明往往会导致费用管理的僵化和不适应。

### 三、编制项目资源说明书的主要方法

项目资源说明书的编制应遵循一定的程序，它的一般过程如图4—3所示。首先要收集准确可靠的信息，这些信息来源于项目的工作分解结构、项目进度计划、资源相关信息、专家知识、类似项目的相关历史信息等；其次要综合考虑这些信息，形成项目资源库；最后在此基础上，采用相应方法编制详细准确的项目资源说明书。

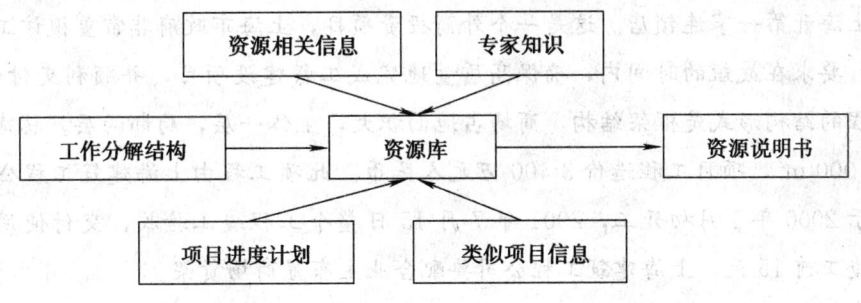

图4—3 资源说明书编制的一般过程

编制项目资源说明书的主要方法有以下几种。

**1. 专家评判法**

专家评判法是编制资源说明书的一种常用方法，专家具有专业知识或经过特殊培训，他们可能来自于以下几方面：

（1）专业技术协会。

（2）咨询顾问公司。

（3）本行业的专家、教授。

（4）本项目组的专业技术人员。

**2. 多方案选择法**

首先编制多个可能的资源说明书方案，再由专家或技术人员选择。常用"头脑风暴法"。

**3. 数学模型法**

对某些大型项目来说，有时必须通过建立一定的数学模型才能科学、准确地编制出其资源说明书，如资源均衡模型、资源分配模型等。

### 四、影响项目资源说明书编制的主要因素

资源并不是具有无限能力且可以随时得到的。因为项目费用、技术水平、时间

等因素的影响,几乎所有项目都要受到资源的限制。在项目展开的过程中,如何规划才能使资源的可得性、及时性达到最优,是项目管理者应认真考虑的问题。

## 编制项目资源说明书案例

下面举例说明如何编制合格的资源说明书。

某仓储有限公司是一家国际性的仓储零售公司,为了进一步开拓中国市场,决定在上海开第一家连锁店。这是一个外商投资项目,上海市政府非常重视该工程的建设,要求在最短的时间内,确保高质量地完成工程建设项目,并顺利交付使用。该工程的结构形式是框架结构,商场占地面积大,主体一层,局部两层。总建筑面积 29 000 m²,项目工程造价 3 400 万元人民币。此项工程由上海建筑工程公司承建,于 2000 年 1 月初开工,2001 年 7 月 15 日整个工程竣工验收,交付使用,在工程竣工前 15 天,上海建筑工程公司要配合业主布置商场货架。

该工程的人力资源表见表 4—1。

表 4—1　　　　　　　　　　　人力资源表

| 工作名称 | | | 人力资源 | | 资源数量(人) | | 工期(周) | 工作量(工时) | |
|---|---|---|---|---|---|---|---|---|---|
| | | | 资源1 | 资源2 | 资源1 | 资源2 | | 资源1 | 资源2 |
| 100 某仓储有限公司商场建设工程 | 110 施工准备 | | 工程师 | 工人 | 4 | 20 | 6 | 960 | 4 800 |
| | 120 基础结构工程 | 121 土方开挖 | 工程师 | 工人 | 8 | 50 | 6 | 1 920 | 12 000 |
| | | 122 基础工程 | 工程师 | 工人 | 5 | 40 | 9 | 1 800 | 14 400 |
| | 130 主体结构工程 | 131 一层主体结构工程 | 工程师 | 工人 | 5 | 40 | 12 | 2 400 | 19 200 |
| | | 132 二层主体结构工程 | 工程师 | 工人 | 5 | 40 | 9 | 1 800 | 14 400 |
| | | 133 砌筑工程 | 工程师 | 工人 | 3 | 40 | 9 | 1 080 | 14 400 |
| | 140 装修工程 | 141 装饰工程 | 工程师 | 工人 | 5 | 50 | 18 | 3 600 | 36 000 |
| | | 142 楼地面工程 | 工程师 | 工人 | 5 | 35 | 12 | 2 400 | 16 800 |
| | | 143 门窗工程 | 工程师 | 工人 | 3 | 30 | 12 | 1 440 | 14 400 |
| | 150 屋面工程 | | 工程师 | 工人 | 5 | 30 | 6 | 1 200 | 7200 |

续表

| 工作名称 | | | 人力资源 | | 资源数量（人） | | 工期（周） | 工作量（工时） | |
|---|---|---|---|---|---|---|---|---|---|
| | | | 资源1 | 资源2 | 资源1 | 资源2 | | 资源1 | 资源2 |
| 100 某仓储有限公司商场建设工程 | 160 工程安装 | 161 水暖安装工程 | 工程师 | 工人 | 4 | 30 | 12 | 1 920 | 14 400 |
| | | 162 强电安装工程 | 工程师 | 工人 | 4 | 30 | 14 | 2 240 | 16 800 |
| | | 163 弱电安装工程 | 工程师 | 工人 | 6 | 30 | 12 | 2 880 | 14 400 |
| | | 164 通风空调安装工程 | 工程师 | 工人 | 5 | 30 | 6 | 1 200 | 7 200 |
| | | 165 电梯安装工程 | 工程师 | 工人 | 5 | 20 | 9 | 1 800 | 7 200 |
| | | 166 消防安装工程 | 工程师 | 工人 | 5 | 30 | 6 | 1 200 | 7 200 |
| | 170 室外工程 | | 工程师 | 工人 | 4 | 30 | 9 | 1 440 | 10 800 |
| | 180 竣工验收 | 181 清理 | 工程师 | 工人 | 2 | 20 | 3 | 240 | 2 400 |
| | | 182 货架摆放 | 工程师 | 工人 | 3 | 20 | 3 | 360 | 2 400 |
| | | 183 工程验收 | 工程师 | 工人 | 10 | 10 | 2 | 800 | 800 |
| | 190 项目管理 | | 工程师 | | 10 | | 77 | 30 800 | 0 |

根据表4—1中所包含的数据及项目进度计划，可以得到如图4—4所示的人力资源负荷图。

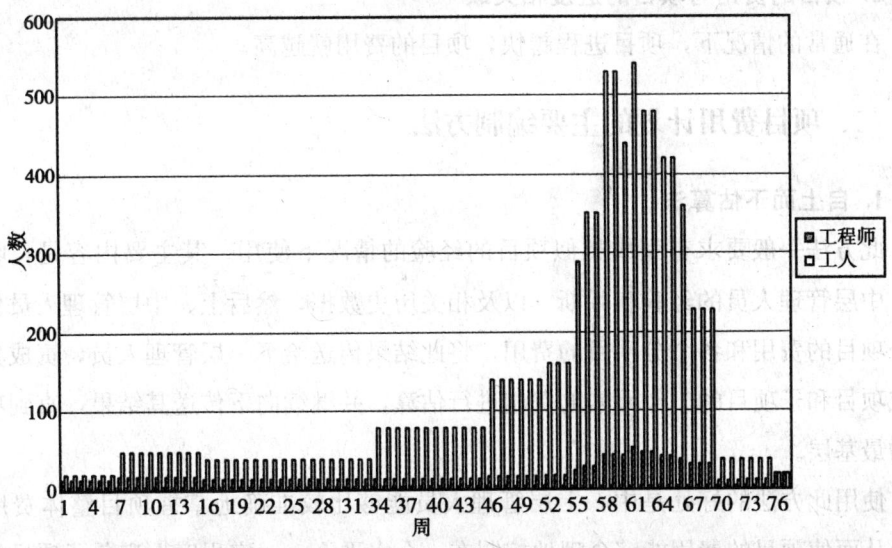

图4—4 人力资源负荷图

从如图 4—4 所示的人力资源负荷图中可以看出,人力资源的需求高峰是第 61 周,需要工程师 54 人,工人 540 人。

##  学习单元 3　编制项目费用计划

###  学习目标

➢ 了解项目费用计划编制的主要原则
➢ 了解项目费用计划编制的主要方法
➢ 了解费用计划编制过程中的主要问题
➢ 能够编制项目费用计划

### 一、项目费用计划的主要编制原则

**1. 项目费用与项目的目标符合**

对于不同目标的项目,项目的费用也不同,研制新产品项目的费用就远远大于改良老产品的费用。

**2. 项目的费用与项目的进度相关联**

在通常的情况下,项目进程越快,项目的费用就越高。

### 二、项目费用计划的主要编制方法

**1. 自上而下估算法**

此方法一般要求有完成类似项目的经验的情况下使用。其主要内容是:收集上、中层管理人员的经验和判断,以及相关历史数据,然后上、中层管理人员估计整个项目的费用和各个分项目的费用,将此结果传送给下一层管理人员,责成其对组成项目和子项目的工作元素的费用进行估算,并继续向下传送其结果,直到项目组的最基层。

使用此方法的好处是中、上层管理人员能够比较准确地掌握项目整体费用分配,从而使项目的费用能够合理地控制在一个水平上,一定程度上避免了项目的费用风险。

## 2. 自下而上估算法

该方法是指参与项目工作和活动的每一机构和基层单位都估算自己的费用，将估算结果加起来的总和，再加上各种杂项开支、一般性和行政性开支及合同费用，就得到该项目的全部估算费用。具体可按照 WBS 体系，从下而上估算各个工作和活动的费用，得到项目的直接费用估计，项目经理再在此基础上加上合理的间接费用，估算出项目的总费用。

这种方法的缺点在于要保证所有的工作和任务都被考虑到，而且对每个工作和活动单元有过高估算的倾向，往往导致最后的费用估算无法接受。其优点在于比起高层管理人员来，底层直接参与项目活动的人员更清楚项目活动所需资源的种类和数量，费用估算更为精确。而且费用估算出自自己的估计，可以避免以后费用预算过程中的一些冲突和不满。

## 三、项目计划编制要注意的问题

### 1. 费用预算是一个动态的过程

对于一个项目来说，在整个进程中，改变最初制订的项目计划是很正常的。如果不能及时调整计划预算，那么造成的影响将会把整个项目计划搞乱。除非此项目能够获准增加新的预算，否则，项目团队将会十分被动，没时间调整最开始的费用预算。

因此，费用预算并不只是项目开始阶段的工作，它应当贯穿项目始终，并且不是僵化的，一成不变的，项目团队应该在项目进展过程中对项目运营情况随时进行监控，从而及时、有效地调整原来的费用预算计划。

### 2. 预算系统与会计系统可能会不协调

应该引起注意的是，在有些情况下，会计系统和预算系统会有不协调的地方。主要是由于预算一般是按照项目阶段进行的，而会计却要考虑记账的方便，并不是按照进度进行的。所以，项目管理者要特别注意这一点，尤其是时间价值达到会影响项目费用的时候。

## 编制项目费用计划案例

下面举例说明如何编制可行的项目费用计划。

表 4—2 是深圳某咨询公司项目费用计划表。

表 4—2　　　　　　　　　　　项目费用计划表

| 项目组人员 | 人员费率（元/小时） | 2002年1月 小时 | 2002年1月 费用 | 2002年2月 小时 | 2002年2月 费用 | 2002年3月 小时 | 2002年3月 费用 | 小计 小时 | 小计 费用 |
|---|---|---|---|---|---|---|---|---|---|
| AAA | ¥180.00 | 128 | ¥23 040.00 | 136 | ¥24 480.00 | 100 | ¥18 000.00 | 652 | ¥117 360.00 |
| BBB | ¥150.00 | 88 | ¥13 200.00 | 88 | ¥13 200.00 | 88 | ¥13 200.00 | 676 | ¥101 400.00 |
| CCC | ¥120.00 | 80 | ¥9 600.00 | 160 | ¥19 200.00 | 104 | ¥12 480.00 | 872 | ¥104 640.00 |
| DDD | ¥120.00 | 80 | ¥9 600.00 | 160 | ¥19 200.00 | 120 | ¥14 400.00 | 768 | ¥92 160.00 |
| EEE | ¥120.00 | 120 | ¥14 400.00 | 176 | ¥21 120.00 | 80 | ¥9 600.00 | 1 224 | ¥146 880.00 |
| FFF | ¥120.00 | 80 | ¥9 600.00 | 160 | ¥19 200.00 | 144 | ¥17 280.00 | 792 | ¥95 040.00 |
| GGG | ¥90.00 | 80 | ¥7 200.00 | 176 | ¥15 840.00 | 120 | ¥10 800.00 | 1 224 | ¥110 160.00 |
| HHH | ¥90.00 | 32 | ¥2 880.00 | 32 | ¥2 880.00 | 32 | ¥2 880.00 | 284 | ¥25 560.00 |
| III | ¥90.00 | | | | | | | 320 | ¥28 800.00 |
| JJJ | ¥90.00 | 120 | ¥10 800.00 | 176 | ¥15 840.00 | 160 | ¥14 400.00 | 1 248 | ¥112 320.00 |
| KKK | ¥90.00 | 24 | ¥2 160.00 | 72 | ¥6 480.00 | 128 | ¥11 520.00 | 984 | ¥88 560.00 |
| LLL | ¥70.00 | | | | | 120 | ¥8 400.00 | | ¥45 360.00 |
| 小计 | | 832 | ¥102 480.00 | 1 336 | ¥157 440.00 | 1 196 | ¥132 960.00 | 9 044 | ¥1 068 240.00 |
| 其他费用 | | | ¥0 | | ¥0 | | ¥0 | | ¥0 |
| 支付外包方费用 | | | ¥0 | | ¥0 | | ¥0 | | ¥0 |
| 支付设备和材料费用 | | | | | | | | | |
| 差旅费用 | | | ¥2 573.74 | | ¥5 015.33 | | ¥6 015.34 | | ¥29 059.41 |
| 小计 | | | ¥2 573.74 | | ¥5 015.33 | | ¥6 015.34 | | ¥29 059.41 |
| 项目总费用 | | | ¥105 053.74 | | ¥162 455.33 | | ¥138 975.34 | | ¥1 097 299.41 |

# 第 2 节 项目费用控制

## 学习单元 1 项目费用控制基本知识

### 学习目标

➢ 了解费用管理计划与其他管理计划的联系
➢ 了解费用控制的基本原理和过程

### 一、项目费用管理计划与其他管理计划的联系

#### 1. 与进度管理计划的联系

项目费用管理计划往往不是独立进行的,而是和进度管理计划一起同步进行的。从项目正式开始到项目最终结束,这两个管理计划一直相辅相成督促项目的正常进行。如图 4—5 所示,费用基线是一项面向阶段时间的预算,主要用于测量和监控项目费用执行情况,这是按阶段估算的费用汇总后制定的,一般用 S 曲线表示。

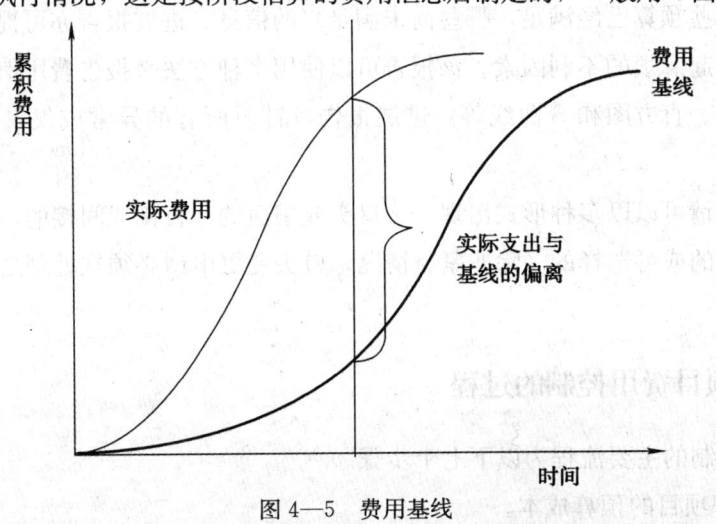

图 4—5 费用基线

**2. 与项目范围计划的联系**

不同的项目有不同的项目目标，不同的项目目标就有不同的项目范围规划，因此，项目的费用计划也就不同。比如说，开发一种新产品的费用要远远大于改良一种老产品的费用。

**3. 与质量管理计划的联系**

一般来说，工作质量水平越高，项目费用也越高。在开展项目质量管理活动时，为了提高质量就需要采用高质量的材料和非常复杂的生产工艺等，但同时增加了成本。可以看出项目费用计划与项目质量计划之间存在着必然的联系。

## 二、项目费用控制的基本原理

项目费用控制是项目费用管理的一个主要内容。费用控制用于保证项目的各项工作在预算或可接受范围内进行，这是项目成功完成的一个重要指标。费用控制关心的是影响改变项目费用曲线的因素，确定费用曲线的改变并加以控制。费用控制的关键在于找到可以及时分析费用绩效的方法，并以此尽早地发现费用使用过程中的差异和效率，以便在项目失控之前能及时采取纠正措施。一般而言，一旦费用使用失控，想要在预算内完成项目是非常困难的。

需要注意的是，由于进度、费用和技术三者相互影响、密不可分，费用的控制还必须考虑与其他控制过程（如进度控制、质量控制、范围控制等）相协调。如果只片面地严格控制费用，可能会导致进度或质量方面出现问题，而造成事倍功半的结果，最终只能是费用的超支。

费用控制中经常用到的文档是进展报告和变更申请。进展报告用于提供费用执行方面（哪些预算已经满足，哪些尚未满足）的信息。进展报告亦可提醒项目团队注意可能引起麻烦的不利因素。该报告可以使用多种方法来报告费用信息，较常用的是开支表、直方图和 S 曲线等。进展报告可针对所有的异常或仅仅某个异常来编写。

变更申请可以以多种形式出现——口头或书面的、直接或间接的、外部或内部的、强制性的或可选择的。除非紧急情况，口头变更申请必须在处理之前形成书面文件。

## 三、项目费用控制的过程

费用控制的主要流程为以下七个步骤。

1. 分解项目的预算成本。

2. 确定项目计划成本。
3. 实施对实际成本的控制。
4. 对实际成本进行核算。
5. 组织成本分析。
6. 采取措施。
7. 在项目结束时进行项目最终核算。

## 学习单元 2　分析费用偏差的原因

### 学习目标

➢ 了解影响费用偏差的一般因素
➢ 了解偏差产生原因的分析方法

### 一、影响费用偏差的一般因素

费用偏差的产生原因是很复杂的，往往需要对特定项目进行特定分析。分析方法有因果关系图和因素差异分析法，前者主要用于定性分析，后者主要用于定量分析。根据以往的经验，以下给出一些费用超支的原因。

**1. 宏观原因**

出现重大的技术难题，计划不充分，物价上涨，总工期拖延，工作量大幅增加，政治因素。

**2. 微观原因**

工作效率低下，返工增多，管理协调不好。

**3. 内部原因**

沟通不佳，员工素质不高，直接成本增加，事故。

**4. 外部原因**

上级、业主的干扰，国家相关产业政策的变动，其他风险。

**5. 其他原因**

## 二、偏差产生原因的分析方法

### 1. 因素分析法

因素分析法是将成本偏差的原因归纳为几个相互联系的因素，然后用一定的计算方法从数值上测定各种因素对成本产生偏差的影响程度，据以找出偏差的产生是由哪种成本费用增加引起的。

### 2. 图像分析法

这种方法是通过绘制线条图和成本曲线的形式，通过总成本和分项成本的比较，发现总成本出现偏差时是由哪些分项成本造成的，以便采取措施及时纠正。

## 学习单元 3　项目费用控制软件

### 学习目标

➤ 项目费用控制软件种类
➤ 项目费用控制软件作用
➤ 掌握项目费用控制软件的基本模块

## 一、项目费用控制软件种类

### 1. P3

Primavera Project Planner（简称 P3）项目管理软件是美国 Primavera 公司的产品，是国际上流行的高档项目管理软件，已成为项目管理的行业标准。大型建设项目，规模庞大，建设周期长，投资及风险大，参与单位和人员多，使得项目的成败更大程度上依赖于相应的信息化管理水平。P3 是一个带有先进管理思想的大型项目管理软件，它的成功应用使项目建设信息管理系统（PMIS）有了很好的通用性。

### 2. MS project 2007

Microsoft Project 2007 是 Microsoft 公司发布的集使用性、功能性和灵活性于一身的强大项目管理工具。对于各个行业的项目管理人员来说，依靠 Microsoft Project 2007 计划和管理项目，可以有效地组织和跟踪任务与资源，使项目符合工期和预算，缩短投入生产的周期，降低成本，提高项目产品的竞争力。同以往版本相比，Microsoft Project 2007 增加了很多新功能，这些新功能可以帮助用户提高在项目中进行日程安排、与资源协作、跟踪进度和信息交流的能力。同时，Project 2007 在设计上可与 Microsoft Office 系统中的产品协同工作，因此，管理者可以更有效地共享项目信息，并将信息传达给更多人。

## 二、项目费用控制软件作用

**1. P3 的成本预算和控制作用**

应用 P3，输入任务、工期，并把资源的使用成本、所用材料的造价、人员工资等一次性分配到各任务包，即可得到该项目的完整成本预算。其作用主要表现在以下几方面：

（1）在项目实施过程中，可随时对单个资源或整个项目的实际成本及预算成本进行分析、比较。

（2）利用 P3 软件做出工程的资源计划后，有利于施工承包商提前做好人、材、机资源的计划组织安排工作。

（3）利用 P3 软件可以制订出结合项目部实际的切实可行的合理的施工进度计划。

（4）利用 P3 软件做出工程的资金计划后，有利于项目部提前做好资金的筹集和组织工作。

（5）利用 P3 软件做出工程的资金计划后，有利于直管的技术人员和施工人员真正做到对费用项目的全员控制。

（6）可以通过调整进度计划中某些工序的工期，开工和完工时间，制订出与资金供应计划相适应的工程施工进度计划。

**2. MS project 2007 的费用控制作用**

MS project 2007 的费用控制作用主要表现在以下几方面：

（1）可以看到任务进行到某处的资源使用状况。

（2）可以看到某个时刻已经使用的成本金额。

（3）可以将预算成本与实际成本进行比较，并可以在"成本报表"中输出。

（4）通过分析各种成本报表，就可以对成本进行监控。

### 三、项目费用控制软件的基本模块

**1. P3 的费用控制基本模块**

(1) 人、材、机资源分配计划、资源平衡和成本计算

用 P3 软件编制好工程进度计划,利用 P3 软件资源定义功能定义好人、材、机资源,资源限量后,就可以在相应的作业上输入完成该项任务需要的人、材、机资源数量,同时考虑资源在作业上的投入分布曲线,就可以利用 P3 软件做出工程的人、材、机资源计划安排。一般说来,任何资源都是有限的。可以通过软件的资源平衡功能,根据施工班组和施工分包商的资源限量情况,让 P3 软件自动地调整进度计划中某些工序的工期和完工时间,从而制订出与资源限量情况相适应的工程施工进度计划。

(2) 工程资金计划的编制

用 P3 软件编制好工程进度计划,再定义好费用科目和费用类别后,就可以在相应的作业上输入完成该项任务需要的工程预算费用,如输入相应分摊的建筑工程费用,非施工作业输入相应分摊的其他费用,同时根据考虑费用在作业上的分布曲线,就可以利用 P3 软件做出工程的资金计划。

**2. MS project 2007 的费用控制基本模块**

(1) 输入和跟踪基于费率的成本。即根据为指定的支付费率和该资源执行的工时量来计算。

(2) 输入和跟踪每次使用成本,即在每次使用资源或者每完成一次资源所分配给的任务时发生一次。

(3) 输入和跟踪固定成本,此成本是为任务而不是为资源设置的。不管任务工期或资源在任务上执行的工时是多少,固定成本都不会改变。

(4) 输入和跟踪成本资源,如机票价格或住宿费。虽然在任务的周期中此成本可能有多个独立项目,但这通常是每个任务的一次性成本。

(5) 输入和跟踪预算资源,此资源应用于整个项目。预算资源提供了将计划的数量与持续成本进行比较的方式,可帮助跟踪项目的财务状况。

# 第5章 项目质量管理

## 第1节 项目质量计划

### 学习单元1 项目质量管理原理

学习目标

➢ 掌握项目质量管理原理

项目质量管理是一个很难界定的知识领域。现代的质量管理与项目管理是相辅相成的。项目质量管理的目的是确保项目满足它所应满足的需求,因此,项目质量与项目范围、进度和费用同等重要。如果项目的利益相关者对项目的管理或项目的产品质量不满意,项目团队需要对范围、时间和成本做出调整以满足利益相关者的需要和期望。仅满足对范围、时间和成本的书面需求是不够的,为了使利益相关者满意,项目团队必须与所有的利益相关者建立良好的工作关系,并明确理解他们明确的和隐含的需求。因此,项目质量管理必须遵循一定的原理,其主要内容如下。

## 一、最大限度地满足顾客和项目利益相关者的需要

项目质量管理就是要清楚地确定和理解顾客和项目利益相关者的需要，并在项目实施过程中重视和满足这些需要。当顾客与项目利益相关者之间的需要发生矛盾时，应优先考虑顾客的需要。矛盾的解决方法应得到顾客的同意。在整个项目实施过程中，应始终注意项目利益相关者需要的变更。

顾客需求的满足，体现在可交付成果实现的一系列过程中，其中任何过程出现问题都无法满足顾客需求，因而在所策划的安排均已圆满完成之前，不得放行可交付成果或服务。

例如，几年前在××空调旺销之际，某组装工人下班时发现剩下两个紧固螺钉，这意味着当天装配的空调中有1~2台少上了紧固螺钉。尽管此时产品已打包，厂外有排队等待提货的车辆，但车间还是逐一拆箱检查，终于找到了缺少螺钉的空调。试想，如果操作工人发现了剩余的螺钉却隐而不报的话，这批产品也就交付给了用户，缺少螺钉的空调在使用中有可能引发质量或安全问题，甚至造成不可挽回的损失。

## 二、应规定项目过程、所有者及其职责和权限

项目是通过一系列的过程来实现的，管理项目的过程包括策划过程，协调和结合相关联的过程，运用适当的工具、技术、方法和实践去调整和控制的过程，履行改正和预防措施去改善过程，定期进行进展评定，估计项目的状态等。除规定过程外，还要规定所有者的职责和权限。

例如，某项目员工质量职责如下：

1. 牢固树立质量第一、精益求精的思想，多快好省地完成任务。
2. 积极参加技术学习，做到懂项目质量要求，懂工艺技术，懂设备性能，懂检验方法。
3. 严格遵守操作规程，对本项目的设备、仪器、仪表做到合理使用、精心使用、精心维护，经常保持良好状态。
4. 认真做好自检与互检，及时发现问题并通知下一个岗位，做到人人把好质量关。

## 三、必须注重过程质量和项目可交付成果质量，以满足项目目标

ISO 9000 标准提供了一系列与过程和产品有关的质量实践，如文件编制、审

核和过程控制等，这些均有助于满足项目目标。

过程方法是将活动和相关资源作为过程进行管理。过程管理体现了 PDCA 循环改进质量活动的思想，可以提高质量，有利于降低成本、缩短工期，以满足项目目标的要求。

### 四、管理者对营造项目质量环境负责

营造项目质量环境的途径和方法包括以下几种。

1. 提供有助于项目目标的组织结构和支持。
2. 根据数据和实际信息做出决策。
3. 为进展评价做好准备并对质量开展进展评价（根据 GB/T 19016 标准 3.6 进展评价：根据规定的项目过程和产品的准则，在项目寿命周期内的项目过程网络中适当的点，对项目活动输出所做的评价）。
4. 全体人员共同参与实现项目过程和产品的质量。
5. 与分承包方和其他组织建立相互受益的关系。

例如，某项目经理为营造良好的质量环境，做了以下几项工作：

第一，建立领导的质量意识。无论做任何事情都要有质量上的要求，特别是对自己，他认为自己的一举一动对员工的影响都很大。因此，不仅要注意自己的质量意识，而且要带领员工建立质量意识，并对质量有足够的信心。

第二，成立质量管理部门。与上级领导层讨论如何进行和开展质量管理工作，并进行落实。每天安排固定的时间来学习和讨论质量问题。

第三，发挥质量管理部门负责人的作用。在开展项目质量管理上，部门负责人有着很重要的作用，因为他起着承上启下的作用，自己的质量意识强了，才能领导员工实现项目的质量目标。

第四，建立员工的质量意识。员工的质量意识有着极其重要的作用，只有员工意识到了，才能做得到，项目的整体质量也才能得到提高。

### 五、管理者对持续改进负责

管理者通过总结经验不断地寻求改进其项目过程和活动质量的机会，不断增强顾客满意程度。管理者应将持续改进作为组织的永恒追求、永恒目标、永恒活动。

下面举例说明管理者如何对持续改进负责。

美国 ATC 公司一直从事公共交通服务。公司员工超过 6 000 人，业务范围覆

盖菲尼克斯、圣地亚哥、亚特兰大市郊以及拉斯维加斯。公司的业务包括公交系统（为学校、医院和城市服务）和辅助公交系统（为残疾人和老年乘客服务），每年运送乘客高达一亿人次。为了提高公司的服务质量，并取得良好的效益，ATC公司做出了一个明智之举——鼓励员工更多地参与到公司的事务中来，而不仅仅是满足于完成日常工作。

ATC公司的具体做法和效果如下：

1. 发动员工，群策群力

群策群力行动是一套快速改进系统，它综合利用了领导力、小型员工团队、严格的期限管理以及一丝不苟的结果记录程序。根据设计，这套方案应该在60天内见效，所以ATC认为在落实方案时，员工有足够的时间对其进行测试、改进和进一步发展。

2. 确认关键，制订方案

ATC设计了一个完整的计划，在各个分支机构部署小规模行动小组。ATC召开会议确认一系列绩效驱动因素，并按重要性进行排序。围绕这些关键的绩效驱动因素，领导班子再进一步细分成几个小组，每一个小组需要针对某个绩效驱动因素制订出一套最佳实践方案。在制定控制成本、提高服务质量的关键措施时，公司希望每个小组都能达成共识。

3. 着手实施，初战告捷

2002年1月，ATC的第一批工作小组开始投入工作。总共有21个小组在60天的时间内完成了项目。它们一共落实了141项旨在提高利润的改进措施。通过增收节支，创造了180万美圆的利润。

4. 总结经验，持续推广

他们将所有的小组领导、教练和高层领导团队召集到一起，举行了一次会议。与会人员倾听学习他人的经验，并将其发扬光大。会议召开的方式很独特——所有与会者都将漫步于一条"成果长廊"，长廊两边挂满了宣扬各个小组成果的海报。

在第一阶段的工作结束后一个月内，ATC就启动了第二阶段的行动小组。这次共24个小组。小组结构不变，保持了原有的领导结构和教练模式，但组成人员不同，领导和成员都是新的。这一方式既保持了项目的持续性和连贯性，又保证了新鲜血液的注入。

第二阶段的成效尤胜于第一阶段。ATC落实了157个行动计划，预计年度利润将增加90万美圆。

5. 效果显著，前路漫漫

截至2002年年底，围绕"更好、更快"的质量改进方案，ATC共完成了三个阶段的工作。在参与这三个阶段工作的72个小组中，只有两个小组未能完成任务。其他70个小组都不辱使命，平均在48天内完成任务。他们总共实现成本节约超过350万美圆。在所有6 700名员工中，有超过700名员工参与这一项目。

有一点是ATC深信不疑的——那就是动员一线员工所能产生的强大力量，以及必须在60天内完成任务的时间限制。公司领导建立奖励制度并鼓励员工据此采取行动，这种做法使ATC从员工身上得到了比以往丰厚得多的回报。

## 学习单元2　编制质量检查表

### 学习目标

➢ 掌握质量检查表的编制原则
➢ 了解质量检查表的主要形式与内容
➢ 能够编制质量检查表

### 一、质量检查表编制原则

一般由项目组织某部门编制检查表，经审查批准后采用，也可直接采用上级部门统一编制的检查表。

1. 检查表的格式应简单、明了，方便使用。
2. 符合质量检查的目的性。

表5—1仅用于专项检查，这种表格很简单，只需将检查的数据填入空格内即可。表5—2的格式稍复杂些，目的是要了解胶合板厚度的分布情况。表5—3是不合格品检查表。

表5—1　　　　　　　　胶合板厚度检查表　　　　　　单位：mm

| 组号 | 实测数据 | | | | | | | |
|---|---|---|---|---|---|---|---|---|
| 1 | | | | | | | | |
| 2 | | | | | | | | |
| 3 | | | | | | | | |
| ... | | | | | | | | |

表 5—2　　　　　　　　　　　胶合板厚度频数分布表

| 组号 | 组的边界值 | 组中值 | 频数统计 | 频数 | 频率% | 累计频率% |
|---|---|---|---|---|---|---|
| 1 | | | | | | |
| 2 | | | | | | |
| 3 | | | | | | |
| … | | | | | | |
| … | | | 合计 | | | |

表 5—3　　　　　　　　　　　不合格品检查表

| 产品名称 | | 生产日期 | ×年×月×日 |
|---|---|---|---|
| 生产总数 | | 生产小组 | ××× |
| 检查方式 | 全数检查 | 检查员 | ××× |
| 不合格原因 | | 检查记录 | 小计 |
| | | | |
| | | | |
| | | 总计 | |

## 二、质量检查表的主要形式

1. 质量检查表可以是命令式或询问式的，其内容见表 5—4。

表 5—4　　　　　　　　　　项目不同阶段质量工作检查表

| | |
|---|---|
| 项目计划阶段 | 谁负责制订项目计划？他们的职责是什么 |
| | 项目计划应包括哪些内容 |
| | 制订项目计划需要哪些信息，从何处获取 |
| | 项目计划的输出文档是什么，谁应得到这些文档 |
| | 项目管理过程将会用哪些工具和技术 |
| | 项目管理将使用哪些资源 |
| | 人员设备资金材料信息软件办公室条件是否具备 |

续表

| | |
|---|---|
| 项目实施、控制阶段 | 哪些部门会受到项目的影响，这些部门的职责是什么 |
| | 如何进行交流和沟通 |
| | 如何激励员工 |
| | 如何评估项目的进展 |
| | 如何获取项目进展的数据，需要哪些数据 |
| | 什么时候召开项目会议，如何确定议题 |
| | 项目的文档如何分类，由谁来保存 |
| | 如何评估项目的变更，谁来批准 |
| | 如何汇报项目执行情况，由谁向谁汇报 |
| | 如何处理各种冲突 |

2．质量检查表可以是表格形式的，其内容见表5—5。

3．检查表还可以是可交付成果的图形，主要反映可交付成果缺陷的部位，如图5—1所示。

表5—5　　　　　　　　　　项目产品质量检查表

| 编号 | 质量控制措施 | 责任人 | 检查实施、完成情况 |
|---|---|---|---|
| 1 | 质量策划 | | |
| | ——开发策划 | | |
| | ——开发流程 | | |
| 2 | 质量目标的确定 | | |
| 3 | 技术资料的检查 | | |
| | ——产品建议书 | | |
| | ——产品责任书 | | |
| | ——检验规范 | | |
| | ——合同评审 | | |
| 4 | 质量特性的确定 | | |
| 5 | 可制造性分析 | | |
| | ——设计评审 | | |
| 6 | 可靠性分析 | | |
| 7 | 故障树分析 | | |
| 8 | 失效模式及后果分析 | | |
| | ——设计失效模式及后果分析 | | |
| | ——过程失效模式及后果分析 | | |

续表

| 编号 | 质量控制措施 | 责任人 | 检查实施、完成情况 |
| --- | --- | --- | --- |
| 9 | 检验流程计划 | | |
| 10 | 生产策划和准备 | | |
| 11 | 产品性能检验<br>——环境测试<br>——集成系统测试 | | |
| 12 | 能力分析<br>——设备能力分析<br>——过程能力分析<br>——量具能力分析 | | |
| 13 | 外购件质量策划<br>——供方评审<br>——供应商选择<br>——进货检验 | | |
| 14 | 首件样品送样 | | |
| 15 | 质量成本 | | |
| 16 | 其他质量保证措施 | | |

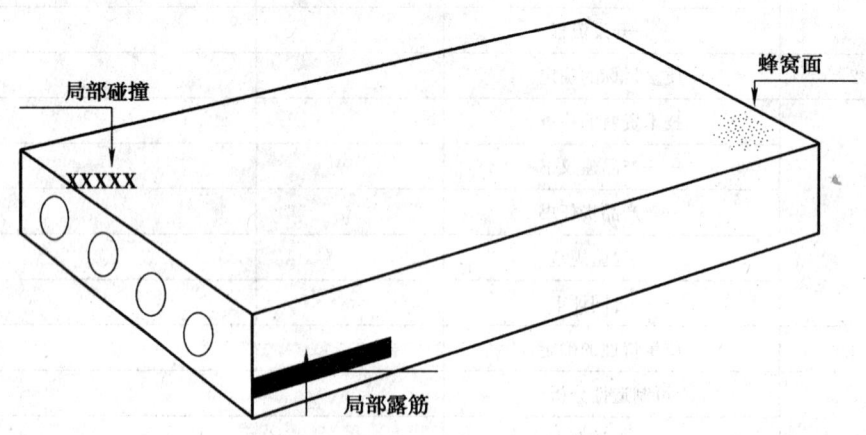

图5—1 混凝土空心板缺陷检查

## 三、质量检查表的主要内容

对于不同行业、不同工序、不同工种，其质量检查表的内容差别很大，但归纳起来有以下几种。

## 1. 质量分布状态检查表（见表5—6）

表5—6　　　　　　　　　　分项工程工序质量分布状态检查表

| 分项工程名称 | 中级抹灰（墙面） | 工程量 | 2 180 m² |
|---|---|---|---|
| 测试内容 | 墙面平整度 | 测试（查检数） | 85个点 |
| 标准要求 | 5 mm | 检测者 | ××× |
| 作业班组 | ×××抹灰小组 | 时间 | ××××年×月×日 |

| 尺寸 | 0 | 0.5 | 1.0 | 1.5 | 2.0 | 2.5 | 3.0 | 3.5 | 4.0 | 4.5 | 5.0 | 5.5 | 6.0 | 6.5 |
|---|---|---|---|---|---|---|---|---|---|---|---|---|---|---|
| 20 | | | | | | | | | | | | | | |
| | | | | | | | | | | | | | | |
| | | | | | | | | | | | | | | |
| | | | | | | | | | / | | | | | |
| 15 | | | | | | | | | / | | | | | |
| | | | | | | | | | / | | | | | |
| | | | | | | | | | / | | | | | |
| | | | | | | | | / | / | | | | | |
| 10 | | | | | | | | / | / | / | | | | |
| | | | | | | / | / | / | / | / | | | | |
| | | | | | / | / | / | / | / | / | | | | |
| | | | | / | / | / | / | / | / | / | | | | |
| 5 | | | | / | / | / | / | / | / | / | / | | | |
| | | | / | / | / | / | / | / | / | / | / | / | | |
| | | / | / | / | / | / | / | / | / | / | / | / | / | |
| | / | / | / | / | / | / | / | / | / | / | / | / | / | / |
| 频数 | 1 | 2 | 5 | 7 | 9 | 9 | 10 | 11 | 15 | 7 | 5 | 3 | 1 | |

## 2. 不合格品检查表（见表5—3）

## 3. 缺陷部位检查图（见图5—1）

**4. 影响产品质量主要原因检查表**

在检查表中可用不同符号表示产生质量的主要原因，如"⌒"表示对角线偏差，"⌒"表示翘曲，"△"表示高度偏差，"□"表示表面平整偏差，"○"表示直径偏差等。

**5. 质量检查评定表**

这种检查表是对所有工序的质量进行总的检查与评定，一般在表中将所要检查的项目一一列出。此种检查表不仅可以作为质量检查评定的依据，而且也是一份完整的质量记录。表5—7是裱糊壁纸、墙布等分项工程质量检验评定表。

表5—7　　　　　　　裱糊壁纸、墙布等分项工程质量检验评定表

工程名称　　　　　　　　　　　　　　　　　　　　　　　　　　　部位：

| | 项　目 | | | | | | | | | | | 质量情况 |
|---|---|---|---|---|---|---|---|---|---|---|---|---|
| 保证项目 | 1. 材料品种、颜色符合设计要求，其质量必须符合有关标准规定 | | | | | | | | | | | |
| | 2. 壁纸、墙布必须黏结牢固，无空鼓、翘边、皱褶等缺陷 | | | | | | | | | | | |

| | 项目 | 质量情况 | | | | | | | | | | 等级 |
|---|---|---|---|---|---|---|---|---|---|---|---|---|
| | | 1 | 2 | 3 | 4 | 5 | 6 | 7 | 8 | 9 | 10 | |
| 基本项目 | 1　表面 | | | | | | | | | | | |
| | 2　拼接 | | | | | | | | | | | |
| | 3　与挂镜线、贴脸板、踢脚线、电气槽盒等交接 | | | | | | | | | | | |

| 检查结果 | 保证项目 | |
|---|---|---|
| | 基本项目 | 检查　项，其中优良　项，优良率　% |

| 评定等级 | 项目负责人：<br>工　长<br>班组长 | 核定等级 | 质量检查员： |
|---|---|---|---|

年　月　日

## 四、编制质量检查表注意事项

1. 如有可能应尽量采用统一编制的质量检查表。
2. 如果统一编制的质量检查表不能满足本项目的要求，则需另外编制。
3. 可按不同的检查目的、用途编制不同的检查表。

## 学习单元3  编制质量计划

### 学习目标

➢ 掌握质量计划编制方法
➢ 能够编制质量计划

### 一、编制质量计划的方法

质量计划是针对某一特定产品、项目或合同，规定专门的质量措施、资源和活动顺序的文件。

质量计划的格式和详细程度应与协商好的顾客要求、供方的操作方法和所完成活动的复杂程度相一致。质量计划应尽可能简明，并符合国际标准（ISO 10005）有关条款的规定。

现代质量管理的要点是：通过选择合适的材料、培训与教导人们的质量观念，计划一个确保产生相应结果的过程来预防缺陷。在项目质量的计划编制中，重要的是确定每个独特项目的相关质量标准，把质量规划到项目产品和管理项目所涉及的过程之中。

下面将分别介绍编制质量计划的方法。

**1. 收益与成本分析**

质量计划编制过程必须考虑收益与成本之间的平衡。项目各项活动及产出物要符合质量要求，既能使用户满意，又能降低成本。质量管理追求的是收益高于成本。

成本是一项综合性的消耗指标，它与产值、收入、利润等经济指标密切相关。成本支出水平是项目管理水平的体现。通过成本收益分析，可以有效揭示成本与其他经济指标的关系。如分析产值与质量的关系，可知质量提高可以降低返工率或减少残次品，这就意味着有效总产量增加，使单位成本降低。

**2. 制订基准计划**

利用其他项目实际的或计划的项目质量计划，作为新项目质量计划的比照对象，从而制订出新项目的质量计划。

### 3. 流程图

流程图是将项目全部实施过程按其内在逻辑关系通过箭线勾画出来,可针对流程中质量的关键环节和薄弱环节进行分析。常用在质量管理中的流程图有以下几种:

(1) 因果关系图

因果关系图又称因果分析图、鱼刺图,它通过箭头和线条将质量问题与质量因素之间的关系表示出来,如图5—2所示。

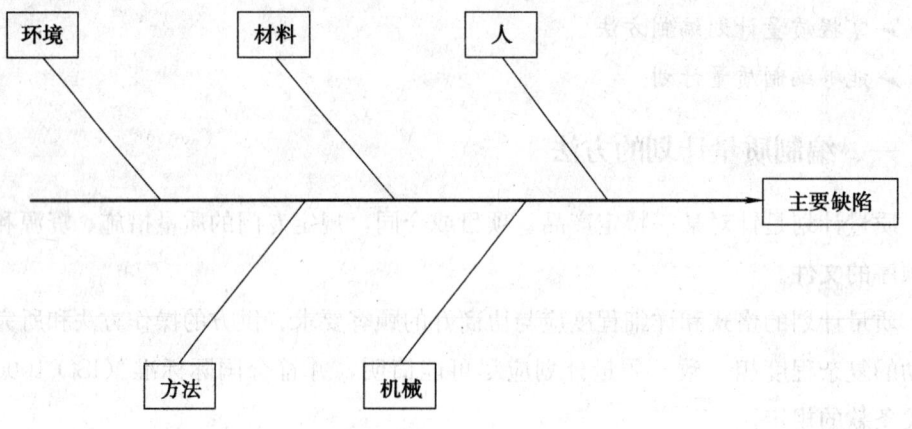

图5—2 因果关系图

(2) 流程图

流程图是反映与一个系统相联系的各部分之间相互关系的图,可以帮助预测在项目实施过程中可能发生质量问题的因素和原因,或各种潜在的问题和后果,可以有助于制定处理质量问题的措施。图5—3是某玩具制造的流程图。

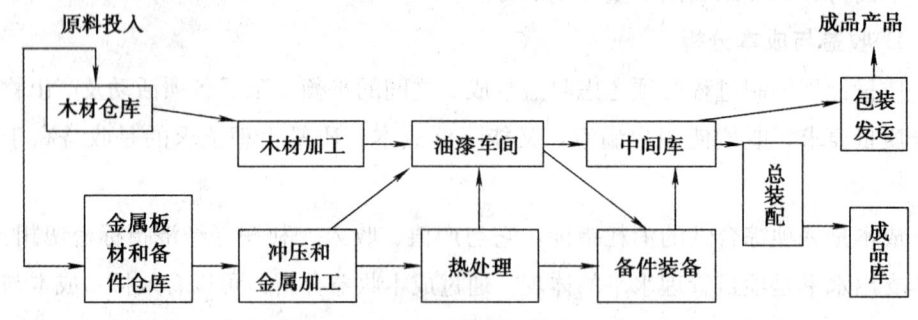

图5—3 某玩具制造流程图

### 4. 试验设计

试验设计是一种统计方法,它有助于识别在多种变量中何种变量对项目成果影响最大,从而找出影响项目质量的关键因素,有利于项目质量计划的编制。常用的试验设计方法有对分法、均分法和0.618法等。

**5. 质量成本**

质量成本是指项目组织为了保证和提高产出物质量而支出的有关费用，以及因未达到预先规定的质量水平而造成的一切损失费用的总和。而质量成本管理，就是建立相应的核算和管理制度。

## 二、编制质量计划的基本步骤

**1. 选择质量计划编制时机**

当质量手册、程序文件不能满足项目或合同的质量保证要求时，需编制质量计划。或者说质量计划通常要引用质量手册的有关部分以适用于项目的具体情况，有时在质量计划中还要加入质量保证计划和质量管理计划。

**2. 明确质量计划编制依据**

具体内容见《国家职业资格培训教程·项目管理员》第4章第1节学习单元2。

**3. 明确质量计划编制内容**

具体内容见《国家职业资格培训教程·项目管理员》第4章第1节学习单元2。

**4. 组织编制项目质量计划**

项目的质量计划是针对项目的特殊要求，以及应重点控制的环节，所编制的对设计、采购、生产安装、检验等的质量控制方案。开始编制质量计划时，可以是一个带有规划性的较粗略的质量计划，随着设计、生产安装的进展，再相应编制各阶段较详细的质量计划。

**5. 评审和认可**

质量计划应就其完整性进行评审并且要经过指定小组认可，指定的小组人员是来自于供方组织中有关职能部门的代表。在有合同的情况下，供方应把质量计划提交给顾客进行评审和认可，既可在招标过程中作为标书的一部分提供，也可在正式合同签订后提交。

**6. 修订**

供方应在适当时候修订计划，以反映项目、合同的变化。质量计划的变化应由评审原计划的同一指定的小组来进行，以确保计划的完整性和充分性。

## 三、编制质量计划的注意事项

为编好质量计划，应注意以下几点。

1. 项目经理必须亲自组织和主持质量计划的编制工作。
2. 建立质量计划编制小组。小组成员应具备丰富的知识，有实践经验，善于听取不同的意见，有较强的沟通能力和创新精神。当质量计划编制完成后，在公布实施时，小组即可解散。

3. 编制质量计划的指导思想是始终以顾客为关注焦点。
4. 准确无误地找出关键的质量问题。
5. 反复征询对质量计划草案的意见。

**质量计划格式案例**

图5—4是一项服务质量计划的格式（摘自ISO 10005附录）。

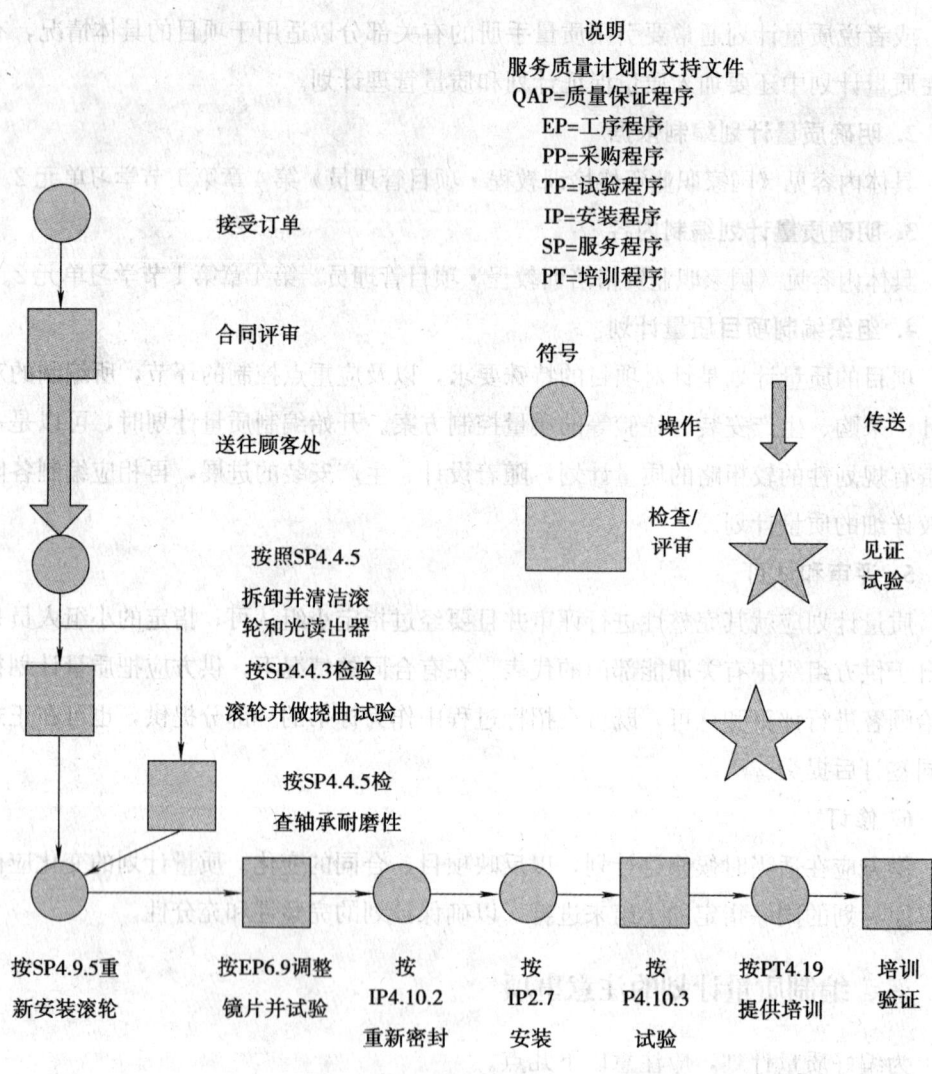

图5—4 服务质量计划格式

# 第 2 节　项目质量管理

## 学习单元 1　2000 版 ISO 9000 系列标准

### 学习目标

- 掌握 2000 版 ISO 9000 系列标准的总体结构
- 掌握 2000 版 ISO 9000 系列标准的主要特点
- 掌握 ISO 10006 标准的主要内容

### 一、2000 版 ISO 9000 系列标准的总体结构

2000 版 ISO 9000 系列标准的总体结构见表 5—8。

表 5—8　　　　　　2000 版 ISO 9000 系列标准总体结构

| 核心标准 | 其他标准 | 技术报告 | 小册子 |
| --- | --- | --- | --- |
| ISO 9000 | ISO 10012 | ISO 10005 | 《质量管理原则》 |
| ISO 9001 | | ISO 10006 | 《选择和使用指南》 |
| ISO 9004 | | ISO 10007 | 《小型组织实施指南》 |
| ISO 19011 | | ISO 10013 | |
| | | ISO 10014 | |
| | | ISO 10015 | |
| | | ISO 10017 | |

其他标准只有一项，ISO 10012《测量控制系统》，将取代 1994 版的 ISO 10012—1 和 ISO 10012—2。

### 二、2000 版 ISO 9000 系列标准的主要特点

1. 标准的结构与内容能更好地适用于所有产品类别、不同规模和各种类型的

组织的管理和运作。

2. 强调质量管理体系的有效性和效率，引导组织关注顾客和其他利益相关者、产品与过程，而不仅仅是程序文件与记录。

3. 对标准要求的适用性进行了更加科学与明确的规定，在满足标准要求的途径与方法方面，提倡组织在确保有效性的前提下，可以根据自身经营管理的特点做出不同的选择，给予组织更多的灵活性。

4. 标准中增加了质量管理八项原则，便于从理念和思路上理解标准的要求。

5. 采用"过程方法"的结构，将质量管理与组织的管理过程联系起来，特别强调过程之间的相互作用。

6. 更加强调最高管理者的作用，包括对建立和持续改进质量管理体系的承诺，确保顾客的需求和期望得到满足，制定质量方针和质量目标并确保得到落实，确保所需的资源。

7. 将顾客和其他利益相关者满意或不满意信息的监视作为评价质量管理体系业绩的一种重要手段，强调要以顾客为关注焦点。

8. 突出了"持续改进"是提高质量管理体系有效性和效率的重要手段，持续的顾客满意是推进质量管理体系的动力。

9. 概念明确，语言通俗，易于理解和使用。

10. 对文件化的要求更加灵活，强调文件应能够为过程带来增值，记录只是证据的一种形式。

11. 强调 GB/T 19001 作为要求性的标准和 GB/T 19004 作为指南性的标准的协调一致性，有利于组织的业绩的持续改进。

12. 提高了与环境管理体系标准等其他管理体系标准的相容性，具体体现在定义和术语统一、基本思想和方法一致、建立管理体系的原则一致、管理体系运行模式一致以及审核标准的一致性等方面。

### 三、ISO 10006 标准的主要内容

ISO 10006《质量管理—项目管理质量指南》是 ISO 9004 的补充。

ISO 10006 标准由以下六个部分组成。

**1. 范围**

本标准适用于不同环境的、不管复杂与否、规模小的或大的、工期短的或长的项目，无论其产品的种类是硬件、软件、流程性材料、服务或兼而有之的项目。

**2. 参考的标准**

ISO 8402 质量管理和质量保证—术语，ISO 9004 质量管理体系—业绩改进指南，ISO 10007 技术状态管理指南。

**3. 定义**

本标准在定义中给出了项目、项目计划、利益相关者、过程和进展评价的定义。

**4. 项目特性**

在项目特性中特别强调一个项目是一个过程，该过程可以划分为许多互相依赖的子过程，子过程又可能划分为若干阶段。

项目过程划分为两类：项目管理过程和与项目产品有关的过程。项目管理过程中的质量指南在本标准中讨论，与项目产品有关的过程质量指南已包括在 ISO 9004 中。

**5. 基本质量原理**（见本章第 1 节学习单元 1）

**6. 在项目运用中的质量**

此部分是标准的重要组成部分。由于项目不同，项目管理过程不一定包括标准中所列全部过程，也可能比标准所列过程更多。标准中对每个管理过程的描述包括两部分，一部分是过程说明，另一部分是过程的质量指南。项目管理过程通常包括以下内容：

（1）战略过程

战略过程是确定方向的过程，该过程组织并管理项目中其他过程的实现。

战略过程质量的实现取决于在所有过程中是否都考虑了以下概念：

1) 满足顾客和其他利益相关者的明确的和隐含的需要是最重要的。

2) 一个项目是按一系列规划好并互相关联的过程来实施的。

3) 过程和产品两者的质量焦点是都必须满足项目目标。

4) 管理要负责为质量创建一个环境。

5) 管理要负责持续不断地进行改进。

（2）依赖性管理过程

项目经理负责对项目过程的相互依赖性进行全面的管理，主要包括以下几项：

1) 提出项目和制订项目计划。

2) 交互管理，包括制订交互管理程序、召开相关职能部门的项目会议、解决职责矛盾或变更带来的风险等问题，进行进展评价。

3) 变更管理，包括变更需求及变更影响的识别及文件准备，以及对过程和产品变更的评审和批准。

4）关闭（结束）。只要项目关闭，都应对项目的执行进行全面评审。应将项目关闭的消息正式通知有关的利益相关者。

(3) 与范围有关的过程

与范围有关的过程主要包括以下内容：

1）概念开发。界定项目产品用途（功能）的概要描述。

2）范围开发和控制。将项目产品特性用可测量的指标表示，形成文件并对其控制。

3）活动定义。确定为达到项目目标所需的活动及步骤并形成文件。

4）活动控制。控制项目中实际执行的工作。

(4) 与时间有关的过程

与时间有关的过程用来确保及时完成项目，主要包括以下内容：

1）活动依赖性规划。确定项目活动间的内部联系、逻辑交互和依赖性。

2）持续时间估计。

3）进度计划编制。

4）进度计划控制。

(5) 与成本有关的过程

与成本有关的过程用来确保项目能够在预算约束的条件下完成，主要包括以下内容：

1）成本估计。

2）编制预算。

3）成本控制。

(6) 与资源有关的过程

与资源有关的过程帮助确定资源可能存在的所有问题，主要包括以下内容：

1）资源规划。识别、估计、计划和分配相关资源。

2）资源控制。对照资源计划比较实际使用情况，必要时采取措施。

(7) 与人员有关的过程

人决定项目的质量和成功。与人员有关的过程主要包括以下内容：

1）项目组织结构确定。

2）人员分配。

3）项目团队的开发。

(8) 与沟通有关的过程

与沟通有关的过程能够确保项目信息定期和及时地产生、采集、传递、存储和最终处置，主要包括以下内容：

1) 沟通规划。
2) 信息管理。
3) 沟通管理。

(9) 与风险有关的过程

与风险有关的过程旨在减少负面事件的影响，充分利用机会进行改进。主要包括以下内容：

1) 风险识别。
2) 风险评估。
3) 风险应对开发。
4) 风险控制。

(10) 与采购有关的过程

1) 编制采购控制计划。
2) 采购文件要求。
3) 承包商评价。
4) 签订承包合同。
5) 合同控制。

(11) 总结项目经验

在项目结束前对实施项目进行正式评审，其重点是能够为其他项目提供可利用的经验。

## 四、2000 版 ISO 9000 系列标准应用注意事项

要将 2000 版 ISO 9000 系列标准用于项目质量管理，要抓好以下几个环节。

**1. 深刻理解 2000 版的主要特点**

2000 版与 1994 版标准相比，更科学、更合理、更适用和通用。只有深刻地理解了，才能在项目实施中运用。

**2. 对 2000 版的基本术语要全面理解**

不能仅从字面上理解基本术语，2000 版的基本术语比 1994 版的术语更简洁明了，尤其是几个质量术语基本概念之间存在相互联系的关系，有些质量术语的含义一个比一个深入。

### 3. 运用八项质量管理原则

2000版ISO 9000标准的八项质量管理原则是在总结质量管理实践经验的基础上，用高度概括、易于理解的语言所表述的质量管理的最基本、最通用的一般性规律。这八项质量管理原则能指导项目组织的管理者完善本项目的质量管理。

## 学习单元2  实施质量保证

学习目标

➤ 掌握质量保证的概念
➤ 掌握质量保证的依据
➤ 掌握质量保证的方法和工具
➤ 能够实施质量保证措施

### 一、质量保证的概念

质量保证是质量管理的一部分，致力于提供使质量要求得到满足的信任。

质量保证定义的关键词是"信任"，这种信任是在合同签订前建立起来的，如果客户对供方没有这种信任，就不会与之签订合同。信任的依据是质量管理体系的建立和运行，因为这样的质量管理体系将所有影响质量的因素，包括技术、管理和人员方面的因素，均采取了有效的方法进行控制，因而具有减少、消除和预防质量缺陷的功效。

质量保证通过提供证据表明供方能满足质量要求的能力，使人们对这种能力产生信任。根据目的不同可将质量保证分为内部质量保证和外部质量保证。内部质量保证指的是在一个项目内部向项目经理提供证据，表明项目可交付成果能够满足质量要求，以取得项目经理的信任，让项目经理放心；外部质量保证是指在合同或其他情况下，向客户或其他方提供足够的证据，表明项目可交付成果能够满足质量要求，取得客户其他相关方的信任，让他们对项目交付成果的质量放心。

## 二、质量保证的依据

**1. 项目质量管理计划**

质量计划编制的结果是质量管理计划,它为项目提出质量控制、质量保证和质量提高方面的措施。

**2. 项目实际质量的度量结果**

对项目各项质量活动进行测量、测试,然后将这种实际质量的度量结果与质量标准进行对比分析,以便更好地控制质量。

**3. 项目质量工作说明**

项目质量工作说明是指对项目质量管理具体工作的说明,以及对项目质量保证与控制方法的说明。

## 三、质量保证的方法和工具

**1. 凡是用于编制质量计划的方法均可用于质量保证**

**2. 质量审核**

质量审核是确定质量活动和有关结果是否符合计划的安排,以及这些安排是否有效地实施并适合于达到预定目标的、有系统的、独立的检查。

质量审核是一个大的概念,包括质量管理体系审核、产品质量审核、过程质量审核、服务质量审核和内部质量审核等。

通过质量审核评价审核对象的现状对规定要求的符合性,并确定是否需要采取措施给予改进,从而保证项目质量符合规定要求,保证质量管理体系有效运行。

**3. 质量保证的结果——质量持续改进**

质量保证的结果是质量持续改进,持续改进要求不断寻找进一步改进的机会,并采取以下适当的改进方法:

(1) 通过建立和实施质量目标,营造一个激励改进的氛围和环境。

(2) 确立质量目标以明确改进方向。

(3) 通过数据分析、内部审核不断寻求改进机会,并做出适当的改进活动安排。

(4) 通过纠正和预防措施及其他适用的措施实现改进。

(5) 在管理评审中评价改进效果,确定新的改进目标和改进的决定。

## 四、质量保证的措施及其实施

**1. 质量保证的措施**

（1）拥有完善的质量保证体系。

（2）项目主管领导负责全面质量管理，设专职质量管理部门和岗位，明确质量责任，负责项目实施环节的质量问题。

（3）遵守与项目质量相关的法律、法规和规章。

（4）严把原材料、零部件、配件质量关，未经检验或经检验不合格的不得使用。

（5）加强过程检查，做好自检、互检。

（6）加强可交付成果的检验，经检验合格方可交付。

**2. 实施质量保证措施**

在实施质量保证措施时应做好以下工作：

（1）及时收集、反馈、上报质量信息。

（2）检查预防措施的实施情况。

（3）抓住质量改进的机会。

（4）跟踪纠正措施的落实，验证改进效果。

（5）可交付成果经检验（试验）合格方可交付。

# 第3节 项目质量控制

## 学习单元1 质量控制原理

▶ 熟悉质量控制原理

质量控制是质量管理的一部分，致力于满足质量要求。质量控制的目标就是确保产品的质量能满足顾客、法律法规等方面所提出的质量要求。质量控制的范围涉及项目质量形成全过程的各个环节。

质量控制的工作内容包括了作业技术和活动,也就是包括专业技术和管理技术两方面。质量控制必须对干什么,为何干,怎么干,谁来干,何时干,何地干作出规定。

质量控制原理是根据项目目标和质量要求,对项目实施过程的质量进行监督、检查,发现偏差及时反馈,采取纠正措施,使工作按既定目标和计划进行。

质量控制原理也可称为质量控制三部曲,即确立标准、衡量绩效、纠正偏差。

## 一、确立标准

如果没有标准或目标,就没有衡量实际工作情况的根据,就无法进行控制工作。标准可以多种多样,可以是定量的,也可以是定性的。控制则以实现标准或目标为中心。

## 二、衡量绩效

通常在工作完成之后或告一段落后进行绩效的衡量。但在工作进程中,必须加强监督、检查,及时获得有关信息。

## 三、纠正偏差

将实际测量结果与标准或目标相比较,弄清楚是否发生了偏差以及偏差的性质、程度和原因,采取相应的措施纠正偏差。

## 运用质量控制原理对项目质量进行控制案例

某项目需加工一种零件,为使所加工零件符合质量要求,拟采用控制图对零件质量进行控制。其步骤如下。

1. 确立标准

连续采集近期加工零件的数据,通过计算得到控制图的中心线、上控制线和下控制线,并绘制控制图,以便于现场统计填写和绘图。一般控制界限不应超出公差界限。

2. 衡量绩效

按规定取样测试零件,并将测到的数值标在控制图上。

3. 纠正偏差

观察所标注的零件数据与上、下控制线的关系，并进行比较，判定是否有异常点（如超出控制限的点），分析原因（人、技术与方法、工艺、设备、材料、环境等），经分析发现零件产生偏差较多的工人是新工人，其技术水平不高，操作也不够熟练。采取的措施是加强对新工人的培训，发挥师傅的传、帮、带作用。

##  学习单元 2　质量控制方法

 **学习目标**

➢ 掌握因果分析方法、调查表法、分层法
➢ 掌握质量偏差趋势和原因

质量控制有许多通用的方法，下面着重介绍其中少数几个。

### 一、因果分析方法

因果分析图又称鱼刺图，是一种逐步深入研究和讨论质量问题的图示方法。应用此方法时可召开会议，由组织者、管理者和操作者共同参加，根据质量问题存在的主要因素一步一步地寻找产生问题的原因，然后再制定相应对策予以改进。

因果分析图由若干枝干组成，枝干分为大枝、中枝、小枝和细枝，它们分别代表大大小小不同的原因。

**1. 因果分析图的作图步骤**

（1）确定需要分析的质量特性（或结果），画出主干线，即从左向右带箭头的线。

（2）分析、确定影响质量特性的大枝（大原因）、中枝（中原因）、小枝（小原因）、细枝（更小原因）并顺序用箭头逐个标注在图上。

（3）逐步分析，找出关键性的原因并应做出记号或用文字加以说明。

（4）制定对策，限期改正。

**2. 因果分析图的应用**

图 5—5 是机械设备费超支的因果分析图，分别从人、机械、环境、方法、材料五方面进行分析。分析后制定了降低机械设备费的对策，见表 5—9。

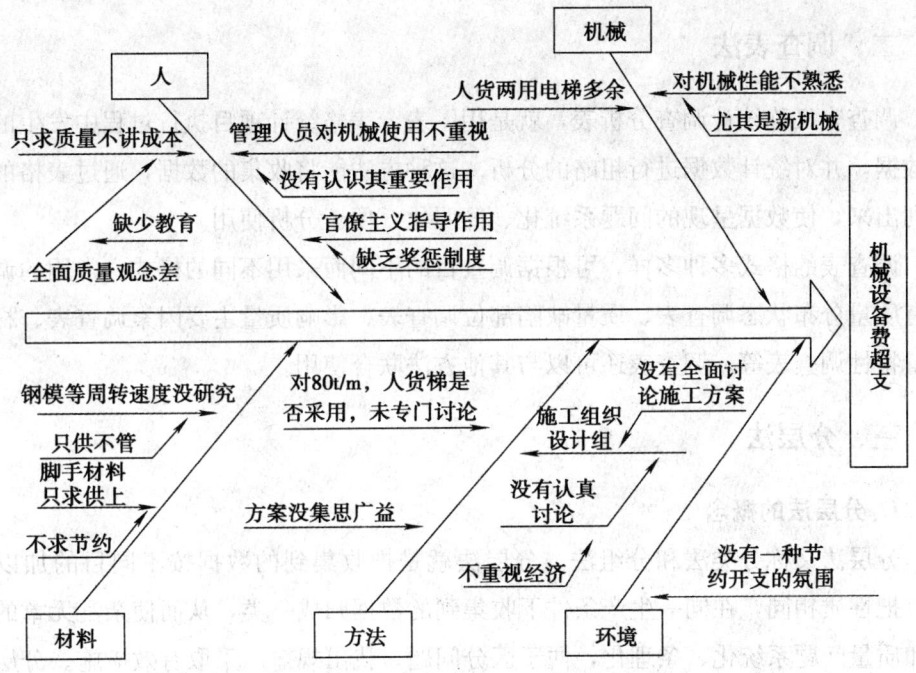

图 5—5 机械设备费超支因果分析图

表 5—9　　　　　　　　　　降低机械设备费对策表

| 问题及主要原因 | 对策方案要点 | 执行者 | 完成期限 |
|---|---|---|---|
| 一、部分管理人员对全面质量管理观念模糊，认为创优不必努力降低成本 | 1. 有针对性的讲课，使主要管理人员及班组骨干，认识广义的质量概念，理解创优必须与提高经济效益相结合<br>2. 结合普及教育，将全面质量管理讲透 |  |  |
| 二、80 t/m 塔吊，人货两用电梯使用期长，费用超支大 | 1. 讨论 80 t/m 塔吊、人货两用电梯在工程中的使用期限及减少费用的方法<br>2. 用两台 60 t/m 代替 80 t/m 塔吊，既可满足使用要求，还可减少费用支出××××元<br>3. 根据本项目情况，可以不用人货两用电梯<br>4. 加快工程速度，减少机械设备费用支出 |  |  |
| 三、有关人员对新购买机械设备性能不熟悉 | 1. 对新进机械要力争软件齐全，学有资料<br>2. 对必须掌握新进机械性能的人员要组织专业学习，以便制订优化的机械使用方案 |  |  |

## 二、调查表法

调查表又称统计调查分析表，就是用图表、表格统计项目执行过程中发生的各种数据，并对统计数据进行粗略的分析。这种方法能将收集的数据，通过表格的形式列出来，使数据呈现的问题系统化、简明化，便于分析使用。

调查表的格式多种多样，可根据调查目的不同而采用不同的格式。常用的调查表有质量分布状态调查表、质量缺陷部位调查表、影响质量主要因素调查表、材料质量特性调查表等。调查表还可以与其他方法联合使用。

## 三、分层法

### 1. 分层法的概念

分层法又称分类法和分组法。分层法就是把收集到的数据按不同目的加以分类，把性质相同，在同一生产条件下收集到的数据归成一类，从而使杂乱无章的数据和质量问题系统化、条理化，便于区分问题，找出规律，采取有效措施。分层法经常同质量管理中的其他方法一起使用，如分层排列图、分层直方图等。

### 2. 分层法的分类

（1）按不同时间分，如按不同的日期（年、季、月、旬、日）和不同班次（昼夜）进行分类。

（2）按操作人员分，如按新、老工人，男、女工人，不同工龄的工人及熟练工、非熟练工、技术等级分类。

（3）按使用设备分，如按使用不同型号的设备、仪器、仪表、不同类型的工具进行分类。

（4）按不同操作方法和不同的工艺进行分类。

（5）按不同检查手段和不同的检查项目进行分类。

（6）按其他方法分类，如按造成的经济损失分类。

总之，分层法的分类繁多，并无统一规定。不论采用哪种方法，其实都是要逐次分层、逐层分解、分析数据。

## 四、分析质量偏差趋势和原因

如果不进行测量，就不能取得数据，没有数据就无法判断质量是否存在偏差；要对质量进行控制，应先制定质量标准，然后再确定控制水平。只有上述两项工作完成后，衡量质量偏差才是有意义的。

通常情况下，控制水平与质量标准大体一致，但由于加工过程的不同，有时也并不一致。还有一点需要说明，由于测量仪器、测量方法等原因，所测得的数据总是会存在一定的误差。假设测量仪器和测量方法都符合规定，在容许误差范围内的前提下，应研究所测数据的质量偏差。

当进行质量检查、测得质量数据后，需要将所测数据与质量标准和控制水平进行比较时，就可以度量质量偏差了。度量质量偏差是为了进行偏差分析，其结果可能是偏差超出了允许的范围，也可能是偏差虽未超过允许范围，但其发展下去有可能超过允许范围。如果已经超过允许范围，应立即分析原因，采取相应措施予以纠正；如果是向不利趋势发展，应分析原因，采取预防措施，使生产处于稳定状态。

产生质量偏差的原因可归纳为以下几点。

**1. 人**

人的思想素质、责任心、质量观、业务能力、技术水平等均直接影响项目质量。因此，要狠抓人的工作质量，充分调动人的积极性，发挥人的主导作用。避免因责任心不强、工作马虎、不按操作规程作业等原因，产生质量偏差。

**2. 机械设备**

所采用的机械设备在生产上适用、性能可靠、使用安全、操作和维修方便。合理使用机械设备，正确地进行操作，是保证项目质量的重要环节。机械设备维修、保养不良也是产生质量偏差的原因之一。要注意当进行大量连续性作业时，机具磨损、温度升高时，可能产生的有规律的偏差。

**3. 材料、零部件、构配件**

材料、零部件、构配件的质量要符合有关标准和设计的要求，要加强检查、验收，严把质量关。要注意不同批次、不同厂家的材料、零部件、构配件在质量上会存在差异。

**4. 工艺、方法**

工艺流程、技术方案、检测手段、操作方法均应符合标准、规范、规程要求，是有利于质量控制的。

**5. 环境**

影响项目质量的环境因素很多，有技术环境、劳动环境和自然环境等。环境的突然变化会影响项目质量，如温度、湿度的突然变化均可能造成加工质量偏差。因此，应对可能造成质量偏差的环境因素，采取有效的措施严加控制。

## 运用质量控制的定性方法案例

一、运用质量控制的定性方法案例1

某项目质量成本报告见表5—10。

表5—10 质量成本报告

| 序号 | 项目 | 损失金额（元） | 占质量总成本（%） |
|---|---|---|---|
| 1 | 内部损失成本 | 19 238.30 | 73.40 |
| 2 | 外部损失成本 | 349.50 | 1.33 |
| 3 | 鉴定成本 | 6 231 | 23.77 |
| 4 | 预防成本 | 390.54 | 1.50 |
| 合计 | | 262 009.34 | 100 |

从表5—10可以看出内部损失成本在质量总成本中所占的百分比最大，达73.40%，因此，准备对此项成本作进一步分析，通过检查报表，得到内部损失成本的分层表（见表5—11）。

表5—11 内部损失成本分析

| 序号 | 项目 | 损失金额（元） | 占质量总成本（%） |
|---|---|---|---|
| 1 | 废品损失 | 12 122.96 | 46.30 |
| 2 | 返修损失 | 1 323.34 | 5.00 |
| 3 | 停工损失 | 5 792.00 | 22.10 |
| 合计 | | 19 238.30 | 73.40 |

从表5—11可以看出废品损失所占比重最大，达到46.30%。因此，要采取措施大大降低废品损失，其次是降低停工损失。如果采取的措施得力，就可以大大降低质量总成本。

二、运用质量控制的定性方法案例2

某车间加工某种零件，由于尺寸不符合标准要求造成返工返修。为解决这一质量问题，对加工工序进行现场调查和分层分析。

1. 共检查了100个加工件，其中38个尺寸不符合要求，不合格品率为38%。通过调查可知：

（1）该加工工序共有A、B、C三名工人操作，每人的操作方法有所不同。

（2）加工件的原材料由两个供货单位供应，在材质上也不完全一样。

2. 为了弄清不合格品率高的原因，以便具有针对性，采用了分层法进行分析：

表5—12按操作者分层，分析结果可以看出，加工质量最好的是B工人，不合格率为25%；表5—13按原材料供应厂家分层，发现不论采用甲厂还是乙厂的原材料，不合格率都很高而且相差不多。为了弄清问题所在，又进行了更细的分

层，表5—14将操作者与原材料供应厂家结合起来分层，根据综合分层数据的分析，问题就可以看得很清楚了。该车间在分层分析的基础上采取了如下措施：

(1) 在使用甲厂材料时，应采用B工人的操作方法。
(2) 在使用乙厂材料时，应采用A工人的操作方法。
(3) C工人应向A或B工人学习，改进操作方法。

**表5—12　　　　　　　　　按操作者分层**

| 操作者 | 不合格 | 合格 | 不合格率（%） |
|---|---|---|---|
| A | 12 | 26 | 32 |
| B | 6 | 18 | 25 |
| C | 20 | 18 | 53 |
| 合计 | 38 | 62 | 38 |

**表5—13　　　　　　　　　按材料供应厂分层**

| 工厂 | 不合格 | 合格 | 不合格率（%） |
|---|---|---|---|
| 甲厂 | 18 | 28 | 39 |
| 乙厂 | 20 | 34 | 37 |
| 合计 | 38 | 62 | 38 |

**表5—14　　　　　　　　　综合分层分析**

| 操作者 | 检验结果 | 甲厂 | 乙厂 | 合计 |
|---|---|---|---|---|
| A | 不合格 | 12 | 0 | 12 |
|   | 合格 | 4 | 22 | 26 |
| B | 不合格 | 0 | 6 | 6 |
|   | 合格 | 10 | 8 | 18 |
| C | 不合格 | 6 | 14 | 20 |
|   | 合格 | 14 | 4 | 18 |
| 合计 | 不合格 | 18 | 20 | 38 |
|   | 合格 | 28 | 34 | 62 |

# 第6章
# 项目人力资源管理

## 第1节 项目人力资源计划

 **学习单元1　项目角色与职责描述**

 **学习目标**

➢ 掌握项目组织的概念
➢ 掌握项目角色与职责的概念
➢ 掌握项目角色与职责说明书编写方法
➢ 能够编写项目角色与职责说明书

### 一、项目组织的概念

项目组织是为了完成共同目标的人群集合体，是按照一定目的和程序，人们进行分工和协作并在此形成的一种责任、权利角色的结构系统。项目组织也被称为项目班子、项目管理班子、项目组等。项目组织的具体职责、组织结构、人员构成和人数配备等会因项目性质、复杂程度、规模大小和持续时间长短等有所不同。项目组织可以是另外一个组织的下属单位或机构,也可以是单独的一个组织。

项目组织作为一个系统,包括下面四个要素。

**1. 目标**

目标是项目组织存在的前提,没有目标就没有项目组织存在的必要。既包括项目目标与组织目标的一致性,又包括项目团队目标与项目目标的一致性。

**2. 角色和职责**

明确项目团队成员负责的工作,相应的职权、责任和边界以及完成项目活动所需技能和能力对于项目的成功至关重要。

**3. 汇报关系**

项目组织结构图可以展示项目团队成员及其通报关系。

**4. 项目人力资源配置管理计划**

一般而言,项目人力资源配置管理计划应涉及项目团队组建、时间安排、成员遣散安排、培训需求、表彰和奖励以及与人力资源政策的一致性和项目团队成员安全等内容。

本节内容将围绕以上要素展开。

## 二、项目角色与职责的概念与作用

**1. 项目角色与职责的概念**

(1) 角色

角色指某人负责的项目的某部分工作的标志。例如,土建工程师、法院联络人、商务分析师和测试协调人等。清晰的角色定位对项目的成功至关重要。

(2) 职权

职权指使用项目资源及做出决策和批准的权力。典型的职权包括实施方法的选择、质量验收、如何应对偏差等。在项目团队成员的职权水平与其职责水平一致时,其工作最富成效。

(3) 职责

职责是指为完成项目而要求项目团队成员实施的工作。

(4) 能力

能力是指为完成项目活动需要的技能和能力。如果项目团队成员不具备所需要的技能,绩效将受到影响。如果项目团队成员能力与项目绩效不匹配,就应该提前采取培训、招募、项目变更等应对措施。

## 2. 项目角色与职责定义的作用

（1）在编制人力资源计划时，可了解项目所需人员的条件。
（2）在招聘人员时，可了解各角色所需人员的资历。
（3）在绩效考核时，可按项目角色核定其薪酬水平。
（4）在训练发展员工时，可根据工作所需技能加以培训。
（5）在考评项目人员时，可根据项目要求评定其等级。

## 三、项目角色与职责说明书编写

### 1. 编写项目角色与职责说明书应注意的事项

（1）以符合逻辑的顺序来组织编写项目角色

项目角色与职责说明书作为角色管理的基础，要考虑与聘任、考核、分配等管理工作的衔接，促进各项管理制度相互协调，提高人事管理的整体功效。

（2）注重项目角色与职责说明书的规范性

描述语言要尽可能地具体、规范，力求精准、干练，文字措辞应保持一致；格式上要一致，遵照统一表样。

（3）内容应清晰、具体、简短

项目角色与职责说明书要以"事"为中心，是针对职责和任职者的，而不是针对现有人员。

（4）注重项目角色与职责说明书的公开性

在制定角色设置方案和编写角色与职责说明书的过程中，要广泛征求各方利益相关者的意见，角色设置情况和角色与职责说明书要向全体人员公布，做到公开、公正，维护全体人员的知情权。

### 2. 项目角色与职责说明书应包含的要素

（1）表头格式

注明项目中各角色名称、隶属关系、级别、编号等。

（2）任职条件

描述某角色所需的相关知识和学历要求、培训经历和相关工作经验及其他条件。

（3）工作要求

主要描述对于合格项目成员而言，该角色的具体工作要求。主要从工作本身的性质、数量、范围和时效性等全方位进行考虑。

（4）职责范围

描述该角色所承担的主要职责及其影响范围。

(5) 管理结构

描述实施管理的性质、管理人员或员工性质,包括水平、类型、管理的多样性、职责权限、直接和间接管理员工的层次和数量。这将给相应角色一个非常清晰的工作内容和管理范围。

(6) 工作关系

根据角色在项目组织中的地位和协作角色的数量,描述完成此项工作需要与项目组织内外其他利益相关者的联系要求,描述相互关系的重要性和发生频率等。

(7) 操作技能

描述完成该项工作对任职者的灵活性、精确性、速度和协调性的要求,所要求的技能水平。例如操作技能对于此项工作的重要性程度如何,技能应如何改善和提升。

建议任职条件和工作要求用条目反映,增强清晰度和可视性。

**3. 编制角色和职责说明书的操作办法**

(1) 项目经理要与人事部门和项目领导充分沟通,得到人事部门和领导认可,力求获得领导的鼎力支持。

(2) 制订编制方案,确定编制工作的方法和程序,成立编制工作领导小组和工作小组,保证编制工作的有序进行。

(3) 充分调动项目负责人的积极性。他们是制定说明书的主要和关键力量,更是角色和职责管理的直接执行者,他们的热情和对说明书编制方法的掌握程度,将直接影响说明书的编制质量。

(4) 尊重所有利益相关者的知情权,让他们直接了解和参与说明书的编制工作,实现角色和职责管理的导向和鞭策功能。

(5) 通过访谈、调查问卷或座谈会(技术分析会)等途径,收集角色特征和任职条件。必要时可利用代表性角色加以分析,制定角色说明书模板。

(6) 职责和任职条件要按照主次顺序书写,用关键词描述所应担负的责任和应具备的条件,同时明确每个角色的关键要素与核心能力。

(7) 说明书编制完成后,要根据编制原则对其正确性、完备性、简约性等进行检验。

## 编写项目角色与职责说明书案例

下面以土木建筑工程师为例说明如何编写项目角色与职责说明书。

角色：土木建筑工程师

所属部门：技术部

直属上级：技术部经理

职责：

研究工程项目，勘察施工地址；

编制施工计划和规格说明；

确定材料的种类、施工设备等；

编制工程进度表，并指导施工；

计划、组织和监督建筑物的维护和修理；

研究与开发困难条件下的新的施工方法。

（其他从略）

工作环境：

基本无职业病害；施工现场条件较艰苦。

（其他从略）

任职条件：

教育背景：土木建筑专业本科毕业；

经验：从事建筑工作5年以上；

中级以上职称；

曾担任过工程现场管理和技术指导职务；

有大型工程经验。

技能及个性特征：

能熟练使用计算机绘图，会用软件制作效果图；

能进行结构设计和计算；

身体健康，能不定期到外地工作；

勤奋敬业，责任心强，吃苦耐劳，有团队合作精神。

（其他从略）

 **学习单元 2　项目组织结构设计**

 **学习目标**

- 掌握项目组织结构的概念
- 掌握组织结构图的类型及特征
- 能够绘制项目组织结构图

## 一、项目组织结构的概念

项目的组织结构就是项目组织的实体，是指表现项目组织内部各部门、各层次排列顺序、空间位置、聚集状态、联系方式以及各要素之间的相互关系的一种模式，也即是组织的各要素相互作用的方式或形式，是执行管理任务的体制。项目组织结构阐述了项目成员、项目团队和组织单位的行为方式，它可以缩短项目人力资源计划的时间并提高计划的有效性。

项目组织结构图以图形方式呈现项目团队成员及其汇报关系。根据项目的需要，项目组织结构图可以是正式的或非正式的，详尽的或宽泛的。例如，一支 3 000 人的抗震救灾团队的项目组织结构图应该比不足 20 人的组织内部项目的组织结构图更为详尽。

## 二、组织结构图的类型及特征

常见的组织结构图有层级结构图、责任分配矩阵和文字叙述形式三种类型。绘制组织结构图的根本目的在于确保每个工作包都有一名明确界定的负责人负责，并且所有团队成员都对他们的角色和职责有明确的了解。下面对三种组织结构图及其绘制分别加以描述。

**1. 层级结构图**

层级结构图就是组织分解结构图，它与工作分解结构类似，两者的差别在于，组织分解结构是按照组织内现有部门、单位和团队组织的，工作分解结构是按照项目可交付成果的分解组织的。图 6—1 所示为项目层级结构图。

层级结构图应真实反映项目组织结构的设置情况，包括各管理层的组成和分

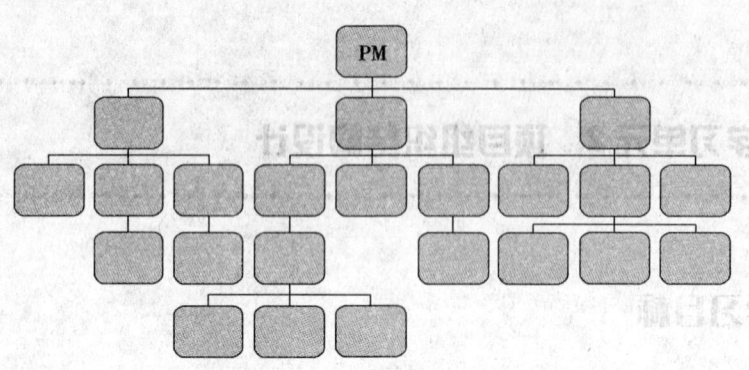

图 6—1　项目层级结构图

工，以及其各自在组织中的地位、作用和相互关系。

### 2. 责任分配矩阵

责任分配矩阵可以反映项目工作与项目团队成员之间的联系。在大型项目中，责任分配矩阵有多个层级。例如，高层级的责任分配矩阵可以界定哪些项目小组或单位分别负责工作分解结构的哪一部分工作，而低层级责任分配矩阵可以在小组范围内为具体活动分配角色、职责和授权水平。责任分配矩阵可以反映与每个项目利益相关者有关的活动或与每个活动有关的所有人员。表 6—1 就是典型的责任分配矩阵。

表 6—1　　　　　　　　　　　责任分配矩阵实例

| 活动＼人员 | 张明 | 李强 | 赵亮 | 王双 | 陈凯 |
|---|---|---|---|---|---|
| 设计 | A | R | I | C | C |
| 采购 | I | A | R | I | I |
| 运输 | I | I | A | R | I |
| 安装 | C | C | I | A | R |
| 测试 | R | I | I | I | A |

注：R=有责；A=负责；C=征询意见；I=通报。

### 3. 文字叙述形式

需要详细界定的职责可用以文字叙述为主的形式表述。此类文件通常是描述形式，文件内可包含诸如职责、授权、能力和资格等方面的信息。这种文件有多种称谓，如岗位描述、角色—职责—授权表格等。这些描述和表格对于将来的项目极具参考价值，若能在项目全寿命期内通过总结经验教训和有效的工作方法对其不断更新，收效就会更大。

在本节学习单元 1 中已经对文字叙述形式进行了举例，这里不再重复举例。

## 绘制项目组织结构图案例

一、绘制项目层级结构图案例

以某输电线路工程施工项目为例说明如何编制人员安排计划和层级结构图。

1. 项目组织结构

(1) 项目经理部

项目经理部是工程的直接领导部门，负责施工组织设计的编制，安排施工前期工作，应科学地调配参加施工的人、财、物情况，以确保工程安全、保质、顺利、经济、按时完成。

(2) 工程指挥部

工程指挥部是工程的直接运作部门，应认真贯彻项目经理部的意图，认真制订施工计划，合理组织、安排工程施工；对工程的安全、质量、进度、效益负全面责任；做好施工人员的调配及管理工作；做好各种施工记录、施工资料的收集、整理、填报工作；完成工程项目经理部交办的其他任务。

(3) 安全组

在项目经理部和工程指挥部的领导下开展工作，根据工程指挥部的安排，制定和修编现场安全工作规程；确认施工人员资格，对施工人员进行安全培训和教育；制定现场安全措施，对现场安全进行监督、检查，及时纠正违章现象，对违章人员进行处理；对发生事故或障碍进行调查、分析，对有关人员提出处理意见；组织好施工期间的安全活动；填报各种安全活动纪录和安全资料；完成项目经理部和工程指挥部安排的其他有关安全的工作。

(4) 技术质量组

在工程指挥部领导下开展工作；根据工程指挥部的安排，制定施工工艺要求，编制分部工程作业指导书；对施工人员进行技术交底；做好工程前期技术准备工作；做好测量分坑工作；做好施工质量的指导、监督、检查工作；协助相关部门做好材料进场前的验收工作，并配合材料员提出验收意见；做好铁塔组装的技术质量的指导、监督、检查工作；做好施工资料的收集、整理、填报工作；做好关键工序（如基础螺栓稳固、拆模、电杆接口焊接、导地线接续、电缆与架空线接引等）的技术指导、操作人员的备案工作；组织班组的工程自检、验收工作；配合公司进行公司级质量检查验收工作；完成工程指挥部安排的其他工作。

(5) 配合通道组

在工程指挥部的领导下开展工作，配合甲方做好线路通道内相关单位的联系工作；做好施工期间通道保障工作，做好线路通道内障碍物的标示及清理的外联工作；协助做好线路通道协议的签订收集工作；完成工程指挥部安排的其他工作。

(6) 材料后勤组

在工程指挥部的领导下开展工作,根据设计图样做好施工材料表的编制工作;根据施工计划编制材料的进场计划,协助相关部门做好材料进场前的验收工作,并代表项目经理部提出验收意见;对施工中部分消耗性材料提出购置计划,经公司领导批准后购置;协助工程指挥制订部分施工器具购置计划,经公司领导批准后购置;积极做好与材料供应商及相关部门的联系工作,保障施工材料的及时供应;做好施工材料相关证件的收集保管工作;做好施工后勤服务工作;完成工程指挥部安排的其他工作。

(7) 运输组

在工程指挥部的领导下开展工作,根据施工计划,配合工程指挥制订车辆配置计划;保障施工期间施工人员、工具、材料运输工作;保障施工车辆的安全可靠,做好施工车辆的维修工作,做好施工车辆用油的联系及结算工作;完成工程指挥部安排的其他工作。

(8) 施工队

在工程指挥部的领导下开展工作,配合有关人员做好职工安全技术培训工作,按期组织安全活动;根据施工计划组织施工;严格执行《安全规程》《建设安全规程》,确保施工安全;严格执行《施工工艺标准》,确保施工质量;真实地填写相关资料,并按规定及时给项目经理部报送有关资料;做好施工人员的调配及管理工作;做好塔基施工及基础养护工作,配合有关人员做好铁塔组立的监督检查工作;认真做好工程自检工作,及时消除施工缺陷;对工程质量、进度负全面责任;完成工程指挥部安排的其他工作。

(9) 基础施工组

在工程指挥部的领导下开展工作,应对基础施工各个过程的各种工作直接负责,保证工程安全、优质、按期完成。完成工程指挥部安排的其他工作。

(10) 组塔队

在项目经理部和工程指挥部领导下开展工作,认真编制施工计划和施工工艺要求;严格执行《安全规程》《建设安全规程》,确保施工安全;严格执行《施工工艺标准》,确保施工质量;认真做好施工记录,真实填写施工资料,在规定的时间内向工程指挥部提交相关记录资料;做好施工人员的调配、管理工作;认真做好工程自检工作,并将自检结果及时报送工程指挥部,及时消除施工缺陷,对组塔质量负全部责任。

(11) 跨越架队

在项目经理部和工程指挥部的领导下开展工作;向项目经理部提供特殊作业人

员作业证，认真编制施工计划和施工工艺要求，并报送项目经理部技术负责人审批后执行；特殊跨越需单独制订施工计划和安全措施；严格执行《安全规程》《建设安全规程》，确保施工安全；严格执行《施工工艺标准》，确保施工质量；做好施工人员的调配和管理工作，对跨越架的质量安全负全面责任。

2. 工程主要负责人简介

工程主要负责人简介见表6—2。

表6—2　　　　　　　　　　工程主要负责人简介

| 职务 | 姓名 | 现任职务 | 职称 |
|---|---|---|---|
| 项目经理 | 齐杰 | 工程管理部主任 | 工程师 |
| 现场指挥 | 王刚 | 输电工程部经理 | 工程师 |
| 技术负责人 | 洪江 | 工程管理部线路高级主管 | 工程师 |
| 专职安全员 | 李平 | 工程管理部安全主管 | 工程师 |

3. 编制组织结构图

(1) 项目现场指挥组织结构图如图6—2所示。

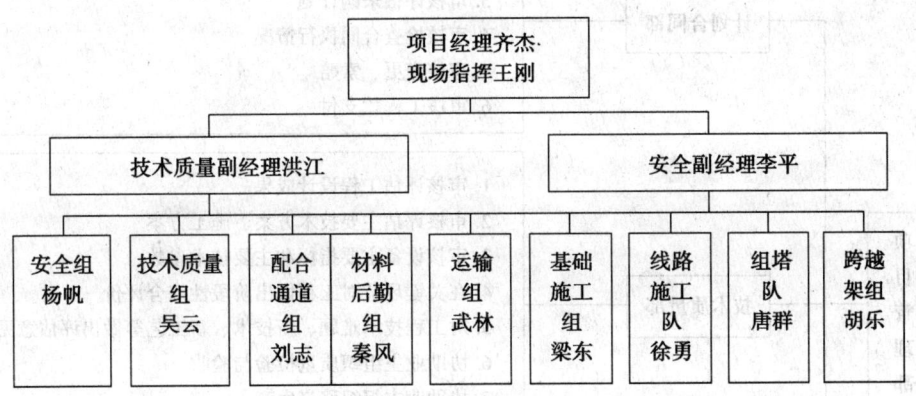

图6—2　项目组织结构图

(2) 项目质量管理组织结构图如图6—3所示。

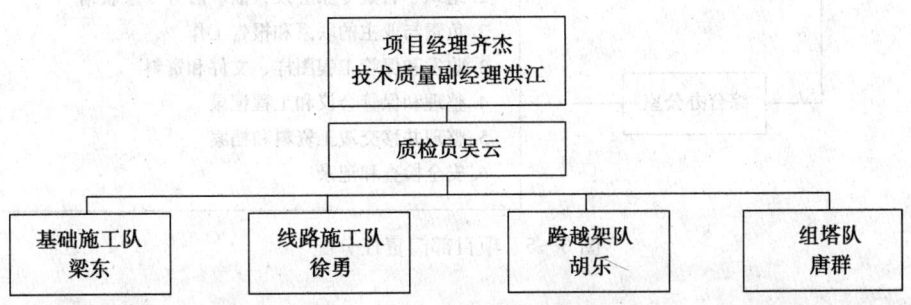

图6—3　质量管理组织机构图

(3) 项目安全管理组织结构图如图 6—4 所示。

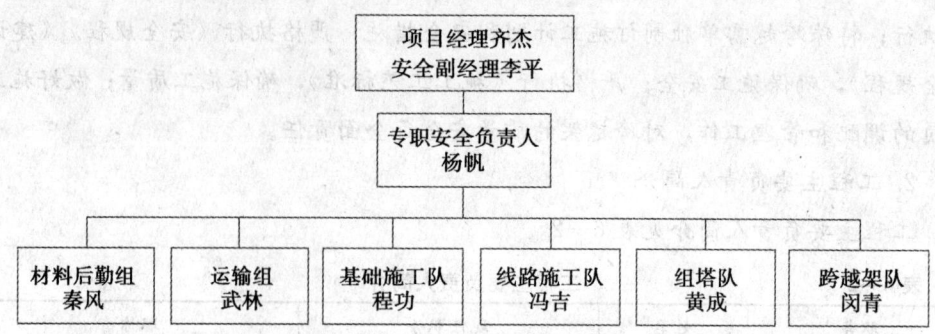

图 6—4 安全管理组织机构图

二、绘制责任分配矩阵案例

以某项目部门责任分配图为例说明高层级组织结构图的绘制，如图 6—5 所示。

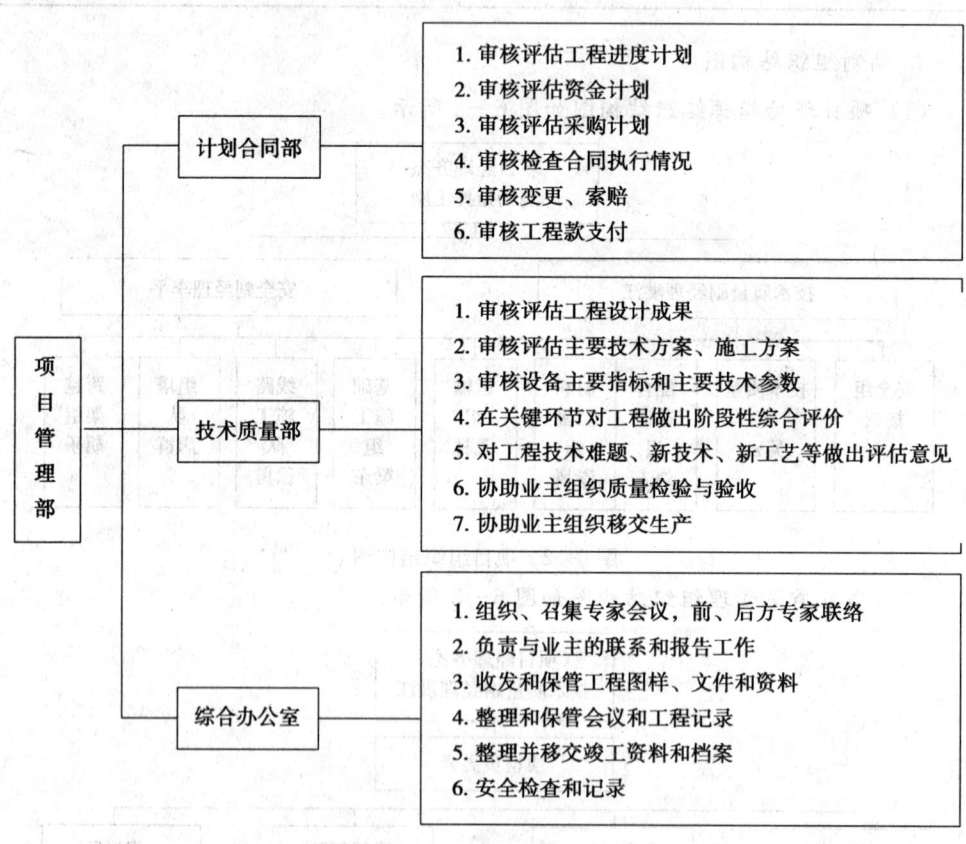

图 6—5 项目部门责任分配

**学习单元 3　项目人力资源需求计划**

 **学习目标**

➢ 掌握人力资源需求计划的概念
➢ 掌握人力资源需求计划的作用
➢ 能够编制人力资源需求计划

## 一、项目人力资源需求计划的概念和作用

**1. 人力资源需求计划的概念**

人力资源需求计划是根据组织的发展战略并结合组织的内外条件，选择适合的预测分析工具，对组织未来人员需求的数量、质量和结构进行规划预测的活动。在明确组织雇员的技能和数量需求时，必须结合项目的具体要求来制订人力资源需求的计划。项目人力资源需求计划的确定主要考虑项目现有人力资源的投入状况，按照数量、质量和结构来分析和规划，并能根据项目未来发展的需要来制订人力资源的需求计划。

**2. 人力资源需求计划的作用**

人力资源需求计划的主要功能和目的在于预测组织的人力资源需求，确保组织在需要的时间和岗位上获得所需的合格人员。在人力资源管理职能中，人力资源需求预测最具战略性和积极的应变性，人力资源需求的可靠性直接关系着人力资源管理工作整体的成败。所以，制定好人力资源规划是企业人力资源管理部门一项非常重要和有意义的工作。具体地说，人力资源需求计划的作用表现在以下几方面：

（1）确保组织在生存发展过程中寻找合格人才

对于一个动态的组织来说，尤其是在不同的项目中，人员的变动频繁，人力资源的需求和供给的平衡不可能自动实现，因此，就要针对岗位对人才的需要进行分析，并采取适当的手段调整，以保证项目的成功完成。

（2）组织管理的重要依据

在大型和复杂结构的组织或项目中，人力资源的需求预测作用尤为明显。确定人员的需求量、供给量、职务及任务的调整，不通过一定的计划是难以实现的。例

如，什么时候需要补充人员，补充哪些层次的人员，如何避免各部门人员提升机会的不均等的情况，如何组织多种需求的培训等。因此，人力资源需求计划是组织管理的重要依据，它会为组织的录用、晋升、培训、人员调整以及人工成本的控制等活动，提供准确的信息和依据。

（3）控制人工成本

人力资源需求计划对预测中、长期的人工成本有重要的作用。人工成本中最大的支出是工资，而工资总额在很大程度上取决于组织中的人员分布状况。人员分布状况指的是组织中的人员在不同职务、不同级别上的数量状况。当一个组织年轻的时候，处于低职务的人多，人工成本相对便宜；随着时间的推移，人员的职务等级水平上升，工资的成本也会增加。因此，在预测未来企业发展的条件下，有计划地逐步调整人员的分布状况，把人工成本控制在合理的支付范围内，显然是十分重要的。

（4）人事决策的基础

人力资源需求的信息往往是人事决策的基础，例如，采取何种晋升政策、制定何种报酬分配政策等。人事政策对管理的影响非常大，持续的时间长，调整起来也困难。为了避免人事决策的失误，准确的信息是至关重要的。

## 二、项目人力资源需求计划编写的原则和方法

**1. 项目人力资源需求计划编写的原则**

项目人力资源需求计划的编写应遵循如下原则：

（1）结合组织的战略和外部环境的变化

人力资源计划只有充分地考虑了组织战略和内外环境的变化，才能适应需要，真正做到为组织发展目标服务。人力资源计划中应该对可能出现的情况做出预测，监测风险变化并有风险应对策略。

（2）组织人力资源的保障

人力资源保障问题是人力资源计划中应重点解决的核心问题。它包括人员的流入预测、流出预测、人员的内部流动预测、社会人力资源供给状况分析、人员流动的损益分析等。

（3）从组织长期的利益出发

人力资源计划不仅是面向组织的计划，也是面向员工的计划。组织的发展和员工的发展是互相依托、互相促进的关系。人力资源计划一定要从组织长期利益出发，一定要使组织和员工得到共同的发展。

**2. 项目人力资源需求计划制订的流程**

项目人力资源需求计划制订的流程如下：

(1) 核查现有人力资源

核查现有人力资源关键在于核查人力资源的数量、质量、结构及分布状况。这一部分工作需要结合人力资源管理信息系统和职务分析的有关信息来进行。

(2) 人力资源需求预测

人力资源需求预测工作与人力资源核查可同时进行，主要是根据企业的发展战略规划和本企业的内外部条件选择预测技术，然后对人力需求的结构和数量、质量进行预测。人力资源需求预测的方法分两类，即直觉预测方法（定性预测）和数学方法预测（定量预测）。

(3) 人力资源供给预测

人员供给预测也称为人员拥有量预测，是人力预测的又一个关键环节，只有进行人员拥有量预测并把它与人员需求量相对比之后，才能制定各种具体的规划。人力供给预测包括两部分，一是内部拥有量预测，即根据现有人力资源及其未来变动情况，预测出规划各时间点上的人员拥有量；另一部分是对外部人力资源供给量进行预测，确定在规划时间点上的各类人员的可供量。

(4) 人员补充需求量的计算

计划期内人员补充需求量＝"计划期内人员总需求量"－"报告期期末员工总人数"＋"计划期内自然减员总人数"

企业各部门对员工的补充需求量主要包括两部分，一是，因各部门实际发展需要而必须增加的人员；二是，原有员工因年老退休、退职、离休、辞职等原因发生了"自然减员"而需要补充的人员。

**3. 项目人力资源需求计划编写的方法**

(1) 制订职务编写计划

职务编写计划用来描述组织未来的职能规模和模式。制订职务编写计划包括陈述组织结构、职务设置、职位描述和职务资格要求等内容。

(2) 制订人员盘点计划

制订人员盘点计划的目的是描述组织未来的人员数量和素质构成。人员盘点计划陈述了每个职务的人员数量、人员的职务变动、职务人员空缺数量等。

(3) 预测人员需求

根据职务编制计划和人员盘点计划，使用预测方法来预测人员需求。人员需求中应陈述需求的职务名称、人员数量、希望到岗时间等。最好形成一个标明有员工数量、招聘成本、技能要求、工作类别，及为完成组织目标所需的管理人员数量和层次的分列表。

(4) 确定员工供给计划

员工供给计划是人员需求的对策性计划。主要陈述人员供给的方式、人员内外部流动政策、人员获取途径和获取实施计划等。通过分析劳动力过去的人数、组织结构构成以及人员流动、年龄变化和录用等资料，就可以预测出未来某个特定时刻的供给情况。预测结果勾画出组织现有人力资源状况以及未来在流动、退休、淘汰、升职以及其他相关方面的发展变化情况。

(5) 制订培训计划

培训计划中包括培训政策、培训需求、培训内容、培训形式、培训考核等内容。

(6) 制订政策调整计划

计划中明确计划内的人力资源政策的调整原因、调整步骤和调整范围等。其中包括招聘政策、绩效政策、薪酬与福利政策、激励政策、职业生涯政策、员工管理政策等。

(7) 编写人力资源部费用预算

人力资源部费用预算主要包括招聘费用、培训费用、福利费用等费用的预算。

(8) 风险分析及对策

每个组织在人力资源管理中都可能遇到风险，如招聘失败、新政策引起员工不满等，这些事件很可能会影响组织的正常运转，甚至会对组织造成致命的打击。

## 编制项目人力资源需求计划案例

项目人力资源需求计划的编制，需要根据项目的工作分解结构，估计每一项工作所需要的工作人员以及工作量、工作时间、工作程序，然后用表格的方式列出项目所有工作的人力资源需求计划。

下面以"新型健身机设计与试制项目"为例说明如何编制人力资源需求计划，见表6—3。

表6—3　　新型健身机设计与试制项目人力资源需求计划

| 任务名称 | 资源名称 | 工作量（工时） | 资源数量（人） | 工期（天） |
| --- | --- | --- | --- | --- |
| 100 健身机 | | | | |
| 110 总体方案 | | | | |
| 111 总体框架 | 设计师 | 320 | 4 | 10 |
| 112 单元定义 | 工程师 | 320 | 5 | 8 |

续表

| 任务名称 | 资源名称 | 工作量（工时） | 资源数量（人） | 工期（天） |
|---|---|---|---|---|
| 120 机体 | | | | |
| 121 机体设计 | 工程师 | 240 | 2 | 15 |
| 122 机体试制 | 工人 | 800 | 10 | 10 |
| 123 机体试验 | 技师 | 120 | 3 | 5 |
| 130 控制机构 | | | | |
| 131 控制设计 | 工程师 | 480 | 3 | 20 |
| 132 控制安装 | 工人 | 80 | 2 | 5 |
| 133 控制试验 | 技师 | 120 | 3 | 5 |
| 140 总装调试 | | | | |
| 141 总装 | 工人 | 640 | 8 | 10 |
| 142 调试 | 工程师 | 160 | 4 | 5 |

## 第 2 节　项目团队的组织与建设

### 学习单元 1　项目团队的组织

### 学习目标

➢ 掌握项目团队的组织方式
➢ 掌握招聘项目人员的程序和方法
➢ 掌握虚拟团队的适用条件
➢ 能够组织项目团队

### 一、项目团队的组织方式

项目团队的组织指获取完成项目工作所需的人力资源。一般而言，可以从组织人力资源信息系统中了解有哪些人具备担任相应的项目角色所必需的技能，有哪些人有过类似的经验，有哪些人有合适的时间能够担任这些角色；如果没有符合需要的人才，则必须通过招聘从外部获得这些人才。

项目团队的组织方式通常包括预分派、谈判、招聘和虚拟团队。下面分别加以介绍。

**1. 预分派**

由于在项目竞标过程中可能已经对客户承诺分派特定人员进行项目工作或完成项目工作必须安排具有专有技能的特定人员，所以在项目章程中已经确定了某些人员的工作分派。这种方式确定的项目团队成员就属于预分派。

**2. 谈判**

项目管理团队往往需要同职能部门的负责人谈判，以保证在规定期限内获得足以胜任的工作人员，并且保证项目团队成员可在项目上工作直至其工作任务完成。或者与其他项目管理团队谈判，从而争取到稀缺或特殊人才。

在谈判过程中，团队的影响力是影响谈判结果的重要因素。

**3. 招聘**

招聘是为了实现组织目标，由人力资源管理部门和项目管理团队根据组织的战略和项目人力资源计划的要求，通过多种渠道和方法，把符合角色要求的求职者吸引到项目团队中来，填补空缺岗位的过程。招聘分为招募和选拔两个过程，招募是通过宣传来扩大影响从而吸引人才，而选拔则是运用各种方法找到符合角色要求的人员。简言之，招聘就是让最合适的人在最合适的时间进入最合适的岗位，为项目团队和项目组织作出最大的贡献。

**4. 虚拟团队**

虚拟团队是指具有共同目标，并且在完成角色任务过程中基本上或完全没有面对面工作的一组人员，项目成员主要依靠信息技术进行沟通，跨越空间、时间和组织边界来开展项目管理。虚拟团队的虚拟程度取决于项目团队规模以及在多大程度上进行面对面的或者远程的互动。

## 二、招聘工作的主要内容及方法

**1. 招聘工作时间表的主要内容**

（1）定义职位。

（2）确定招聘标准。

（3）确定测试内容。

(4) 招聘人员的培训，包括培训内容、培训人数、培训场所等。

(5) 发布招聘广告。

(6) 根据申请表进行甄选。

(7) 完成测试，包括初试、复试、面试。

(8) 录用决定，即发出接收通知。

(9) 人员录用，包括办理手续、岗前培训、试用。

(10) 人事归档。

(11) 工作评估。

**2. 招聘预算**

招聘预算主要包括广告费、命题费、咨询费、差旅费及其他。

**3. 招聘工作主要方法**

(1) 人员招募

根据项目人力资源需求计划确认人员招募的宣传渠道。如果从组织内部招聘，可以通过组织网站、张贴启事、员工推荐等方式；如果需要从组织外部招聘，则要制订计划然后选择招聘渠道。

(2) 人员甄选

人员甄选的常用方法有初步筛选、笔试、面试、情境模拟、心理测验、背景调查等。笔试是最古老而又最基本的方法。面试是最常见的招聘方式。情境模拟是一种非常有效的招聘方式。心理测试是一种比较先进的测试方式，具有客观性、确定性和可比较性等优点。

不同人员素质要求对应的最佳测试方法见表6—4。

表6—4　　　　　　　　不同人员素质要求对应的最佳测试方法

| 人员素质要求 | 最佳测试方法 |
| --- | --- |
| 经营管理能力 | 情境模拟中的文件筐方法 |
| 人际关系能力 | 情境模拟中的无领导小组讨论等 |
| 智力状况 | 笔试方法 |
| 工作动机 | 心理测试、情境模拟、面试等 |
| 心理素质 | 心理测试中的投射测验等 |
| 工作经验 | 资历审核、面试中的行为描述法等 |
| 身体素质 | 体检等 |

(3) 人员录用

一经录用，需要对新成员进行相关培训，并为成员制订项目结束后的安置计划。

(4) 工作评估

这是个不容忽视的环节，人员招聘进来以后，要对整个招聘工作进行总结、评估，纠正不足，以供下次参考。同时，要对项目团队新成员进行工作绩效评估。工作绩效评估将在第 3 节详细介绍，这里不再展开。

**4. 招聘广告的主要内容**

招聘广告内容明细及其必要性见表 6—5。

表 6—5　　　　　　　　招聘广告内容明细及其必要性

| 内 容 明 细 | 必 要 性 |
| --- | --- |
| 工作地点 | 很必要 |
| 任职资格 | 很必要 |
| 个人薪酬 | 很必要 |
| 聘用职务 | 很必要 |
| 承担责任 | 必要 |
| 组织特征 | 必要 |
| 相关经历 | 必要 |
| 工作前景 | 一般 |
| 员工福利 | 一般 |
| 工作条件 | 一般 |

**5. 常见的招聘面试问题**

(1) 你为什么希望改变工作？

(2) 你认为你在上一份工作中最显著的成就是什么？

(3) 你最后一份工作的薪水是多少？

(4) 你怎样评价你曾工作过的上一个公司？

(5) 你期望拿到多少薪水？

(6) 你的哪些能力特点最适合应聘的职位？

(7) 对所应聘的职位，你最感兴趣的是什么？

(8) 你与主管者和同事相处如何？

(9) 你会强求你的下属吗？

(10) 你将怎样建立主要的内部和外部沟通链？

(11) 你的工作潜力是什么？

(12) 你将怎样组织你的部门？

## 招聘广告案例

某信息企业招聘广告见表6—6。

表6—6　　　　　　　　　某企业招聘广告

| 岗位类别 | 技术经理/主管 | 专业要求 | 不限 |
|---|---|---|---|
| 学历 | 不限 | 工作经验 | 2年 |
| 工作地区 | 北京市 | 月薪 | 面议 |
| 性别要求 | 不限 | 招聘人数 | 2人 |
| 发布日期： | | ××××年××月××日 | |

该岗位职位描述及要求如下：

1. 掌握IT项目管理技能。
2. 了解制造企业信息化总体构架。
3. 熟悉常用的数据库。
4. 沟通能力强，具有2年以上实际生产管理软件项目经验。

有意者请将简历、联系方法、待遇要求通过e—mail发至123@abc.com。

 学习单元2　项目绩效考核

 学习目标

➢ 掌握项目绩效考核的概念
➢ 掌握项目绩效考核指标
➢ 掌握项目绩效考核流程与方法
➢ 能够量化项目绩效考核

## 一、项目绩效考核的概念

组织的绩效考核是评价主体利用其所掌握的信息对评价客体运用一定的方法、程序、指标等进行分析，进而对评价客体的行为、表现做出某种判断的过程。其目的在于通过考核对组织和个人的行为产生导向和牵引作用，从而保持和修正组织和个人的活动以保证组织战略目标的实现。

组织中的人力资源考核和项目绩效考核有较大区别。人力资源考核的对象是组织、部门和个人，考核频率通常为年、季度和月，考核的关键指标包括德、能、勤、绩，考核的组织部门是人力资源部。项目绩效考核的对象是项目结果和过程，考核点通常设置在项目结束时刻、里程碑时刻，考核的关键指标包括项目进度、质量、成本和客户满意度，考核的组织部门是项目管理办公室。从项目管理系统方法论出发，项目管理既包括项目本身的立项、计划、设计、开发、生产、安装、测试、集成、收尾等一系列过程和结果，也包括项目人员完成项目计划、控制、执行、组织等一系列过程和结果，所以项目绩效考核既包括对项目本身的考核，也包括对项目人员的考核。因此，项目绩效考核既注重项目本身的项目管理过程，也注重项目人员的项目管理过程。

目前，项目绩效考核通常表现为以下三种情形。

**1. 人事考核**

从人事考核的角度进行项目绩效考核是最常见的，其出发点是将考核作为一个过程，目的在于强化项目管理意识，推动项目管理观念的普及，进而提高项目管理水平，考核的核心内容包括项目成员的工作态度、能力和业绩。

**2. 项目绩效考核**

项目绩效考核的出发点是将考核作为绩效评价的工具，目的在于强化成果导向，推动项目成员务实、做实，不断提高项目实施水平，考核内容以项目绩效为中心。

**3. 项目绩效管理**

项目绩效管理的出发点是将考核作为目标导向，考核本身就是一个管理过程，其目的在于推动项目成员在项目管理方法论指引下自我管理，形成自我激励和约束机制，不断提高工作效率。项目绩效管理增加了跨部门团队考核的新内容，调整了考核体系。

## 二、项目绩效考核指标

当评价对象分别为项目、团队和个人时，需要根据具体情况详细设计评价指标。具体说明如下。

**1. 评价客体为项目**

当项目绩效考核的评价客体为项目时，重点考核指标包括以下几项：
(1) 项目目标的实现程度。
(2) 项目范围的实现程度。

（3）项目进度的控制情况。

（4）项目预算的控制情况。

（5）项目质量水平。

（6）项目过程的规范程度。

（7）项目客户满意度。

（8）项目创新。

（9）项目利润。

**2. 评价客体为团队**

当项目绩效考核的评价客体为团队时，重点考核指标包括财务、客户满意度、流程管理、创新。

**3. 评价客体为个人**

当考核对象分别为项目成员、项目经理和项目领导个人时，会表现出不同的考核重点。具体如下：

（1）评价客体为项目成员时，一般希望通过项目绩效考核解决项目成员如何做项目的问题，从活动和工作层面考核项目成员的交付成果和工作成果，考核重点为项目成员的工作方法。

（2）评价客体为项目经理时，一般希望通过项目绩效考核解决项目经理如何管理项目的问题，基于项目启动、计划、实施和收尾等项目管理过程考核项目结果和项目管理，考核重点为项目经理的能力。

（3）评价客体为项目领导时，一般希望通过项目绩效考核解决在不同决策点看到不同项目状态的问题，基于决策过程考核管理者谁管理、监督者谁管理的问题，考核重点为项目领导的决策能力。

## 三、项目绩效考核流程与方法

图6—6所示为最常见的项目绩效考核流程。

需要说明的是，项目奖励形式多种多样，通常包括表彰晚宴、表彰证书、简报、公告栏、网站宣传、奖金、企业服饰和组织其他津贴等。

**1. 项目绩效考核信息收集方法**

从直线管理者获取信息是重要的途径之一。由于直线管理者对下属的情况熟悉，最了解下属工作绩效的问题在哪里，所以只要提供一定的工具，就能帮助他们或通过他们获取存在绩效差距的信息，由此辨别在什么领域存在绩效问题。具体办法是，使用一个空白的培训候选人名单，然后填上有关需要了解的信息，再根据有

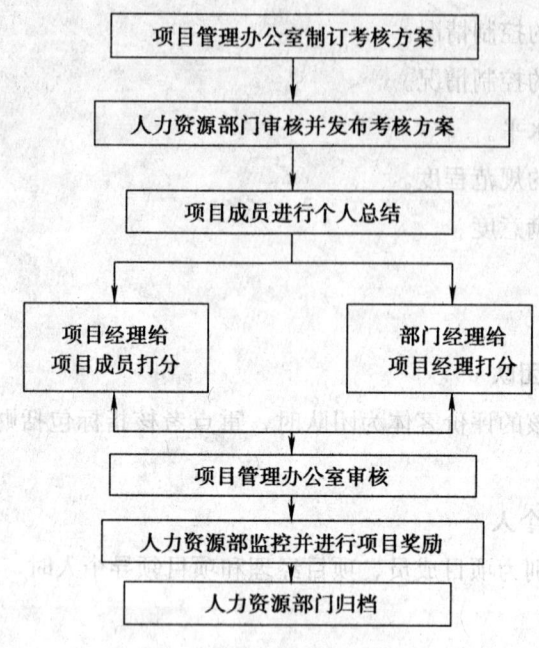

图6—6 项目绩效考核流程

关信息确定绩效差距。寻找绩效差距的提问表是一个获取信息的工具,可以帮助直线管理者和人力资源管理者通过提问发现有绩效问题的人是谁,问题存在于什么地方,问题的性质和严重程度等具体情况。

直接从员工那里获取信息也是一个重要途径。由于员工对自己工作中的问题、障碍有切身感受,所以通过他们了解情况也能获取一些重要信息,这些信息对于绩效差距问题的澄清有重要意义。当然,员工不一定完全清楚自己不懂什么或在工作上缺少什么,需要什么样的培训,这就需要由直线管理者给予确认和补充,才能保证信息的准确与完整。具体方法是通过直线管理者给员工发放培训申请表,由员工填写有关信息后,交给直线管理者加以补充,最后返回给人力资源管理部门。

在信息收集过程中,关键在于保持开放心态和严谨态度,善于发现有价值的信息。不要急于马上考虑解决方案,也不要先入为主地确定问题所在,需要做的只是收集存在绩效差距问题的有关信息。因此,在下一步骤开始之前,千万不要害怕花时间去收集信息、理解信息,有时还可以根据收集的信息,通过现场观察或对有关人员访谈进一步发掘信息。

**2. 寻找绩效差距原因的方法**

(1) 绩效问题原因归类法

一旦收集了必要的绩效差距信息之后,就可以进一步分析存在绩效差距的原因是什么，以便确定解决方案。查找绩效差距原因的方法可以采用绩效问题原因归类法。

绩效问题原因归类法是将绩效差距信息与一定的绩效问题原因分析表相比较，根据具体绩效差距信息显示的特征，通过比较与思考，最后将其归类于其中几种重要原因。绩效问题原因一般分为环境原因和个人原因两大类，环境原因包括生产技术设备落后、工作设计有缺陷、奖酬制度缺少激励性、沟通不足、上级指导不够等，个人原因可分为能力原因和难以改变的个人特征原因。只要发现绩效差距信息符合其中一个项目，就找到了绩效差距原因。绩效问题原因分析表不存在一个固定模式，它是可以变通的，既可以模仿，也可以根据企业自身实际情况加以省略或补充。

（2）分析工作绩效差距的方法

分析工作绩效差距的方法主要有目标比较、水平比较和横向比较三种。其中，目标比较是将实际得到的绩效和计划绩效目标之间进行比较，水平比较是和上年同期绩效进行比较，横向比较是在部门之间、下属成员之间进行比较。

**3. 项目绩效评价方法**

（1）描述法

描述法重点在于考察员工工作中的突出行为。评估者以叙述性的文字描述评估对象的能力、态度、成绩、优缺点、发展的可能性、需要加以指导的事项和关键性事件等，由此得到对评估对象的综合评价。描述法简单、实用，但是因为没有统一的标准，所以对员工业绩进行比较可能很困难。

（2）比较法

比较法将项目组中每个员工的业绩与小组中的其他员工相比较。通过相互比较进行排序，来说明其工作业绩的相对水平。这种比较常常根据考察者所关心的某一方面内容来决定，如出勤率、产值、创新成果等。对比成绩最好的员工，被排列在最高的位置。这种方法的主要问题是不够严谨，当个人的业绩水平相近时难以排出先后顺序。

（3）评定量表法

评定量表法根据所限定的因素对员工进行考绩，通过一个等级表，对业绩进行判断并评出等级，把一系列绩效因素罗列出来，用量化的方法评估对象的工作质、量、出勤率等，并用递增式尺度对逐个因素进行评估。

评价所选择的因素包括与工作有关的因素和与个人特征相关的两种因素。与工作有关的因素是工作质量和工作数量，与个人有关的因素是依赖性、积极性、适应能力和合作精神等个人特征。评价者通过最能描述出员工及其业绩的每种因素的比重来完成这项工作。

（4）目标管理法

目标管理法中目标的确定通常采用两种办法。一种是由管理者提出，为了使目标落实，要对目标的客观性做出认真的解释，让员工理解。另一种是通过员工参与到工作目标的确定过程，指导帮助目标落实到每一名员工。

目标管理最明显的优点是客观性，通过预先确定的目标或期望的产出水平来评比每位员工的业绩，这种方法引导员工把时间和精力最大程度地投入到实现组织目标的行为中去。

（5）关键事件法

关键事件法是对于影响项目目标实现的最关键事件进行记录和考核。记录贯穿整个评价阶段。考核者使用在考核中记录下来的重大行为表现对员工业绩进行评价，既评价积极行为，例如重大创造发明；也评价消极行为，例如事故中的违章行为。关键事件法只评价行为不评价个人的个性特征，目的在于帮助员工了解哪些是组织期望的行为，哪些是组织不期望的行为。

## 项目绩效考核的量化案例

下面以四区间等级划分为例，说明如何对 X 项目的 Y 成员进行文档质量的量化评价。

1. 设计文档质量评价指标（见表6—7）

表 6—7　　　　　　　　　　　文档质量评价指标

| 评价指标 | 关键行为说明 |
|---|---|
| 文档质量（权重：20%） | 有规范的文档记录编号 |
| | 有规范清晰文档主题类别 |
| | 有合适的文件介质 |
| | 有明确的处理结果 |
| | 有准确的文档标题 |
| | 有清晰的文档存放位置 |

2. 设计参考评价标准（见表6—8）

表6—8　　　　　　　　　　参考评价标准

| 等级 | 评价等级说明 | 评分 |
|---|---|---|
| 杰出/A | 相应关键行为特别出色 | 1 |
| 良好/B | 相应关键行为突出 | 2 |
| 正常/C | 相应关键行为基本达到计划要求，无明显的失误 | 3 |
| 需改进/D | 相应关键行为未达到预期计划要求，很多方面存在明显不足或失误 | 4 |

3. 评分记录（见表6—9）

表6—9　　　　　　　　　　评 分 记 录

| 评价指标 | 关键行为说明 | 评价等级 |
|---|---|---|
| 文档质量 | 有规范的文档记录编号 | A |
| | 有规范清晰文档主题类别 | B |
| | 有合适的文件介质 | C |
| | 有明确的处理结果 | B |
| | 有准确的文档标题 | B |
| | 有清晰的文档存放位置 | A |

4. 评价结果（见表6—10）

表6—10　　　　　　　　　　评 价 结 果

| 评价指标 | 关键行为说明 | 评价等级 | 评价结果 |
|---|---|---|---|
| 文档质量 | 有规范的文档记录编号 | A | 1 |
| | 有规范清晰文档主题类别 | B | 2 |
| | 有合适的文件介质 | C | 3 |
| | 有明确的处理结果 | B | 2 |
| | 有准确的文档标题 | B | 2 |
| | 有清晰的文档存放位置 | A | 1 |
| 得分 | | B | 1.8 |

文档质量的考核结果将乘以20%的权重计入Y成员的最终考核结果。

需要说明的是，项目绩效考核的量化可以在很大程度上减少人为因素的负面影响，但考核人员还要严格遵守考核制度，审慎地采用宽容的态度；优先考虑考核客体的业绩，并以考核对象的素质作为基础；考核时以大局为重，摈弃个人的喜恶偏好；与考核对象保持一定的情感距离。

# 第 7 章
# 安全、健康与环境管理

## 第 1 节 安全与健康管理

### 学习单元 1 安全管理计划实施

 **学习目标**

➢ 了解安全管理计划的概念、内容和作用
➢ 能够实施安全管理计划

### 一、安全管理计划的概念

安全管理计划主要是指针对项目特点、项目实施方案和程序，依据安全法规和标准等加以编制，是进行安全管理与控制的指南。

在安全管理工作中首先需要针对项目的特点进行安全策划，规划安全作业目标，确定安全技术措施并形成文件，进而成为安全管理计划。安全管理计划属于项目实施计划的一部分。项目安全管理主要是通过安全计划和安全控制两方面的活动来体现。其核心是控制，就是通过采用计划、组织、技术、控制等手段，依据并适应项目进行中人、物、环境等因素的运行规律，使其既能发挥自身作用，又有利于控制安全事故发生的行为过程。

安全管理计划的制订，需要根据本单位的实际把带有周期性的、可预见的安全工作分类汇总，按照安全工作要求，分解到每个月，形成全年安全工作计划。安全管理计划可以采用文字形式或文字与图表相结合的形式。计划中的项目可分为专业性项目、季节性项目、日常性项目、安全教育培训、安全活动等。专业性项目一般指专业性较强的项目，如用电安全检查、保护装置检查、工具安全检查等。季节性项目主要是冬夏季四防工作，如防雷设施、防冻工作等。日常性项目一般指操作规程执行情况、劳保用品、安全规章等项目。

## 二、安全管理计划的内容和作用

### 1. 安全管理计划的内容

安全管理计划的内容主要包括以下几点：

（1）项目概况

包括项目的基本情况，主要不安全因素等。

（2）安全方针与安全目标

项目的安全方针是安全第一，预防为主，综合治理。

项目安全目标包括安全总目标和具体目标。安全总目标是减少和消除项目实施过程中的事故，保证人员健康安全和财产不受损失。具体应包括减少和消除不良的环境条件方面的目标和改善安全管理方面的目标。

例如，某企业某项目安全生产目标为：

1）项目完成期内杜绝重伤以上人身伤害事故、重大火灾事故、重大爆炸事故、重大设备事故、重大交通事故。

2）杜绝严重违章操作。

3）隐患整改率达到100%。

4）安全培训率达到100%。

5）特殊工种持证上岗率达到100%。

（3）安全标准

明确安全标准和安全状态评价标准。

（4）安全控制程序

包括安全控制工作过程和安全事故处理过程。管项目必须管安全，领导首先要到位，安全措施、设备要到位，人员要到位。

(5) 安全组织结构

包括安全组织结构形式，安全组织机构的组成。项目负责人是安全的第一责任人。

(6) 职责权限

根据组织结构状况，明确不同组织层次，各相关人员的职责和权限。

(7) 规章制度

包括安全管理制度、操作规程等规章制度的建立，应遵循的法律法规和标准等。

(8) 资源配置

针对项目特点，提出安全管理和控制所必需的材料、设施等资源要求和具体的配置方案。

(9) 安全措施

针对不安全因素，确定相应措施。

(10) 检查评价

明确检查评价方法和评价标准。

(11) 奖惩制度

明确奖惩标准和方法。

**2. 安全管理计划的主要作用**

安全管理计划的主要作用是作为项目安全管理与控制的指南和作为考核安全控制工作的依据。

### 三、项目安全管理计划原则的落实

项目安全管理计划的实施就是进行项目安全管理的过程，是在项目实施过程中组织安全生产的全部管理活动。通过对项目实施安全状态的控制，使不安全的行为和状态减少或消除，以使项目工期、质量和费用等目标的实现得到充分的保证。为了保证项目管理计划的落实，需要贯彻落实以下六项原则。

**1. 管项目同时管安全**

安全管理是项目管理的重要组成部分，安全与项目实施两者存在着密切的联系，存在着进行共同管理的基础。管项目同时管安全是各级有关人员的安全管理责任。

**2. 坚持安全管理的目的性**

安全管理的内容是对项目中人、物、环境因素状态的管理，有效地控制人的不安全行为和物的不安全状态,消除和避免事故,达到保护劳动者安全和健康的目的。安全管理必须明确其目的,无明确目的的安全管理是一种盲目行为。

**3. 贯彻预防为主的方针**

安全管理的方针是"安全第一,预防为主,综合治理"。安全管理不仅是处理事故,更重要的是在项目活动中针对项目的特点,对生产要素采取管理措施,有效地控制不安全因素的发展和扩大,将可能发生的事故,消灭在萌芽状态。

**4. 坚持"四全"动态管理**

安全管理与项目的所有人员有关,涉及项目活动的方方面面,涉及项目的全部过程及一切生产要素。因此,应坚持全员、全过程、全方位、全天候的"四全"动态管理。

**5. 安全管理重在控制**

安全管理的目的是预防、消灭事故,防止或消除事故危害,保护人员的安全与健康。安全管理有多项内容,但与生产因素状态的控制和安全管理的目的直接相关。所以,针对项目中人的不安全行为和物的不安全状态的控制,是安全管理的重点。

**6. 不断完善和提高**

安全管理是一种动态管理。管理活动应适应不断变化的条件,消除新的危险因素;应不断地摸索新的规律,总结管理、控制的办法与经验,指导新的变化后的管理,从而使安全管理不断地上升到新的高度。

## 四、项目安全管理关系的把握

在项目安全管理计划实施中,需要明确和把握好以下五种关系。

**1. 安全与危险关系的把握**

安全与危险在同一事物的运动中是相互独立、相互依存而存在的。因为有危险,才需要进行安全管理,以防止危险的发生。安全与危险并非是等量并存,而是随着事物的运动变化而不断变化的,是此消彼长的,只有加强安全管理,才能减少直至消除危险的存在。

**2. 安全与项目关系的把握**

安全管理必须伴随项目生命期全过程。在项目实施过程中,如果人、机、物、环境等处于危险状态,则项目无法顺利进行。所以,安全是项目实施的客观要求,项目有了安全保障才能持续、稳定地进行。

**3. 安全与质量关系的把握**

安全与质量是相互保障的关系。从广义上看,质量包含安全工作质量,安全又要靠质量保障。两者交互作用,互为因果。安全第一,质量第一,这两种说法并不矛盾。安全第一是从保护生产要素的角度出发,而质量第一则是从关心产品成果的角度出发。安全为质量服务,质量保证安全。

**4. 安全与速度关系的把握**

安全管理与生产速度相辅相成。速度应以安全作为前提,如果放弃安全片面追求速度,必然造成人身、财务损失,结果速度也不能保证。同样,在项目实施过程中切实做好充分的安全保障,必然有利于项目速度的有效提升。

**5. 安全与效益关系的把握**

在项目管理中需要做到安全与效益两者兼顾。企业追求利润最大化绝不能忽视安全,当安全与效益发生冲突时要确保安全第一。实际上,安全投入虽然一时增加了成本,但是长远来看却会带来更加显著的效益。从根本上说,安全与效益目标是完全一致的。安全促进了效益的增长,效益又为进一步的安全投入创造了经济基础。当然,在安全管理中,投入应适当,既要保证安全,又要经济合理。

### 五、安全管理计划的控制

**1. 安全管理计划的考核**

安全管理计划应通知到项目团队所有成员,并明确落实到责任人。各级安全责任人按照管理计划中规定的要求,按时将计划的落实情况分别书面报告给安全负责人员。由安全负责人员对落实情况进行复查。根据计划的完成情况,由安全负责人员根据考核办法,提出奖罚处理意见。

**2. 安全管理计划的更改**

安全管理计划在实施过程中如果发现与项目执行不适应的问题,就需要进行更改。

当安全管理计划在执行过程中发现存在不完善的问题时,要根据情况按照程序及时追加或修改有关条款。但是安全工作的特殊性要求管理者不能机械地等待计划的修改完善,要有问题就抓,有隐患就改,做到计划管理与动态管理相结合。

当生产中出现了重大事故时,要按照"对事故的原因不查清不放过,当事人和群众没有受到教育不放过,事故责任人没有受到处理不放过,没有制定切实可行的措施不放过"的四不放过原则处理。如果安全管理计划中缺乏应对相应事故的"切实可行的措施",就要将计划进行必要的修改。并要系统地分析原因,举一反三,查找出在制度上、规程上、标准上、体制上等深层次的原因,进行综合修改。

**学习单元 2　职业健康管理**

 学习目标

➢ 掌握健康和职业健康安全的概念
➢ 了解职业健康的法规
➢ 能够对项目人员进行职业健康教育
➢ 能够进行职业卫生检查

## 一、健康管理和职业健康安全的概念

世界卫生组织给健康下的正式定义是："健康是指生理、心理及社会适应三方面全部良好的一种状况，而不仅仅是指没有生病或者体质健壮。"健康管理是对个人及人群的各种健康危险因素进行全面监测、分析、评估、预测以及进行预防，宗旨就是调动个人、集体和社会的积极性，有效地利用有限的物力资源来达到最大的健康效果。健康管理的具体做法就是为个人和群体（包括政府）提供针对性强的准确健康信息，并创造条件采取行动来改善健康。健康水平已经成为衡量一个国家进步和文明程度的重要标准。

职业健康安全以下简称（OHS）是国际上通用的词语。其定义为：影响工作场所内员工（包括临时工、合同工）、外来人员和其他人员安全与健康的条件和因素。

我国习惯上将"OHS"称为安全生产，通常指消除和控制生产经营过程中的危险与危害因素，保障职工在职业活动中的安全与健康。在我国《宪法》中将保护劳动者安全与健康称为"劳动保护"，《劳动法》中称为"劳动安全卫生"。

## 二、项目职业健康安全管理

任何项目的成功都需要项目全体成员高效率的协作，因此，做好职业健康安全管理是不容忽视的一个重要环节。项目职业健康安全管理是一个长期而连续的过程。它包括收集服务对象个人的健康信息，对服务对象进行健康评价，在健康评估基础上帮助个人通过行为纠正改善健康。而且，这个过程周而复始，需要长期坚持。根据项目特征与属性，项目职业健康安全管理的内容如下。

**1. 建立项目成员健康安全管理体系文件**

项目管理者应根据项目的规模及活动性质，建立项目成员健康安全管理体系文件，可结合项目的实际情况确定体系中应包括的重要文件，如健康安全方针和目标、为实施健康安全管理体系所确定的关键岗位与职责、重大职业健康安全危害、重大危险清单以及相应预防和控制措施等。

**2. 能力评估和培训**

为确保各级人员能顺利地完成工作，贯彻"安全第一、预防为主"的方针，使项目成员树立"以人为本"的管理理念，确保他们能够意识到自身作业环境中存在的危险和可能遭受的伤害，具备胜任其承担任务的能力，项目管理者应对各岗位人员进行认真选拔，对其技能和能力进行评估与确认。

培训内容应包括项目实施的特点和在实施中可能存在的危害，以及一旦发生事故，自救和救护的设备、手段和方法。通过培训至少应使项目成员了解可能存在的危害，如电伤害、机械伤害、粉尘危害、噪声危害、振动危害等。

**3. 心理沟通**

根据世界卫生组织的标准，健康是身体上、精神上和社会适应上的完好状态，而不仅仅是没有疾病和虚弱。项目人员由于安全生产中长期承受的压力，经常会导致精神紧张，而形成心理疲劳，若得不到及时疏导化解，久而久之会在心理上造成心理障碍、心理失控甚至心理危机，引发多种身心疾患，积累到一定程度就会导致亚健康状态。心理沟通能够有效地排解项目成员的压力，管理层应该注重创造机会做多种方式的沟通，及时了解项目的困难、问题和人员的心理动向。特别是对于事故责任人，更要及时了解事故产生的心理与行为原因，指导安全措施，化解不良情绪，这对于保证项目的安全实施和圆满完成是非常必要的。

### 三、职业健康安全相关法规

第九届全国人民代表大会常务委员会第二十八次会议通过的《中华人民共和国安全法》高度重视劳动者的健康保护，很多条目做出了明确规定。其中，第四十五条规定，生产经营单位的从业人员有权了解其作业场所和工作岗位存在的危险因素、防范措施及事故应急措施，有权对本单位的安全生产工作提出建议。第四十六条规定，从业人员有权对本单位安全生产工作中存在的问题提出批评、检举、控告；有权拒绝违章指挥和强令冒险作业。第四十七条规定，从业人员发现直接危及人身安全的紧急情况时，有权停止作业或者在采取可能的应急措施后撤离作业场所。第四十九条规定，从业人员在作业过程中，应当严格遵守本单位的安全生产规章制度和操作规程，服从管理，正确佩戴和使用劳动防护用品。第五十条规定，从业人员应当接受安全生产教育和培训，掌握本职工作所需的安全生产知识，提高安全生产技能，增强事故预防和应急处理能力。

为了预防、控制和消除职业病危害，防治职业病，保护劳动者健康及其相关权益，促进经济发展，第九届全国人民代表大会常务委员会第二十四次会议通过《中华人民共和国职业病防治法》，对于职业病的前期预防和劳动过程中的防护与管理，职业病诊断与职业病病人保障，职业病防治的监督检查作出了一系列法律规定。《中华人民共和国职业病防治法》强调职业病防治工作，坚持预防为主、防治结合的方针，实行分类管理、综合治理。规定劳动者依法享有职业卫生保护的权利。用人单位应当为劳动者创造符合国家职业卫生标准和卫生要求的工作环境和条件，并采取措施保障劳动者获得职业卫生保护。国家实行职业卫生监督制度。

由国家标准化委员会批准，于2001年11月12日发布的《职业健康安全管理体系规范》（GB/T 28001－2001），强调系统化的健康安全管理思想，通过建立一整套职业健康安全保障机制，旨在控制和降低职业健康安全风险，减少安全事故和职业病的发生。

## 四、职业健康安全教育

职业健康安全教育的形式一般包括管理人员的职业健康安全教育、特种作业人员的职业健康安全教育、用人单位员工的职业健康安全教育和经常性职业健康安全教育。

### 1. 管理人员的职业健康安全教育

对企业法定代表人和厂长、经理主要应进行国家有关职业健康安全的方针、政策、法律、法规及有关规章制度；工伤保险法律、法规；安全生产管理职责、企业职业健康安全管理知识及安全文化；有关事故案例及事故应急处理措施等项内容教育。安全教育时间不少于40学时。

企业职业健康安全管理人员教育内容应包括：国家有关职业健康安全的方针、政策、法律、法规和职业健康安全标准；企业安全生产管理、安全技术、职业健康知识、安全文件；工伤保险法律、法规；职工伤亡事故和职业病统计报告及调查处理程序；有关事故案例及事故应急处理措施等项内容。安全教育时间不少于120学时。

企业其他管理负责人（包括职能部门负责人、车间负责人）、专业技术干部的职业健康安全教育内容主要包括：职业健康安全方针、政策和法律、法规，本职安全生产责任制，典型事故案例剖析，系统安全工程知识，基本的安全技术知识。安全教育时间不少于 24 学时。

班组长和安全员的职业健康安全教育内容包括：职业健康安全法律、法规、安全技术、职业健康和安全文化的知识、技能及本企业、本班组和一些岗位的危险因素、安全注意事项，本岗位安全生产职责，典型事故案例及事故抢救与应急处理措施等。安全教育时间不少于 24 学时。

**2. 特种作业人员的职业健康安全教育**

特种作业是指在劳动过程中容易发生伤亡事故，对操作者本人，尤其对他人和周围设施的安全有重大危害的作业，从事特种作业的人员称为特种作业人员。特种作业的范围包括：电工作业，金属焊接切割作业，起重机械（含电梯）作业，企业内机动车辆驾驶，登高架设作业，锅炉作业（含水质化验），压力容器操作，制冷作业，爆破作业，矿山通风作业（含瓦斯检验），矿山排水作业（含尾矿坝作业），由省、自治区、直辖市安全生产综合管理部门或国务院行业主管部门提出，并经国家有关部门批准的其他作业。

特种作业人员上岗作业前，必须进行专门的安全技术和操作技能的培训教育，增强其安全生产意识，防止由于缺乏安全教育和必要的技能培训而引起伤亡事故。因此，特种作业人员在独立上岗作业前，必须进行专门的安全技术培训，并获得证书后方可上岗。特种作业人员安全技术考核包括安全技术理论考试与实际操作技能考核两部分，以实际操作技能考核为主。《特种作业人员操作证》由国家统一印制，地、市级以上行政主管部门负责签发，全国通用。取得《特种作业人员操作证》者，每两年进行一次复审。未按期复审或复审不合格者，其操作证自行失效。

**3. 用人单位员工的职业健康安全教育**

用人单位员工的职业安全健康教育主要有新员工上岗前的三级教育、"四新"教育和变换岗位教育、经常性教育三种形式。1995 年劳动部《企业职工劳动安全卫生教育管理规定》提出了"企业新职工上岗前必须进行厂级、车间级、班组级三级安全教育"的要求。三级教育时间不得少于 40 学时。

厂级安全教育由企业主管厂长负责，企业职业安全健康管理部门会同有关部门组织实施，内容应包括职业安全健康法律、法规，通用安全技术、职业健康和安全文化的基本知识，本企业职业安全健康规章制度及状况、劳动纪律和有关事故案例等项内容。

车间级职业安全健康教育由车间负责人组织实施，车间专职或兼职安全员协助，内容包括本车间的概况，职业安全健康状况和规章制度，主要危险因素及安全事项，预防工伤事故和职业病的主要措施，典型事故案例及事故应急处理措施等。

班组级职业安全健康教育由班组长组织实施，内容包括遵章守纪，岗位安全操作规程，岗位间工作衔接配合的职业安全健康事项，典型事故及发生事故后应采取的紧急措施，劳动防护用品（用具）的性能及正确使用方法等项内容。企业新职工须按规定通过三级安全教育和实际操作训练，并经考核合格后方可上岗。

《企业职工劳动安全卫生教育管理规定》明确指出："企业在实施新工艺、新技术或使用新设备、新材料时，必须对有关人员进行相应的有针对性的安全教育"；"企业职工调整工作岗位或离开岗位一年以上重新上岗时，必须进行相应的车间级或班组级安全教育。"因此，在新工艺、新技术、新装备、新产品投产前，也要按新的安全操作规程教育和培训参加操作的岗位工人和有关人员，使其了解新工艺、新设备、新产品的安全性能及安全技术，以适应新的岗位作业的安全要求；当用人单位内部职工从一个岗位调到另一个岗位，或从某工种改变为另一工种，或因放长假离岗一年以上重新上岗时，用人单位必须进行相应的安全技术培训和教育，以使其掌握现岗位安全生产的特点和要求。

**4. 经常性职业健康安全教育**

无论何种教育，都不可能是一劳永逸的，职业安全健康教育同样如此，必须坚持不懈、经常不断地进行，这就是经常性的职业安全健康教育。在经常性安全教育中，安全思想、安全态度教育最重要。进行安全思想、安全态度教育，要通过采取多种多样形式和安全活动，激发员工搞好安全生产的热情，促使员工重视和真正实现安全生产。经常性安全教育的形式有：每天的班前、班后会上说明安全注意事项；安全活动日；安全生产会议；事故现场会；张贴安全生产招贴画、宣传标语及标志等。

## 五、职业卫生检查

职业卫生检查主要内容包括以下几项。

1. 查看企业职业危害预防和职业卫生日常管理制度与工作台账。
2. 查看作业现场的职业危害实际情况。
3. 查看企业职业危害防护措施落实情况。
4. 查看企业对职工的职业危害情况告知、培训、体检情况和应急处置预案情况等。

## 六、职业健康检查

**1. 职业健康检查的目的**

及时发现和掌握从事有害作业人员职业健康状况及职业危害、职业病和工作相关疾病的发生情况,为采取相应的防治措施提供依据。

**2. 职业健康检查主要内容**

(1) 上岗前职业健康检查

了解从业者上岗前健康状况和鉴定是否有职业禁忌证。职业禁忌证按国家颁布的有关国家职业病诊断标准及处理原则和职业健康检查技术规范的规定执行。

(2) 在岗期间定期健康检查

监护从事有害作业人员职业健康状况,及时发现职业性危害和职业病。对检出的可疑职业病患者名单应通知劳动者和受检单位,向有职业病诊断权的医疗卫生单位申请诊断。

(3) 离岗时的职业健康检查

确定在有害作业岗位终结时,是否有相应的职业危害或职业病,以明确法律责任。检查结果报送受检者所在单位,存入劳动者健康监护档案,并告知受检者本人。

**3. 职业健康检查的方法**

(1) 职业健康检查项目及方法执行职业健康检查技术规范及地方的有关细则。体检完毕后,应按规定给受检单位出具检查结果并上报所在地疾病预防控制机构。

(2) 在获得资质认可的职业健康检查单位进行体检,并应建立职业健康检查档案。

**4. 职业健康检查频次**

按国家和地方卫生行政部门的有关法规执行。

**5. 职业健康检查职责分工**

(1) 国家疾病预防控制机构制定职业健康检查管理的有关技术规范,并负责培训和指导。

(2) 省级疾病预防控制机构在资质认可的项目范围内承担职业健康检查工作,并对获得资质认可的职业健康检查单位进行培训、指导和质量控制。

(3) 省级以下疾病预防控制机构按照省级及以上卫生行政部门资质认可的项目范围承担职业健康检查工作。

**6. 职业健康检查与评价结果**

(1) 各类体检单位数、人数，定期体检的受检率。

(2) 体检工作规范率，档案文书合格率。

(3) 职业禁忌证检出率，疑似职业病和确诊职业病检出率、患病率。

# 第 2 节　环境保护

 学习单元1　大气污染防治

 学习目标

- 掌握大气环境与大气污染的基本概念
- 了解常见大气污染的危害
- 能够使用大气污染防治的基本方法

## 一、大气环境与大气污染的基本概念

人类的生存不能离开阳光、空气和水，尤其是以大气层为主组成的大气环境，是人类生存的根本所在。由于自然的和人为的过程改变了环境中某些原有的成分或有毒有害物质进入环境并在环境中扩散、迁移、转化，使环境系统的结构与功能发生变化，对人类或其他生物的正常生存和发展产生不良的影响，就会造成环境污染。大气中污染物或由它转化成的二次污染物的浓度达到了有害程度的现象，称为大气污染。

## 二、大气污染及其危害

**1. 大气污染物的类别**

大气污染物主要分为有害气体（如二氧化硫、氮氧化物、一氧化碳、碳氢化物、光化学烟雾和卤族元素等）及颗粒物（如粉尘和酸雾、气溶胶等）。它们的主要来源是燃料燃烧、工业生产和交通运输等过程产生的废气。前两者是固定污染源，往往量大而集中；后者（如汽车、火车、飞机等）属于流动污染源，它小型分散、数量众多、来往频繁，排出的污染物总量也很可观。

大气污染物种类同能源结构、工业结构有密切关系。燃煤的主要污染物是烟尘和二氧化硫，燃油的主要污染是二氧化硫和氮氧化物，汽车主要排放一氧化碳、氮氧化物和碳氢化合物。工业生产过程因行业不同，排放各种不同的无机和有机气体及有毒金属粉尘等。大气污染物主要可以分为两类，即天然污染物和人为污染物，引起公害的往往是人为污染物，它们主要来源于燃料燃烧和大规模的工矿企业。

颗粒物指大气中液体、固体状物质，又称尘。硫氧化物是硫的氧化物的总称，包括二氧化硫、三氧化硫、三氧化二硫、一氧化硫等。碳的氧化物主要包括二氧化碳和一氧化碳。氮氧化物是氮的氧化物的总称，包括氧化亚氮，一氧化氮，二氧化氮，三氧化二氮等。碳氢化合物是以碳元素和氢元素形成的化合物，如甲烷、乙烷等烃类气体。其他有害物质还有某些重金属、氟气体、含氯气体等。

**2. 大气污染的危害**

大气污染对人体的危害主要表现为呼吸道疾病，如煤烟能引起支气管炎，如果煤烟中附有各种工业粉尘（如金属颗粒）则可引起相应的尘肺等疾病。对肺功能产生危害的主要因素首先是尘，其次是二氧化硫，且细小颗粒的尘对人体危害最大。硫酸烟雾对皮肤、眼结膜、鼻黏膜、咽喉等均有强烈刺激和损害。

大气污染可使植物的生理机制受抑制，生长不良，抗病抗虫能力减弱，甚至死亡；大气污染还能对气候产生不良影响，如降低能见度，减少太阳的辐射（据资料表明，城市太阳辐射强度和紫外线强度要分别比农村低10%～30%和10%～25%而导致城市佝偻病发病率的增加）；大气污染物能腐蚀物品，影响产品质量。近十几年来，不少国家出现酸雨，雨雪中酸度增高，使河湖、土壤酸化，鱼类减少甚至灭绝，森林发育受影响，这些都与大气污染有密切关系。

## 三、大气污染防治的基本方法

**1. 控制污染源**

控制污染源是防治大气污染危害的根本措施，而治理途径是多方面的，这里就其主要方法进行介绍。

（1）工业合理布局，以方便污染物的扩散和工厂之间互相利用废气，控制废气的排放时间，减少废气排放量，这是城市大气污染防治的有力措施。

（2）实行区域集中供热，以高效率的锅炉代替分散的低矮烟囱排放方式，设立大的电热厂和供热站，实行区域集中供暖供热，尤其是将热电厂、供热站设在郊外，对于矮烟囱密集、冬天需供暖的北方城市来说，是消除烟尘的十分有效的措施。

（3）改变燃料构成。开发新能源，要逐步推广使用天然气、煤气和石油液化气，选用低硫燃料，对重油和煤炭进行脱硫处理，开发和利用太阳能、氢燃料、地热等新能源。

（4）交通运输工具废气的治理，减少汽车废气排放。主要是改进发动机的燃烧设计和提高油的燃烧质量，加强交通管理。

（5）工业装置排放的有毒气体，要从工艺改革和回收利用方面予以控制，改革生产工艺，对废气进行治理，对工业排放的大气污染物的治理主要集中在除尘、控制二氧化硫和氮氧化物排放两方面。

（6）烟囱除尘，采用高烟囱排烟。烟囱越高越有利于烟气的扩散和稀释，一般烟囱高度超过 100 m 效果就已十分明显，但值得注意的是烟囱过高会导致造价急剧上升，建造的同时需考虑其经济性。烟气中二氧化硫控制技术分干法（以固体粉末或颗粒为吸收剂）和湿法（以液体为吸收剂）两大类。

**2. 绿化造林**

植物有过滤各种有毒有害大气污染物和净化空气的功能，树林尤为显著，所以绿化造林是防治大气污染的比较经济且有效的措施。

**3. 项目施工的大气污染防治**

（1）粉末状材料在现场（或库区）应加盖帆布，防止风吹起尘，作业时尽量轻拿、轻放、轻装、轻卸，防止因作业扬尘。

（2）运输道路经常洒水养护，防止行车扬尘。

（3）运输粉性材料（如水泥、石灰、细沙、土等），车辆必须加盖篷布，防止风吹起尘，防止运输材料的遗散。

（4）加强化学药品管理，防止遗散、泄漏。

此外，栽培抗污染作物、加强农作物田间管理和加强大气质量管理也是大气污染防治的基本方法。

 **学习单元2 水污染防治**

 学习目标

➢ 掌握水污染防治的基本概念
➢ 能够进行水处理的基础管理

## 一、水污染防治的基本概念

### 1. 水污染

水体受到人类和自然因素的影响，使水的感官性状、物理化学性能、化学成分、生物组成及地质情况产生了恶化，称为水污染。最突出的是由于人类的活动或其他活动产生了废水和废物，这些物质未经处理或未经很好地处理进入水体，其含量超过了水体的自然净化能力，导致水体的质量下降，从而降低了水体的使用价值，这种现象称为水体污染。造成水体污染的原因可分为天然污染源和人为污染源；按污染源释放的有害物种类可分为物理性（如热和放射性物质等）污染源、化学性（无机物和有机物）污染源、生物性（如细菌、病毒等）污染源。另外按污染源分布和排放特征可分为点污染、面污染和扩散污染源。点污染源是指工业生产过程产生的废水和城市生活污水，一般都是集中从排污口排入水体；面污染源是相对点污染源而言，主要指农田灌溉形成的径流和地面水径流；扩散污染源是指随大气扩散的有毒、有害污染物通过重力沉降或降水过程污染水体的途径，如酸雨、黑雪等。

水体中的污染物可分为四大类，即无机无毒物、无机有毒物、有机无毒物和有机有毒物。无机无毒物主要指酸、碱及一些无机盐类和氮、磷等植物营养物质。无机有毒物主要指各种重金属（如汞、镉、砷、铬、铅等）和氰化物、氟化物等。有机无毒物主要指在水环境中比较容易分解的有机化合物，如碳水化合物、蛋白质、脂肪和木质素等。有机有毒物主要指苯酚、多环芳烃和各种人工合成的具有积累性的稳定有机化合物，如农药等。有机污染物的特征是耗氧，有毒物的特征是生物毒性。

### 2. 水污染防治

（1）污水处理

污水的排放是不可避免的，对污水的处理技术也在不断地发展。根据所采取的自然科学的原理和方法，可以分为物理法、化学法、物理化学法和生物法（又称生物化学法）。

（2）水的土地处理系统

水的土地处理系统是指在人工调控及系统自我调控的条件下，利用土壤—微生物—植物组成的生态系统对废水中的污染物进行一系列物理的、化学的和生物的净化过程，使废水的水质得到净化和改善；并通过系统的营养物质和水分的循环利用，使绿色植物生长繁殖，从而实现废水的资源化、无害化和稳定化的生态系统工程。

## 二、施工水处理的概念

施工水处理的核心是污水处理，污水处理一般来说包含以下三级处理：一级处理是它通过机械处理，如格栅、沉淀或气浮，去除污水中所含的石块、砂石和脂肪、油脂等。二级处理是生物处理，污水中的污染物在微生物的作用下被降解和转化为污泥。三级处理是污水的深度处理，它包括营养物的去除和通过加氯、紫外辐射或臭氧技术对污水进行消毒。可能根据处理的目标和水质的不同，有的污水处理过程并不包含上述所有过程。

## 三、水处理基础管理

目前常用的水处理方法有沉淀物过滤法、硬水软化法、活性炭吸附法、去离子法、逆渗透法、超过滤法、蒸馏法、紫外线消毒法等，可以根据项目的具体情况应用相应的方法。项目施工水处理的基础管理要做到以下几点。

1. 施工废弃物不能随意倾倒，尤其是河道部位。
2. 生产及生活废水不得直接排放入河，须沉淀处理后排放。
3. 不在饮用水处冲洗车辆、施工机械和化学药品器皿。
4. 做好工程的临时排水设施，设置必要的沉淀池、蒸发池，按设计做好坡面防护及植树、种草等绿化工作。

## 学习单元 3  噪声控制

**学习目标**

➢ 掌握噪声的基本概念和控制标准
➢ 了解噪声的危害
➢ 能够制定噪声控制的基本防范措施

### 一、噪声的基本概念和控制标准

**1. 噪声的概念**

噪声，一般是指不恰当或者不舒服的听觉刺激。它是一种由为数众多的频率组成的并具有非周期性振动的复合声音。简言之，噪声是非周期性的声音振动。它的音波波形不规则，听起来感到刺耳。从社会和心理意义来说，凡是妨碍人们学习、工作和休息并使人产生不舒适感觉的声音，都称为噪声。如流水声、敲打声、沙沙声、机器轰鸣声等，都是噪声。它的测量单位是分贝（dB）。零分贝是可听见音的最低强度。同水体污染、大气污染和固体废物污染不同，噪声污染是一种物理性污染，其特点是局部性和没有后效性。噪声在环境中只是造成空气物理性质的暂时变化，噪声源的声输出停止之后，污染立即消失，不留下任何残余物质。噪声的防治主要是控制声源和声的传播途径，以及对接收者进行保护。

**2. 噪声控制的标准**

我国心理学界认为，控制噪声环境，除了考虑人的因素之外，还须兼顾经济和技术上的可行性。充分的噪声控制，必须考虑噪声源、传音途径、受音者所组成的整个系统。控制噪声的措施可以针对上述三个部分或其中任何一个部分。

我国著名声学家马大猷教授曾总结和研究了国内外现有各类噪声的危害和标准，提出了以下三条建议：

（1）为了保护人们的听力和身体健康，噪声的允许值在 75～90 dB。

（2）保障交谈和通信联络，环境噪声的允许值在 45～60 dB。

（3）对于睡眠环境噪声的允许值建议在 35～50 dB。

## 二、噪声的危害

低强度的噪声在一般情况下对人的身心健康没有什么害处，而且在许多情况下还有利于提高工作效率。高强度的噪声主要来自工业机器（如织布机、车床、空气压缩机、风镐、鼓风机等）、现代交通工具（如汽车、火车、摩托车、拖拉机、飞机等）、高音喇叭、建筑工地以及商场、体育和文娱场所的喧闹声等。这些高强度的噪声危害着人们的机体，使人感到疲劳，产生消极情绪，甚至引起疾病。

噪声的危害主要有以下几方面。

**1. 损害听力**

如果人长期在 95 dB 的噪声环境里工作和生活，大约有 29% 的人会丧失听力；即使噪声只有 85 dB，也有 10% 的人会发生耳聋；120～130 dB 的噪声，能使人感到耳内疼痛；更强的噪声会使听觉器官受到损害。有检测表明：当人连续听摩托车声，8 h 以后听力就会受损；若是在摇滚音乐厅，半小时后，人的听力就会受损。高分贝噪声能损坏胎儿的听觉器官，致使部分区域受到影响。影响大脑的发育，导致儿童智力低下。

**2. 有害于人的心血管系统**

强噪声会使人出现脉搏和心率改变，血压升高，心律不齐，传导阻滞，外周血流变化等；我国对城市噪声与居民健康的调查表明：地区的噪声每上升 1 dB，高血压发病率就增加 3%。

**3. 影响人的神经系统，使人急躁、易怒**

强噪声会使人出现头痛、头晕、倦怠、失眠、情绪不安、记忆力减退等症候群，脑电图慢波增加，植物性神经系统功能紊乱等。

**4. 影响人的内分泌系统**

强噪声会使人出现甲状腺机能亢进，肾上腺皮质功能增强，基础代谢率升高，性机能紊乱，月经失调等。孕妇长期处在超过 50 dB 的噪声环境中，会使内分泌腺体功能紊乱，并出现精神紧张和内分泌系统失调。严重的会使血压升高、胎儿缺氧缺血，导致胎儿畸形甚至流产。

**5. 影响人的消化系统**

强噪声会使人出现消化机能减退，胃功能紊乱，唾液、胃液分泌减少，胃酸降低，从而患胃溃疡和十二指肠溃疡。

**6. 影响睡眠，造成疲倦**

噪声的恶性刺激，严重影响睡眠质量，并会导致头晕、头痛、失眠、多梦、记忆力减退、注意力不集中等神经衰弱症状和恶心、欲吐、胃痛、腹胀、食欲呆滞等消化道症状。

有人曾对在噪声达 95 dB 的环境中工作的 202 人进行过调查，头晕的占 39％，失眠的占 32％，头痛的占 27％，胃痛的占 27％，心慌的占 27％，记忆力衰退的占 27％，心烦的占 22％，食欲不佳的占 18％，高血压的占 12％。所以，不能对强噪声等闲视之，应采取措施加以防止。

### 三、噪声控制的基本防范措施

解决噪声污染问题的一般程序是首先进行现场噪声调查，测量现场的噪声级和噪声频谱，然后根据有关的环境标准确定现场容许的噪声级，并根据现场实测的数值和容许的噪声级之差确定降噪量，进而制订技术上可行、经济上合理的控制方案。

噪声控制的措施主要包括以下几项。

**1. 声源控制**

运转的机械设备和运输工具等是主要的噪声源，控制它们的噪声有两条途径：一是从机械原理出发的噪声控制措施；二是从声学原理出发的噪声控制措施。具体内容如下：

（1）从机械原理出发的噪声控制措施

改进机械设备结构、提高工艺水平，应用新材料来降噪。随着材料科技的发展，各种新型材料应运而生，用一些内摩擦较大、高阻尼合金、高强度塑料生产机器零部件已变成现实。例如，在汽车生产中就经常采用高强度塑料机件。对于风扇，不同形式的叶片产生的噪声也不一样，选择最佳叶片形状可降低噪声。例如，把风扇叶片由直片式改成后弯形，或者将叶片的长度减短，都可以降低噪声。一般齿轮传动装置产生的噪声较大，达 90 dB，如果改用斜齿轮或螺旋齿轮，啮合时重合系数大，可降低噪声 3~16 dB。若改用带传动代替一般齿轮转动，由于传动带能起到减振阻尼作用，因此，可降低噪声 15 dB 左右。对于齿轮类的传动装置，通过减小齿轮的线速度，选择合适的传动比，也能降低噪声。试验表明，若将齿轮的线速度减低一半，噪声就会降低 6 dB 左右。

提高零部件加工精度和装配质量。零部件加工精度的提高，使机件间摩擦尽量减少，从而使噪声降低。提高装配质量，减少偏心振动，以及提高机壳的刚度等，都能使机器设备的噪声减小。对于轴承，若将滚子加工精度提高一级，轴承噪声可降低 10 dB。机械的使用和维护过程中，避免机械设备和车辆的空载和超载，选用好的润滑油脂，都可以减轻噪声。

(2) 从声学原理出发的噪声控制措施

除了以上几种降低噪声的办法外，还可以采用声学控制方法降低噪声，主要包括吸音、隔音、减振、密封等。

有限空间内的噪声包括直达噪声和反射噪声两部分。吸音是用特种被动式材料来改变声波的方向，以吸收其能量。合理的布置吸音材料，能有效降低声能的反射量，达到吸音降噪的目的。常用的吸音材料由于受环保、防水、防火、轻量化等条件的限制，能够用于机械的吸音材料比较少见。

施工机械的壳一般都是金属的，在行驶过程中，振源把它的振动传给车体，在车体中以弹性波形式进行传播，这些薄板受激振动时会产生噪声，同时引起车体上其他部件的振动，这些部件又向外辐射噪声，在该传播途径上安装弹性材料或元件，隔绝或衰减振动的传播，就可以实现减振降噪的目的。可用的减振措施主要有隔振减振和阻尼减振。

好的密封可以有效降低整体噪声，尤其对风噪有很好的抑制效果。

**2. 传声途径的控制**

(1) 声在传播中的能量是随着距离的增加而衰减的，因此，使噪声源远离需要安静的地方，可以达到降噪的目的。

(2) 声的辐射一般有指向性，处在与声源距离相同而方向不同的地方，接收到的声强度也就不同。不过多数声源以低频辐射噪声时，指向性很差；随着频率的增加，指向性就会逐渐增强。因此，控制噪声的传播方向（包括改变声源的发射方向）是降低噪声尤其是高频噪声的有效措施。

(3) 建立隔声屏障，或利用天然屏障（如土坡、山丘等），以及利用其他隔声材料和隔声结构来阻挡噪声的传播。

(4) 应用吸声材料和吸声结构，将传播中的噪声声能转变为热能等。

(5) 在城市建设中，采用合理的城市防噪声规划。此外，对于固体振动产生的噪声采取隔振措施，以减弱噪声的传播。

**3. 接收者的防护**

为了防止噪声对人的危害，可采取下述防护措施：

(1) 佩戴护耳器，如耳塞、耳罩、防声盔等。

(2) 减少在噪声环境中的暴露时间。

(3) 根据听力检测结果，适当调整在噪声环境中的工作人员。人的听觉灵敏度是有差别的。如在 85 dB 的噪声环境中工作，有人会耳聋，有人则不会。可以每年或几年进行一次听力检测，把听力显著降低的人调离噪声环境。

# 第8章
# 项目沟通管理

## 第1节 项目沟通计划

 **学习单元1 项目沟通需求确定**

 **学习目标**

➢ 掌握项目利益相关者的概念
➢ 掌握沟通需求的识别方法
➢ 能够进行简单的利益相关者分析
➢ 能够对沟通需求所需的信息进行加工处理
➢ 能够进行简单的沟通需求决策（依据）

### 一、项目利益相关者的概念

每个项目都有其特定的利益相关者群体。成功的项目管理只有在项目经理把项目利益相关者的潜在影响考虑进去以后才能实现。项目计划的一个重要部分就是识别所有的项目利益相关者及其在项目中的利益。

有效的利益相关者管理至少包括以下五个重要因素。
1. 识别利益相关者。
2. 确定利益相关者参与的层次。
3. 确定利害关系和冲突问题。
4. 解决利害关系和冲突。
5. 正式批准分析结果。

积极的利益相关者管理可以使项目团队不被任何意外问题或质询所难倒，利益相关者也不会对项目中出现的任何情况感到出乎意料。积极的利益相关者管理可以使项目被几乎所有的利益相关者和公众接受，从而在很大程度上促使项目成功。

## 二、沟通需求的识别方法

沟通需求的识别与利益相关者的分析有直接关系。通过对利益相关者的分析可以了解他们有哪些沟通需求？他们的沟通需求是否紧迫？有哪些沟通层次？这样就可以很方便地识别出沟通需求并对其进行简单分类。

项目利益相关者分析要考虑的关键性问题有：谁是项目的利益相关者（包括主要的和次要的利益相关者），他们在项目中有哪些利益、权力或要求，利益相关者为项目团队提出了哪些机遇和挑战，项目团队对利益相关者负有哪些义务或责任，利益相关者有哪些实现目标战略的优势和劣势；利益相关者实现战略的资源有哪些，是否是关键的利益相关者，项目团队面对机遇和挑战应当开发和使用什么战略，项目团队如何判断是否成功地管理了项目利益相关者。

## 三、沟通需求分析

通过沟通需求分析可以得出项目利益相关者信息需求的总和。信息需求的界定是通过所需信息的类型与格式，以及该信息价值的分析这两者结合来完成的。项目资源只应该用于沟通有利于成功的信息，或者缺乏沟通会造成失败的信息。这并不是说不用发布坏消息，而是说，沟通需求分析的本旨在于防止项目利益相关者因过多的细节内容而应接不暇。

潜在沟通渠道或沟通路径的数量可反映项目沟通的复杂程度。一般来说，沟通渠道总量为 $n(n-1)/2$（其中，$n$ = 利益相关者人数）。例如，项目利益相关者有10人，则存在45条潜在沟通渠道。在项目沟通规划中，一项极为关键的内容是确定并限制谁与谁沟通，以及谁是信息接收者。确定项目沟通需求需要的信息包括：组织结构图，利益相关者的组织职责，项目中涉及的学科、部门和专业，参与项目的人数和参与地点，内部信息需求，外部信息需求，利益相关者信息等。

**简单的利益相关者分析案例**

项目利益相关者分析就是对各利益相关者的信息需求进行分析，形成一个有关他们的信息需求和信息来源的逻辑看法，并找到满足他们信息需求的来源渠道和传递渠道，以满足他们对信息的需求。

表8—1是项目利益相关者分析结果的具体例子，表中项目利益相关者是信息需求者，文件名称指明了所需求的信息，文件格式指定了需求信息所需要的格式，联系人指明了信息的来源，交付期限确定了交付信息的时间，从该表能看出项目利益相关者何时需要何种信息，从何人那里获得该种信息等项目利益相关者的信息需求。

表8—1　　　　　　　　　项目利益相关者分析举例

| 项目利益相关者 | 文件名称 | 文件格式 | 联系人 | 交付期限 |
|---|---|---|---|---|
| 客户管理人员 | 月度状态报告 | 硬拷贝 | 李成明　王刚 | 每月月初 |
| 客户业务人员 | 月度状态报告 | 硬拷贝 | 朱莉　马丁 | 每月月初 |
| 客户技术人员 | 月度状态报告 | 电子邮件 | 李奇　安静 | 每月月初 |
| 内部管理人员 | 月度状态报告 | 硬拷贝 | 唐明瑞 | 每月月初 |
| 内部业务和技术人员 | 月度状态报告 | 企业内部互联网 | 刘杰 | 每月月初 |
| 培训转包商 | 培训计划 | 硬拷贝 | 乔庆华 | 11/1/1999 |
| 软件转包商 | 软件执行计划 | 电子邮件 | 王丽 | 6/1/2000 |

## 学习单元2　项目沟通计划编制方法和步骤

### 学习目标

➢ 掌握沟通计划编制的相关知识
➢ 掌握编制沟通计划的方法与工具
➢ 掌握沟通计划的编制步骤
➢ 能够编制沟通计划

## 一、沟通计划编制的相关知识

### 1. 信息及信息管理

信息收集是编制沟通计划的前提。信息收集的数量和质量，直接决定和影响着信息加工处理的数量和质量。据统计，在信息处理中，有10%的时间耗费在计算机的处理上，而90%的时间耗费在由数据起始点到数据输入这一漫长的道路上。在用于信息处理的全部费用中，花在数据收集上的费用在很多情况下几乎占50%。主要原因是数据收集目前还需要大量的人工劳动，即使是用设备辅助收集，其效率也取决于人的工作速度。

信息表达包括文字、数字和图像三种方式。要表达好信息，就必须做好信息转换。信息转换也称信息预处理，是将采集到的原始数据通过一定手段转换成适合于计算机和人识别与处理的形式，使之编码化。信息编码作为信息资源管理的重要组成部分，在管理信息系统建设中发挥着重大的作用。

信息加工是指把收集来的原始信息进行处理使之成为二次信息的活动。信息的加工没有一个固定的模式，不同的要求和不同类型的原始信息，加工的方式也各不相同。一般来说，信息加工的主要内容包括信息的筛选和判别、信息的分类和排序、信息的分析和研究等。数据加工以后成为统计信息，统计信息再经过加工才能成为对决策有用的信息。这种转换均需要时间，因而不可避免地产生时间延迟，这也是信息的一个重要特征——滞后性，在使用中必须注意到这一点。

信息发布就是根据一些计划文件将所需要的有关信息及时、准确地分发给项目的利益相关者。信息发布的方法包括人员沟通、建立项目信息检索系统、建立项目信息分发系统等。信息发布的结果包括项目记录和项目报告。

### 2. 项目报告

在项目实施过程中，主要通过项目报告搜集基准数据并向利益相关者提供项目绩效信息。明确项目报告的主要类型和内容是编制项目沟通计划的主要工作之一。最常采用的两种报告形式是项目进度报告和工作总结报告。

（1）项目进度报告

项目进度报告又称项目绩效报告，是描述项目各项工作的进展情况和取得的主要成果的报告。项目进度报告不是项目活动描述报告，其重点不在于讲述项目团队正在从事哪些活动，而在于项目已经取得了哪些阶段性成果，朝着项目目标方向前进了多少。项目进度报告可以由项目组织成员向项目经理或隶属的职能经理提供；由项目经理向项目业主、客户提供；由项目经理向项目的上级管理者提供。项目进度报告一般都有固定的报告期，根据项目的特点可以选择一天、一周、一个月甚至更长的时间。绝大多数项目进度报告的内容只包括发生在本报告期间的主要事件，而不是自项目开工以来的累积进展。

项目进度报告的主要内容包括以下几项：

1) 报告期间取得的主要成果和达到的关键性目标（里程碑）。
2) 项目有关成本、进度和工作范围的实施情况以及同各项基准计划的比较结果。
3) 前期未解决问题的原因和说明。
4) 本报告期间发生的问题及存在的隐患。
5) 计划采取的改进措施，并且说明这些措施是否会使项目目标受到威胁。
6) 下一个报告期内期望达到的目标。

（2）工作总结报告

工作总结报告是指一个项目或者项目某个阶段结束时，或者由于其他原因而使项目或项目阶段终止时的工作总结，其目的是阐述项目结果的准确性和成功性，使项目利益相关者乐于接受项目成果。为了避免遗漏重要的项目信息，在项目实施过程中就要注意收集和整理，而不应等到项目或项目阶段全部结束时才开始编制工作总结报告。

工作总结报告的主要内容包括以下几项：

1) 项目业主、客户的最初需要和期望以及项目组织对各项工作的要求标准。
2) 项目和项目各阶段的具体量化目标。
3) 项目和项目各阶段的工作任务、进度安排、成本和质量标准以及各项约束条件和假设前提的简单描述。
4) 项目所取得的各项成果和收益同预期目标的对比。
5) 项目各项目标的实现程度以及未能实现目标的原因说明。
6) 保持和扩大项目成果的相关事宜。
7) 项目最终交付成果及交付成果一览表（包括交付的机器设备、图样文件和各种项目成果）。
8) 项目成果的测试检验结果。
9) 在实施项目的过程中所吸取的经验和教训。

在项目实施过程中，除以上两种常用的报告形式外，还有项目说明。项目说明是项目组织向项目利益相关者或政府有关管理部门提供的关于项目各方面情况的报告。

### 3. 沟通管理计划的主要内容

每个项目都应该有一个沟通管理计划作为指导项目沟通的文件。一般而言，沟通管理计划应该包括以下内容：

（1）描述信息收集和文件归档的结构

这一结构用于收集和保存不同类型的信息。对于一些复杂项目管理团队和政府机构要求建立详细的档案制度，并对制度的执行情况进行监督，以保证遵循指示进行归档。

（2）描述信息的发送结构

这一结构是描述什么信息（状态报告、数据、进度、技术资料等）发送给谁、什么时候和如何发送（书面报告、会议等）的发送结构。

（3）传送重要项目信息的格式

许多项目管理团队设计和使用各种沟通模板可以避免很多混乱。

（4）用于创建信息的日程表

为了避免项目文件归档的延误，需要分配资源去创建、聚集和发送关键项目信息。保证时间以建立关键项目信息和确保其质量是很重要的。

（5）信息查询方法

在编制沟通计划时需要定义如何查询所需项目信息的方法。

（6）沟通管理计划变更方法

根据项目需要，沟通管理计划可以是正式或非正式的，可以是详细或大纲式的。沟通管理计划是整个项目计划的一个附属部分，编制沟通管理计划的同时需要制定沟通管理计划的变更方法。

## 二、编制沟通计划的方法与工具

常见的编制沟通计划的方法与工具包括以下几种。

### 1. 项目利益相关者分析

项目利益相关者分析是编制沟通计划的主要方法。通过分析利益相关者对信息的需求，可以形成一个对其信息需求和信息来源的逻辑设计，并为满足其需求找到来源。进行分析时应保证必须的信息，并避免将资源浪费在不必要的信息或不恰当的信息技术上。

### 2. 项目管理软件

许多项目管理团队通过自己开发软件或选用通用项目管理软件辅助项目沟通。例如，微软 Project 系列软件的"保存为超文本"命令允许用户选择特定的信息转换成 HTML;"插入超链接"功能可以保证将所有相关超链接文件放置在局域网服务器或 Web 服务器上,让所有利益相关者可以便捷地访问重要的项目信息;"工作组"功能允许小组成员在不同的地方一起工作和共享项目信息。

**3. 基于因特网的项目信息门户技术**

基于因特网的项目信息门户可以集中提供项目文档和其他沟通内容。随着因特网技术和虚拟项目团队的普及,越来越多的项目团队开始通过网络平台进行项目沟通。除了利用 Front Page、Macromedia Dream Weaver 等网站开发工具开发项目网站之外,越来越多的项目利用 Google 网络平台提供的电子邮件、日程管理、文档管理、图片管理等功能进行项目沟通。项目团队将包括模板在内的全部或部分项目信息放在项目网站上。项目网站通常包括项目描述、团队成员、项目文档、模板、讨论和相关链接等内容。

## 三、沟通计划的编制步骤

遵循一定的沟通计划编制步骤能使组织了解项目管理团队对沟通工作的掌控和连贯性,进而让其了解项目本身。下面是常见的沟通计划编制步骤。

1. 确定项目沟通的总体战略。主要描述如何进行沟通以及采取这种方法的理由。例如,确定是否以非常正式的形式进行沟通管理,并经常召开会议和提供后续文件。

2. 描述存储信息的方式以及团队获取这些信息的途径。例如,将所有文件存储在项目网站上,并将项目信息有关的路径名称和文件类型告诉相关人员,这可以提高文件的可用性。同时告诉利益相关者如何通过这些途径获得信息。

3. 创建沟通矩阵。为项目的概念、开发、实施和收尾阶段分别创建不同格式的沟通矩阵。一般而言,沟通矩阵应包括"谁""什么""哪里""何时""为什么""怎样""信息类型""信息使用者""信息发布频率""如何获取信息"等内容。

4. 为矩阵中列出的所有信息创建表格和示例,或提供模板来源。

5. 描述所有利益相关者在信息发送的非计划时间以外获取信息的程序。例如,明确告诉媒体如果有问题必须先与公关部门取得联系;如果接到记者的询问电话,项目所有成员必须清楚哪些内容能够透露,哪些内容不能透露。

6. 在沟通计划中描述如何进行和批准计划本身的变更。

## 项目沟通计划案例

X 公司受 Y 公司委托负责某国际机场通信雷达导航系统更新项目的项目管理,

A 项目经理在 B 项目管理专家的帮助下制订了表 8—2 所示的沟通计划。

表 8—2　　　　　　　　　　项目沟通计划实例

| 信息内容 | 沟通目的 | 信息接受者 | 沟通频率 | 沟通方式 | 存储方式 | 沟通的触发事件/人 |
|---|---|---|---|---|---|---|
| 管理现状 | 搜集信息、检查项目的进展并讨论纠正措施 | 业主、A 公司的主管、主要职能部门负责人 | 每两周一次 | 会议、书面沟通和电子邮件 | 网站和"现状/执行"目录下的网络驱动盘 | 团队现状 |
| 团队现状 | 搜集信息、检查项目的进展细节并讨论详细纠正措施 | 团队 | 每周一次 | 会议和电子邮件 | 网站和"现状/团队"目录下的网络驱动盘 | 团队成员更新 |
| 现状变更 | 就关键的现状变更进行沟通并在正常的现状时限之外获取纠正措施行动的帮助 | 业主、A 公司的主管 | 根据需要 | 通过电子邮件、实时通信和语音留言，录入变更情况。根据需要召开专门会议 | 网站和"现状/执行/变更"目录下的网络驱动盘 | 团队现状和特别沟通 |
| 项目现状 | 就预算和进度方面的变更进行沟通并在正常的现状时限之外获取纠正措施行动的帮助 | 业主 | 每月一次 | 会议和书面沟通 | 网站和"现状/客户"目录下的网络驱动盘 | 项目经理和团队现状 |
| 新闻媒体 | 将信息发送给新闻机构 | 平面媒体 | 根据需要 | 书面新闻稿格式 | 网站和"新闻稿"目录下的网络驱动盘 | 报纸、电台和电视媒体 |
| 变更请求 | 就变更进行沟通 | 团队变更小组 | 每周一次 | 书面、会议，进行变更登记 | 网站和"变更请求"目录下的网络驱动盘 | 任何填写变更请求表格的人员 |
| 项目流程 | 确保项目流程的连贯性和清晰性 | 团队和利益相关者 | 最初和进行更新的时候 | 书面、电子邮件、进行变更登记 | 网站、日志和项目标准目录下的网络驱动盘 | 技术作者更新 |
| 工程阶段验收报告 | 为业主提供工程质量信息 | 业主 | 每季一次 | 书面 | 仅供业主使用的网站，季度报告目录下的网络驱动盘 | 验收报告 |

# 第2节 项目信息管理

## 学习单元1 项目信息管理基本知识

### 学习目标

➢ 掌握信息管理的基本概念
➢ 了解现代信息科学发展的概况
➢ 掌握基本的项目信息管理技术

### 一、信息管理的基本概念

20世纪80年代以来,世界经济的发展进入一个激烈竞争的时代。可以说,谁先获得信息,谁就有可能抓住发展经济的机遇。同样,谁能很好地管理和利用信息,谁就有可能占领市场,获得效益。国内外大量事实也已说明,面对竞争激烈的世界,谁的信息管理现代化水平高,谁重视信息资源的开发和利用,谁就能抓住时机,在竞争中取胜。

图8—1可以说明信息管理的基本原理。

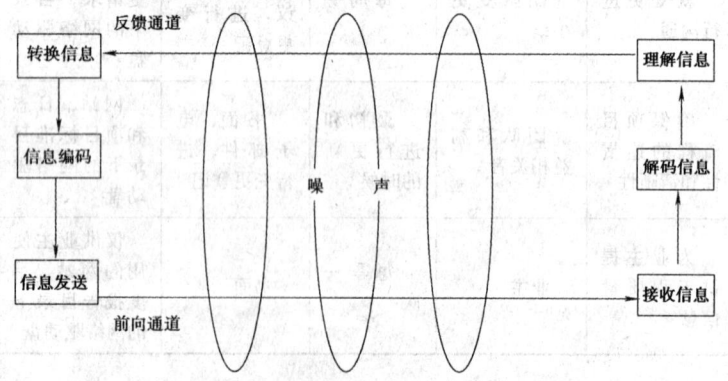

图8—1 简单的信息管理模型

从图 8—1 可以看出，沟通就是信息通过前进通道和反馈通道完成的一个过程。在这个过程中信息是一种资源，能够给人和组织带来现实的或者潜在的利益，也就是说信息具有一定的价值。在项目管理过程中，信息价值最本质的体现是信息的所有人因掌握更多的信息而占有或者保持管理优势。可见，信息在管理中具有重要的地位和作用，具体表现为以下四方面。

1. 从管理系统的角度看，信息是管理系统的基本构成要素和有机联系的介质。没有信息就不会有管理系统和管理活动的存在。

2. 从管理过程的角度看，整个管理过程实际上就是以信息为媒介，表现为信息的不断输入、处理、输出和反馈的过程。所有管理工作就是以信息处理为中心的工作。

3. 从管理组织的角度看，信息是各管理部门、管理层次和管理环节间相互沟通、协调行动的桥梁和纽带，是使各项管理职能得以发挥的重要前提。

4. 从管理目的的角度看，信息的开发利用是提高经济效益和社会效益的重要途径。信息可以提高速度、产出效益、创造财富，是非常重要和关键的资源。

由此可见，信息管理是组织管理的核心。信息管理的水平，将影响和制约其他一切管理活动的效率。所以，必须积极开展信息管理研究。

## 二、现代信息科学发展概况

维纳在《控制论》中指出：信息就是信息，不是物质也不是能量。信息与物质、能量是有区别的。同时，信息与物质、能量之间也存在着密切的联系。物质、能量和信息——是构成现实世界的三大要素。美国哈佛大学的研究小组给出了著名的资源三角。他们认为：没有材料，什么也不存在；没有能源，什么也不会发生；没有信息，任何事物都没有意义。

在不同时期这三种资源有着不同的地位和作用。在农业社会，人类主要依赖物质资源；蒸汽机的发明推动了工业革命，能源资源的作用显现出来，人类进入了依赖物质和能源资源的工业社会；以微电子技术为代表的现代新兴技术的出现使信息资源成为重要资源，人类开始进入依赖物质、能源和信息资源的信息社会。

20 世纪后半叶，特别是 20 世纪 80 年代以来，企业经营环境发生了巨大变化。第一，经济活动全球化导致了市场国际化，顾客可与国内外企业联系购买所需产品和服务，这对国内企业构成了新威胁。第二，随着社会经济和科学技术的不断发展，市场竞争日益加剧，要求企业对市场信息和用户需求的变更要反应灵敏。第三，随着现代科学技术特别是电子信息技术的迅速发展和广泛应用，人们的工作、生活以及思维方式发生了重大的变革,为企业的生产与经营提供了日臻完善的手段。

以上变化进一步提高了信息资源的重要性,信息活动成为人们社会生活日益重要的组成部分。信息活动过程就是信息资源的开发、利用和管理过程。技术、组织管理和人是信息化生产力的三个重要因素,也是推进信息化的三项关键资源。

从根本上说,信息、物质和能源是人类社会资源的三大支柱。物质、能源和信息构成"三位一体",相辅相成,缺一不可。随着社会经济的发展,人类对信息资源的依赖程度越来越高,而对物质资源和能源资源的依赖程度则相对降低。

### 三、基本的项目信息管理技术

项目沟通管理通常包括组织元素间的信息沟通管理和人际沟通管理两部分。人际沟通对沟通艺术的要求较高,其不确定性也较高,因此,属于项目管理的软技术范畴。项目信息沟通管理是指保证及时与恰当地生成、搜集、传播、存储、检索和使用项目信息的过程。

**1. 基本的项目信息管理技术内容**

(1) 信息管理规划

确定项目利益相关者的信息交流和沟通需求,包括确定谁需要信息、需要什么信息、何时需要以及如何将信息分发给他们等,形成沟通管理计划。

(2) 信息发布

通过基于沟通计划建立的项目信息发布系统将项目信息及时传送给项目利益相关者,并对突发的信息请求做出反应。项目信息发布需要在项目信息管理系统中选择恰当的信息沟通方式。

(3) 进展报告

进展报告是指通过分析与预测,并以报告的形式反映项目偏差与趋势。

(4) 信息归档

汇集项目的记录,确保这些记录反映最终的规范,分析项目的有效性,将信息存档以供将来使用。

**2. 项目管理软件与管理信息系统的关系**

项目管理软件是企业信息系统的子系统。它应该与企业信息系统进行资源共享,并且能够利用企业信息系统的数据发掘功能,动态获取新信息的同时将必要的信息发布到系统上。当然,项目管理软件子系统的使用应该有严格的授权。

## 学习单元 2 项目信息系统的分类

**学习目标**

➢ 掌握项目应用信息系统的分类及其模型
➢ 了解职能信息系统
➢ 了解组织信息系统
➢ 了解决策支持系统

### 一、项目应用信息系统的分类及其模型

按照专家的观点，管理信息系统的概念空间有五维。

（1）技术维

技术维说明技术上的深化程度，最低的应用技术是电子数据处理系统（EDP），最高的是智能系统。

（2）信息支持维

信息支持维关心的是信息使用的深度，包含的应用系统有数据处理系统、管理控制系统和决策支持系统。

（3）层次维

层次维支持不同层次的管理。组织的层次分为基层、中层和高层。支持基层的是业务处理系统，支持中层的是终端应用系统，支持高层的是主管信息系统或主管支持系统。

（4）职能维

企业主要包括市场、生产或服务、财务和人事四大职能。不同的职能有不同的应用系统，在职能维中有市场、生产或服务、财务和会计、人事等不同的职能信息系统。

（5）组织维

不同的企业或组织使用不同的应用系统，组织维也就由不同的信息系统组成，例如制造企业、银行业、教育业的应用系统等。

## 二、职能信息系统

根据企业的四大主要职能,相应的职能信息系统包括如下四大信息系统。

### 1. 市场信息系统

市场信息主要涉及广告、促销、产品管理、定价、销售预测、销售自动化以及销售业务管理等内容。市场信息系统包括战略规划子系统、策略和运营计划子系统、控制报告子系统和业务处理子系统。表8—3可以表示市场信息系统的全面功能。

表8—3  市场信息系统及其主要功能

| 战略规划子系统 | |
|---|---|
| · 长远市场规划 · 新产品、新市场计划 | |
| · 客户服务战略模型 | |
| **策略和运营计划子系统(市场计划)** | |
| · 关键数量计划 | · 产品计划 |
| · 广告和促销计划 | · 价格制定 |
| · 市场研究 | · 销售预测 |
| · 分销渠道计划 | |
| **控制报告子系统(销售和市场控制)** | |
| · 预算和花费 | 市场分享 |
| · 销售力量分配和性能 | · 利润 |
| · 顾客服务 | · 产品/顾客 |
| · 分配性能 | · 销售分析与趋势 |
| **业务处理子系统** | |

| 订单输入 | 发票 | 电话报告 |
|---|---|---|
| · 顾客订单 | · 开票 | · 电话频率 |
| · 销售办公 | · 回执 | · 竞争活动 |

### 2. 财务信息系统

财务包括会计和财务两部分。会计的主要任务是记账,使资金的运作不发生差错。财务更多关心如何运作好资金,使其产生效益。

传统会计主要根据历史数据产生综合数据报表,如收入表和平衡表等,现代会计已开始向财务延伸,涉及未来数据,如获利能力计算和责任会计等。尽管当代会计系统已经相当成熟,但随着信息技术的发展和经济全球一体化,会计信息系统也将发生变化。

### 3. 生产信息系统

这里的生产是广义的生产。对生产企业而言,它就是制造;对服务企业而言,它就是服务运营。

制造信息系统包括通过技术实现产品生产的系统和通过管理实现生产的系统。技术系统包括CAD、CAM、CNC和机器人等,管理系统则以MRP、MRP－Ⅱ或CAQC为典型代表,而CIMS和ERP则是技术系统与管理系统结合的典型代表。

**4. 人事信息系统**

传统的人事信息系统主要包括维护人事档案、考核人员晋升和调整工资。现代人力资源信息系统还包括招聘、选择和雇用、岗位设置、业绩评价、雇员酬劳分析、培养和发展、健康、保安和保密等内容,实际上它贯穿人员雇用的整个生命期。

### 三、组织信息系统

不同的组织有不同的管理要求,因而也就有不同的信息系统。企业信息系统不同于政府信息系统,服务业信息系统不同于制造业信息系统,它们的差别可以很大。建设不同组织的信息系统时,一定要从组织实际出发,真正发挥信息系统的作用。

下面以政府机关信息系统为例,介绍组织信息系统的概念。

我国各级政府,包括中央、省市、县、乡镇均在积极开展用计算机辅助管理工作。中央设有国家信息中心,各省市也设有省市信息中心,已形成了庞大的信息系统。

中央信息系统的主要组成部分是部级管理系统。部级管理系统不仅是部机关的管理信息系统,也是一个全国性系统。例如,国家教育管理信息系统就是一个部委级系统,它本身包括了25个数据库。

国家信息系统的下一级是省市级信息系统,由于各省市职能的不尽相同使得各省市信息系统也有差异。例如,深圳市信息系统就包括综合办公分系统、物价分系统、计划分系统、贸易分系统、统计分系统、外资分系统、工业分系统、外事分系统、交通分系统、人事分系统、城市建设管理分系统和财政分系统等十二个分系统。

这里每一个分系统又由许多子系统组成,每个子系统都有自己要完成的职能。例如,计划分系统包括物资、财政、信贷、外汇、工业、社会发展、交通邮电及贸易计划子系统,而工业分系统包括企业管理、技术改造管理、科技开发、工业发展规划、工业建设、工业生产指挥及调度、工业标准化、计量仪器管理、计量标准管理、工业产品质检管理、工业企业计量定级子系统等。

不同行业有不同的信息系统,例如制造业企业就和纺织业很不相同,服务业和制造业更不相同。即使在一个行业内，不同企业也有不同的信息系统需求。大部分公司根据实际的经营需要来建立适合他们实际情况的职能信息子系统，一般包括库存管理、销售管理、订单管理和生产计划四个子系统。

### 四、决策支持系统

决策支持系统是管理信息系统应用概念的深化，是在管理信息的基础上发展起来的系统。但是至今对什么是决策支持系统仍争论不休。也就是说至今没有一个公认的定义。大致上有两种极端的说法。

一种认为"只要对决策有某些支持的系统就是决策支持系统"，另一种则认为"能帮助决策者利用数据和模型去解决非结构化问题的交互式计算机系统"才是决策支持系统。按照第一种说法，几乎所有的系统均为决策支持系统。数据处理系统能提供数据给决策者，对其决策有某些帮助，因而也是决策支持系统。按照第二种说法，大多数系统要么不具备交互性，要么数据库或模型库不全，不能帮助解决非结构化问题，不是真正的决策支持系统。

不论采用哪一种定义，决策支持系统都应该具有如下基本特征。

1. 目的在于解决非结构化或半结构化的问题。
2. 综合应用数据、模型和分析技术。
3. 交互式友好接口，非计算机人员容易使用。
4. 具有很高的灵活性和适应性。
5. 支持而不代替人的决策过程。
6. 跟踪和适应人的决策过程，而不是要求人去适应系统。

## 学习单元3　项目信息系统的开发与管理

### 学习目标

➢ 掌握项目信息系统规划的基本概念
➢ 掌握项目信息系统开发的基本方法
➢ 掌握系统分析、设计、实施和维护的初步知识

## 一、项目信息系统战略规划

项目信息系统是组织战略的重要子系统,其主要作用就是保障组织内各子系统间的沟通以及组织与外部的沟通,所以信息系统的战略规划必须符合组织战略。

系统开发计划主要是针对已确定的开发策略选定相应的开发方法。选定开发方法时必须注意这种方法所适用的开发环境、所需要的计算机软硬件技术支撑以及开发者对它的熟悉程度。

## 二、项目信息系统开发的主要方法

系统分析和设计方法至今已有几十种,有些方法基本思路就不相同,有些方法则是相互间只有细小的技术上的差别。首先根据两维坐标进行分类,一维是按时间过程的特点,另一维是按关键分析要素或建造系统的"抓手"。按时间过程来分,开发方法可分为生命周期法和原型法,这两种方法是这个轴的两头,实际上还有处于中间的许多方法,如阶段原型法、阶段生命周期法等。原型法又按照对原型结果的处理方式分为试验原型法和演进原型法。试验原型法只把原型当成试验工具,试了以后就抛掉,根据试验的结论做出新的系统。演进原型法则把试好的结果保留,成为最终系统的一部分。按照系统的分析要素,可以把开发方法分为三类,即面向处理方法(processing oriented,简称 PO)、面向数据方法(data oriented,简称 DO)、面向对象的方法(object oriented,简称 OO)。

所谓 PO 就是系统分析的出发点在于搞清系统要进行什么样的处理。这里面又分为两种,一种是面向功能(function)的,另一种是面向过程(process)的。面向功能是由企业的职能出发,例如市场、生产、会计和人事等管理功能出发。面向过程则是跨越企业职能,由企业运营流程出发,划分成一些过程进行处理分析。而 DO 是面向数据的分析方法,它首先分析企业的信息需求,建立企业的信息模型,然后建立全企业共享的数据库。而 OO 是面向对象的分析方法,首先分析企业的一些对象,把描述对象的数据和对象的操作放在一起,或者说对象的数据和操作内容是对外封闭的。如果多个对象可以共享某些数据和操作,共享的数据和操作就构成了对象类。对象类可以有子对象,子对象可以调用其他类所定义的数据和操作。

可以把以上的分类用表格来说明(见表 8—4)。

表 8—4　　　　　　　　　　　系统开发方法二维分类

| 按系统的分析要素<br>按时间过程 | 面向处理<br>PO | 面向数据<br>DO | 面向对象<br>OO |
|---|---|---|---|
| 生命周期法 LC | LC—PO | LC—DO | LC—OO |
| 原型法 PROT. | PROT.—PO | PROT.—DO | PROT.—OO |

目前十分流行的是面向过程的系统分析方法，在概念上它是把功能与数据结合，因而从本质上可以认为是面向对象的方法。如果把面向对象的方法和面向过程的系统分析结合，将会为系统开发的方法注入新的活力。

### 三、系统分析、设计、实施和维护的初步知识

下面以面向对象法为例介绍系统分析、设计、实施和维护的初步知识。

**1. 系统分析知识**

面向对象分析方法（object—oriented analysis，OOA）是在一个系统的开发过程中进行了系统业务调查以后，按照面向对象的思想来分析问题；OOA 强调在系统调查资料的基础上，针对 OO 方法所需要的素材进行归类分析和整理，而不是分析管理业务现状和方法。

（1）面向对象分析的基本观点

1）分析和规格说明的总体框架贯穿结构化方法，如整体和局部、类别和成员、对象和属性等。

2）用信息进行用户和系统之间以及系统中实体之间的相互通信。

3）在总体框架中对每个部分提供的方法和性能进行分类。

（2）在用 OOA 具体地分析一个事物时，大致上遵循如下五个基本步骤：

第一步，确定对象（object）和类别（class）。这里所说的对象是对数据及其处理方式的抽象，它反映了系统保存和处理现实世界中某些事物的信息的能力。类别是多个对象的共同属性和方法集合的描述，它包括如何在一个类别中建立一个新对象的描述。

第二步，确定结构（structure）。这里所说的结构是指问题域的复杂性和连接关系。同类别成员结构反映了泛化—特化关系，整体—部分结构反映整体和局部之间的关系。

第三步，确定主题（subject）。这里所说的主题是指事物的总体概貌和总体分析模型。

第四步，确定属性（attribute）。这里所说的属性就是数据元素，可用来描述

对象或分类结构的实例,可在图中给出,并在对象的存储中指定。

第五步,确定方法(method)。这里所说的方法是在收到信息后必须进行的一些处理方法:方法要在图中定义,并在对象的存储中指定。对每个对象和结构来说,那些用来增加、修改、删除和选择一个方法本身都是隐含的(虽然它们是要在对象的存储中定义的,但并不在图上给出),而有些则是显示的,如计算费用等。

**2. 系统设计知识**

面向对象设计(object-oriented design,OOD)是 OO 方法中一个中间过渡环节。其主要作用是对 OOA 分析的结果作进一步的规范化整理,以便能够被面向对象编程(object oriented programming,OOP)直接接受。在 OOD 的设计过程中,要展开的主要有如下几项工作:

(1)对象定义规格的求精过程

对于 OOA 所抽象出来的对象—类别以及汇集的分析文档,OOD 需要有一个根据设计要求整理和求精的过程,使之更能符合 OOP 的需要。这个整理和求精过程主要有两方面:一是要根据面向对象的概念模型整理分析所确定的对象结构、属性、方法等内容,改正错误的内容,删去不必要和重复的内容等。二是进行分类整理,以便于下一步数据库设计和程序处理模块设计的需要。整理的方法主要是进行归类,对类别—对象、属性、方法和结构、主题进行归类。

例如,在对学校系统的分析中,会抽象出若干个类别—对象,它们反映的都是人(如教师、学生、职工等)。于是设计机制应考虑将它们归类到一起。希望先从人的描述开始,将人的属性通过继承机制加到学生、教师和职工的定义中去。

(2)数据模型和数据库设计

数据模型的设计需要确定类别、对象属性的内容、信息连接的方式、系统访问(access)、数据模型的方法等。最后每个对象实例的数据都必须落实到面向对象的库结构模型中,这个过程类似于后面提到的管理指标体系和基础数据统计指标体系。但不同的是,它不是从管理功能和基础业务处理过程着手考虑问题的,而是从类别、对象属性集合角度考虑问题。

(3)优化

OOD 的优化设计过程是从另一个角度对分析结果和处理业务过程的整理归纳,优化包括对象和结构的优化、抽象、集成。

对象和结构的模块化表示为 OOD 提供了一种范式,这种范式支持对类别和结构的模块化。这种模块符合一般模块化所要求的所有特点,如信息隐蔽性好,内部聚合度(cohesion)强和模块之间耦合度(coupling)弱等。

抽象表示对明抽象（abstraction by specification）和参数化抽象（abstraction by parametrization）。

集成化使得单个构件有机地结合在一起，相互支持。

**3. 系统实施知识**

系统实施是将系统设计阶段的结果在计算机上实现。将原来纸面上的、类似于设计图式的新系统方案转换成可执行的应用软件系统。系统实施阶段的主要任务如下：

(1) 按总体设计方案购置和安装计算机网络系统。

(2) 建立数据库系统。

(3) 程序设计与调试。

(4) 整理基础数据，培训操作人员。

(5) 投入切换和试运行。

**4. 系统维护知识**

信息维护的主要目的在于保证信息的准确、及时、安全和保密。系统维护主要包括以下内容：

(1) 对信息进行更新和剔除

具体包括对原文件中的记录或数据项进行修改、增加、删除及存储的调整等。

(2) 数据复制

为了数据处理的需要，或是安全的目的，将数据从一个载体复制到另一个载体上，或在同一个载体上，从一个地方复制到另一个地方。在数据管理中，复制后备文件是经常需要的。但同时应该注意信息的一致性。信息的一致性主要是指维护分布在不同地点的同一信息的内容在任何时候都应该是一致的。

(3) 保证信息的安全性

信息的安全保护的基本目的是防止信息的破坏和篡改。安全保护的方法可以分为物理限制、利用操作系统功能的限制以及基于数据库管理系统功能的限制的方法。如可以采用对数据进行加密、设置口令、检查用户权限等手段实现信息的安全。信息检索上存在着大量的信息，用户在使用网上信息时，许多信息是免费的，但需要支付网络通信费。

# 第 9 章
# 项目风险管理

## 第 1 节  项目风险管理计划

 学习单元 1  项目风险管理基础知识

 学习目标

> 了解风险、项目风险管理、风险管理计划的定义
> 掌握风险的分类方法
> 理解风险的基本性质

### 一、项目风险管理的基本概念

**1. 风险的定义**

风险英文名为"Risk",源于法文的"Risque",意为在危险悬崖间航行。而法文又引自意大利文的"Risicare"和希腊文的"Risk",意思是冒险才有获利的机会。其定义的角度不同,因而有不同的解释,但较为通用的是如下的定义:

(1) 风险是损失或收益发生的不确定性,即风险是由不确定性和损失(收益)

两个要素构成。

(2) 风险是在一定条件下，一定时期内，某一事件的预期结果与实际结果间的变动程度，变动程度越大，风险越大；反之，则越小。

(3) 风险是损害（Hazard）和对损害暴露度（Exposure）两种因素的综合，其表达式为：

$$Risk = Hazard \times Exposure$$

其中，损害暴露度内含了风险发生的频率和可能性。

(4) 风险是危险和保险的函数。

$$风险 = f（危险，保险）$$

风险随"危险因素"的增加而增大，但随"保险因素"的增加而降低。这个公式表明好的项目管理结构应该能够识别"危险因素"，设置"保险因素"以克服"危险因素"。如果项目有足够的"保险"设置，风险就会被降低到一个可接受的水平。

**2. 项目风险管理的定义及其与项目管理的关系**

(1) 项目风险管理的定义

项目风险就是项目生命期中的风险，即可能导致项目损失的不确定性。它具有客观性、普遍性、可变性、多样性和可测性等。它会对项目目标产生正面或负面的影响，在这里仅考虑负面影响。

项目风险管理是指通过风险识别、风险分析和风险评价去认识项目的风险，并以此为基础合理地使用各种风险应对措施、管理方法技术和手段，对项目的风险实行有效的控制，妥善地处理风险事件造成的不利后果，以最少的成本保证项目总体目标实现的管理工作。

(2) 项目风险管理与项目管理的关系

风险管理是整个项目管理的一个部分，其目的是保证项目总目标的实现。它与项目管理的关系表现如下：

1) 从项目的时间、质量和成本目标来看，风险管理与项目管理的目标是一致的，即通过风险管理来降低项目进度、质量和成本方面的风险，实现项目管理目标。

2) 从项目范围管理来看，项目范围管理的主要内容包括界定项目范围和对项目范围变更的控制。通过界定项目范围，可以明确项目的范围，将项目的任务细分为更具体、更便于管理的部分，避免遗漏而产生风险。在项目进行过程中，各种变更是不可避免的，变更会带来某些新的不确定性，风险管理可以通过对风险的识别、分析来评价这些不确定性，从而向项目范围管理提出具体任务。

3）从项目计划的职能来看，风险管理为项目计划的制订提供了依据。项目计划考虑的是未来，而未来必然存在着不确定因素。风险管理的职能之一是减少项目整个过程中的不确定性，这有利于项目计划的准确执行。

4）从项目沟通控制的职能来看，项目沟通控制主要是对沟通体系进行监控，特别要注意经常出现误解和矛盾的职能及组织间的接口，这些可以为风险管理提供信息。反过来，风险管理中的信息又可通过沟通体系传输给相应的部门和人员。

5）从项目实施过程来看，不少风险都是在项目实施过程中由潜在变为现实的。风险管理就是在风险分析的基础上，拟定出具体的应对措施，以消除、缓和、转移风险，利用有利机会避免产生新的风险。

**3. 项目风险管理计划的定义**

要了解项目风险管理计划定义，必须先了解项目风险规划。PMBOK 认为，风险管理规划就是项目风险管理的整套计划，主要包括定义项目团队及团队成员风险管理的行动方案及方式，选择适合的风险管理方法，确定风险判断的依据等，用于对风险管理活动的计划和实践形式进行决策。

风险管理计划是用于描述整个项目生命期内，项目团队和成员如何组织和执行风险识别、风险评估、风险量化、风险应对计划及风险监控等项目风险管理活动。它主要说明如何把风险分析和管理步骤应用于项目管理之中。它应详细地说明风险识别、风险评估、风险应对、风险控制过程所涉及的方方面面以及如何评价项目整体风险。

## 二、风险的分类

不同的风险具有不同的特性，为有效地管理风险，有必要对各种风险进行分类。

**1. 按风险后果划分**

（1）纯粹风险

纯粹风险是指风险导致的结果只有两种，即没有损失或有损失。

（2）投机风险

投机风险是指风险导致的结果有三种，即没有损失、有损失或获得利益。

**2. 按风险来源划分**

（1）自然风险

自然风险是指由于自然力的不规则变化导致财产毁损或人员伤亡，如风暴、地震等。

(2) 人为风险

人为风险是指由于人类活动导致的风险。人为风险又可细分为行为风险、政治风险、经济风险、技术风险和组织风险等。

**3. 按风险的形态划分**

(1) 静态风险

静态风险是由于自然力的不规则变化或由于人的行为失误导致的风险。从发生的后果来看，静态风险多属于纯粹风险。

(2) 动态风险

动态风险是由于人类需求的改变、制度的改进和政治、经济、社会、科技等环境的变迁导致的风险。从发生的后果来看，动态风险既可属于纯粹风险，又可属于投机风险。

**4. 按风险可否管理划分**

(1) 可管理风险

可管理风险是指用人的智慧、知识等可以预测、可以控制的风险。

(2) 不可管理风险

不可管理风险是指用人的智慧、知识等无法预测和无法控制的风险。

**5. 按风险的影响范围划分**

(1) 局部风险

局部风险是指由于某个特定因素导致的风险，其损失的影响范围较小。

(2) 总体风险

总体风险影响范围大，其风险因素往往无法加以控制，如经济、政治等因素。

**6. 按风险后果的承担者划分**

按风险后果的承担者可分为政府风险、投资方风险、业主风险、承包商风险、供应商风险、担保方风险等。

## 三、风险的基本性质

**1. 风险的客观性**

风险的客观性，首先表现在它的存在是不以个人的意志为转移的。从根本上说，这是因为决定风险的各种因素对风险主体是独立存在的，不管风险主体是否意识到风险的存在，在一定条件下仍有可能变为现实。其次，还表现在它是无时不有、无所不在的，它存在于人类社会的发展过程中，潜藏于人类从事的各种活动之中。

**2. 风险的不确定性**

风险的不确定性是指风险的发生是不确定的，即风险的程度有多大、风险何时何地有可能转变为现实均是不确定的。这是由于人们对客观世界的认识受到各种条件的限制，不可能准确预测风险的发生。

风险的不确定性并不代表风险就完全不可测度，有的风险可以测度，有的风险不可测度。例如，项目投资对不同投资方案的不同收益和损失的可能性，可以根据有关情况、数据，运用各种方法进行测度；对于经济风险、政治风险和自然风险就很难测度甚至无法测度。

风险的不确定性要求人们运用各种方法，尽可能地对风险进行测度，以便采取相应的对策规避风险。

**3. 风险的不利性**

风险一旦产生，就会使风险主体产生挫折、失败甚至损失，这对风险主体是极为不利的。风险的不利性要求人们在承认风险、认识风险的基础上，做好决策，尽可能地避免风险，将风险的不利性降至最低。

**4. 风险的可变性**

风险的可变性是指在一定条件下风险可以转化。风险的可变性包括以下内容：

（1）风险性质的变化

在汽车没有普及之前，因汽车引起的车祸被视为特定风险，当汽车已成为主要交通工具之后，车祸成为基本风险。

（2）风险量的变化

随着社会的发展，预测技术的不断完善，人们抵御风险的能力增强，在一定程度上对某些风险能够加以控制，使其频率降低，造成损失的范围和损失的程度减少。

（3）某些风险在一定空间和时间范围内被消除

如新中国成立后，我国消除了多种传染病。

（4）新的风险产生

随着项目和其他活动的展开，会有新的风险出现。如进行项目建设时，为了加快进度而采取边勘察、边设计、边施工的方法，这时就可能产生质量、安全或造价风险。

**5. 风险的相对性**

风险的相对性是针对风险主体而言的，即使在相同的风险情况下，不同的风险主体对风险的承受能力是不同的，主要与收益的大小、投入的大小和风险主体的地位以及拥有的资源量有关。

#### 6. 风险与利益的对称性

风险与利益的对称性是指对风险主体来说,风险和利益必然是同时存在的,即风险是利益的代价,利益是风险的报酬。如果没有利益而只有风险,那么谁也不会去承担这种风险;另一方面,为了实现一定的利益目标,必须以承担一定的风险为前提。

## 学习单元 2　项目风险识别与定性评估

 学习目标

➢ 了解风险识别、风险评估的概念
➢ 掌握风险识别的基本方法
➢ 能够分析风险产生的原因
➢ 掌握定性风险评估的基本方法

### 一、风险识别

#### 1. 风险识别的概念

风险识别是风险管理的基础。风险识别是指风险管理人员在收集资料和调查研究的基础上,运用各种方法对尚未发生的潜在风险以及客观存在的各种风险进行系统归类和全面识别。风险识别包括确定风险的来源、风险产生的条件,描述其风险特征和确定哪些风险事件有可能影响本项目,并将其记录在案。风险识别不是一次就可以完成的事,应当在项目生命期全过程中定期进行。风险识别的依据有风险管理规划、项目规划的有关内容、历史资料、制约因素和假定等。风险识别的主要内容有识别引起风险的主要因素、识别风险的性质、识别风险可能引起的后果。

#### 2. 风险识别的方法与工具

项目风险识别的方法和工具有很多,既有结构化方法也有非结构化方法,既有经验性方法也有系统性方法,在具体应用过程中要结合具体情况组合使用。

(1) 头脑风暴法

头脑风暴法又称集思广益法,是最常用的风险识别方法,它是一种运用创造性

思维、发散性思维和专家经验，通过会议的形式去分析和识别项目风险的方法。在使用这种方法识别项目风险时，要允许各方面的专家和分析人员畅所欲言，搜寻和发现项目的各种风险，但不进行评论，然后根据风险类型进行风险分类。组织者要善于提问并能及时整理项目风险分析的结果，并促使与会者不断发现和识别项目的各种风险和风险影响因素。具体实现过程是：选择与会人员、明确议题、记录发言内容、综合评价。一般使用这种方法可以回答下列问题：如果进行这个项目会遇到哪些风险？风险的后果危害程度如何？风险的主要成因是什么？风险事件的征兆有哪些？风险有哪些基本特性？等等。

（2）德尔菲法

德尔菲法最早出现于20世纪50年代末，是当时美国为了预测在其"遭受原子弹轰炸后，可能出现的结果"而发明的一种方法。1964年美国兰德公司首次将德尔菲法用于技术预测中，以后便迅速地应用于几乎任何领域的预测。

德尔菲法本质上是一种反馈匿名函询法。其做法是邀请专家匿名参加项目风险分析，主要通过信函方式进行。在对所要预测的项目风险问题征得专家的意见之后，进行整理、归纳、统计，再匿名反馈给各专家，再次征求意见，再集中，再反馈，直至得到稳定的意见，该方法可以在主要的项目风险上达成一致意见。其过程可简单表述如下：

匿名征求专家意见——归纳、统计——匿名反馈——归纳、统计……若干轮后，停止。

总之，它是一种利用函询形式的集体匿名思想交流过程。它区别于其他专家预测方法的三个明显的特点是匿名性、多次反馈、小组的统计回答。应用德尔菲法时应注意以下几个要点：

1) 专家人数不宜太少，一般以10~50人为宜。

2) 对风险的分析往往受组织者、参加者的主观因素影响，因此，有可能发生偏差。

3) 预测分析的时间不宜过长，时间越长，准确性越差。

（3）情景分析法

情景分析法是通过对项目未来的某个状态或某种情况（情景）的详细描述并分析所描绘情景中的风险与风险要素，从而识别项目风险的一种方法。情景描述可以用图表或曲线给出，也可以用文字给出。对于涉及因素较多、分析计算比较复杂的项目风险识别，情景分析法可以借助于计算机完成。这种方法一般需要：先给出项目情景描述，然后变动项目某个要素再分析变动后项目情况变化和可能的风险与风险后果等。通常，情景分析法的步骤为：识别项目的风险；分析和识别项目风险的影响因素；分析和识别项目风险的后果；分析和识别项目风险波及的范围和检验项目风险识别的结果。

（4）流程图法

流程图是将项目全过程，按其内在的逻辑关系制成流程图。针对流程中的关键环节和薄弱环节进行调查和分析，找出风险存在的原因，从中发现潜在风险的威胁，分析风险发生后可能造成的损失和对项目全过程造成的影响有多大。通常包括：项目系统流程图、项目实施流程图和项目作业流程图等。流程图法就是使用这些流程图全面分析和识别项目风险的一种方法，这种方法的结构化程度比较高，所以对于识别项目的系统风险和各种风险要素是非常有用的。这种方法使用项目流程图帮助项目风险识别人员分析和识别项目的风险，项目各个环节存在的风险，以及各个项目风险的起因和影响。运用这种方法得出的项目风险识别结果还可以为后面项目实施中的风险控制提供依据。但流程图分析仅侧重流程本身，无法显示发生问题阶段的损失值或损失发生的概率。

（5）检查表

检查表是管理中用来记录和整理数据的常用工具。用它进行风险识别时，将项目可能发生的许多潜在风险列于一个表上，供识别人员进行检查核对，用来判别某项目是否存在表中所列或类似的风险。检查表是有关人员利用所掌握的丰富知识设计而成的，表中所列都是历史上类似项目曾发生过的风险，是项目风险管理经验的结晶，对项目管理人员具有开阔思路、启发联想、抛砖引玉的作用。使用检查表的优点是它使风险识别能按照系统化、规范化的要求去识别风险，且简单易行。但它的不足之处是专业人员不可能编制一个包罗万象的检查表，因而使检查表具有一定的局限性。

（6）事故树分析

事故树分析也称故障树分析或失效树分析，它是系统分解法的一种，可用于识别风险产生的原因或来源。利用因果分析图将风险问题与风险因素之间的关系表示出来。一般风险因素包括人、机器设备、材料、方法（工艺）和环境等方面。图9—1所示是一个简单的事故树。

（7）SWOT技术

SWOT全称是Strength—Weakness—Opportunity—Threat，含义是优势—劣势—机会—威胁。SWOT技术是综合运用项目的优势与劣势、机会与威胁方面，从多视角对项目风险进行识别的一种有效技术。

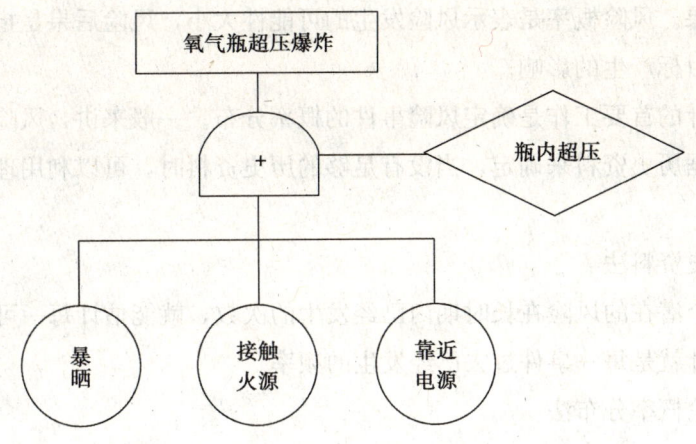

图 9—1 氧气瓶爆炸的事故树

(8) 访谈法

访谈法是通过对资深项目经理或相关专家进行访谈，从而识别项目风险的一种方法。负责访谈的人员首先要选择合适的访谈对象；其次，应向访谈对象提供项目内外部环境、假设条件和约束条件的信息。访谈对象依据自己的丰富经验，掌握的项目信息，对项目风险进行识别。

(9) 因果分析图

利用因果分析图将风险问题与风险因素之间的关系表示出来。一般风险因素包括人、机器设备、材料、方法（工艺）和环境等方面。

(10) 工作分解结构

识别风险先要弄清楚项目的组成、各组成部分的性质、它们之间的关系、项目同环境之间的关系，这些可利用工作分解结构来完成。

## 二、定性风险评估

**1. 风险评估的概念**

风险评估是对已识别风险发生的概率及一旦发生所产生的影响进行评价，并分析风险之间的相互关系，对风险进行优先排序，确定风险对项目目标的整体影响。

风险评估是项目风险管理的第二步。项目风险评估包括风险估计与风险评价两个内容。风险评估的主要任务是对风险发生概率、风险后果严重程度、风险影响范围大小以及风险发生时间的估计和评价。风险评估通常从定性和定量两方面考虑。

**2. 定性风险评估的方法和工具**

在项目情况基本相同的条件下，可以通过定性风险评估方法和工具来评估风险的概率和后果。风险概率是表示风险发生的可能性大小，风险后果是指风险事件发生后对项目目标产生的影响。

风险估计的首要工作是确定风险事件的概率分布。一般来讲，风险事件的概率分布应当根据历史资料来确定，当没有足够的历史资料时，可以利用理论概率分布进行估计。

(1) 历史资料法

观察每个潜在的风险在长时期内已经发生的次数，就能估计每一可能事件的概率，这种估计就是每一事件过去已经发生的频率。

(2) 理论概率分布法

当项目的管理者没有足够的历史信息和资料来确定项目风险事件的概率时，可根据理论上的某些概率分布来补充或修正，从而建立风险的概率分布图。

常用的风险概率分布是正态分布，正态分布可以描述许多风险的概率分布，如交通事故、财产损失、加工制造的偏差等。除此之外，常用的理论概率分布还有离散分布、等概率分布、泊松分布、威布尔分布和对数正态分布等。

(3) 主观概率法

由于项目的一次性和独特性，不同项目的风险往往存在差别。因此，项目管理者在很多情况下要根据自己的经验，测度项目风险事件发生的概率或概率分布，这样得到的项目风险概率被称为主观概率。主观概率的大小常常根据人们长期积累的经验、对项目活动及其有关风险事件的了解来做出估计。

(4) 风险事件后果的估计

风险事故造成的损失大小要从三方面来衡量，即风险损失的性质、风险损失范围的大小和风险损失的时间分布。

风险损失的性质是指损失是属于政治性的、经济性的，还是技术性的。风险损失的范围大小包括：风险可能带来的损失的严重程度、损失的变化幅度和分布情况。损失的严重程度和损失的变化幅度分别用损失的数学期望和方差表示。项目风险影响是指项目风险会对哪些项目参与者造成损失。风险损失的时间分布是指项目风险事件是突发的，还是随时间推移逐渐致损的，风险损失是在项目风险事件发生后马上就感受到，还是需要随时间推移而逐渐显露出来，以及这些损失可能发生的时间。

(5) 矩阵图分析

1) 风险影响度分析表 (见表9—1)。

表 9—1  风险对项目主体目标影响度评价

| 项目目标 | 很低 (0.05) | 低 (0.1) | 一般 (0.2) | 高 (0.4) | 很高 (0.8) |
|---|---|---|---|---|---|
| 成本 | 不明显的成本增加 | 成本增加<5% | 成本增加介于5%～10% | 成本增加介于10%～20% | 成本增加>20% |
| 进度 | 不明显的进度拖延 | 进度拖延<5% | 总体项目拖延5%～10% | 总体项目拖延10%～20% | 总体项目拖延总>20% |
| 范围 | 范围减少几乎察觉不到 | 范围的很少部分受到影响 | 范围的主要部分受到影响 | 范围的减少不被业主接受 | 项目的最终产品实际上没用 |
| 质量 | 几乎察觉不到质量降低 | 只有在要求很高时应用才会受到影响 | 质量的降低应得到业主批准 | 质量降低到无法被业主接受 | 项目的最终产品实际上不能使用 |

2) 风险发生概率与影响程度评价。表 9—2 是一个具体风险的风险值例子。表中的风险发生的概率及其影响可以根据主客观估计得到，然后根据

$$风险值 = 概率(P) \times 影响(I)$$

可以计算出不同概率，不同影响程度下的风险值。

表 9—2  风险发生概率与影响程度评价

| | 一个具体风险的风险值 | | 风险值＝概率（P）×影响（I） | | |
|---|---|---|---|---|---|
| 概率（P） | 影响（I）（很低）0.05 | 影响（I）（低）0.1 | 影响（I）（一般）0.2 | 影响（I）（高）0.4 | 影响（I）（很高）0.8 |
| 0.9 | 0.05 | 0.09 | 0.18 | 0.36 | 0.72 |
| 0.7 | 0.04 | 0.07 | 0.14 | 0.28 | 0.56 |
| 0.5 | 0.03 | 0.05 | 0.10 | 0.20 | 0.40 |
| 0.3 | 0.02 | 0.03 | 0.06 | 0.12 | 0.24 |
| 0.1 | 0.01 | 0.01 | 0.02 | 0.04 | 0.08 |
| 1 | 0.05 | 0.10 | 0.20 | 0.40 | 0.80 |

## 某航空新产品开发的风险识别与定性评估案例

项目背景：某公司开发一项航空型号产品，是国家指令性项目。在项目论证时，就一致认为该产品开发的关键是 A 型探测舱。

航空产品型号项目是一个复杂的系统工程，整个项目既是一个整体，又相互交叉、互相影响，涉及国防高科技领域、技术创新能力、国内相关技术水平、科研试验能力、国内工业水平、项目管理水平、生产制造能力和水平，同时还包括国际环境等方面的影响。A 型探测舱是该项目的探测系统，也是关键部件，但预研基础

薄弱，国内材料不达标，技术能力不强，经验缺乏。项目总目标是3年内航空型号产品设计定型，2年内A探测舱达到鉴定状态。

项目团队确定，对A型探测舱进行重点风险管理。下面是在航空产品开发初始阶段，对A型探测舱的风险识别与定性评估。

一、项目风险识别

A型探测舱在开发初期，从顶层角度用专家调查法和头脑风暴法得出两级WBS。基本情况如下：一级因子分6大类，主要风险为引进风险、研制风险、制造风险、进度风险、经费风险和不可预见风险，具体见表9—3。

表9—3　　　　　　　　　A型探测舱各类风险因子

| 一级风险因子 | 二级风险因子 |
| --- | --- |
| 引进风险 | 立项风险 |
|  | 考察风险 |
|  | 签约风险 |
|  | 合同执行风险 |
| 研制风险 | 技术指标的可达性风险 |
|  | 技术难点风险 |
|  | 系统复杂程度风险 |
|  | 团队风险 |
|  | 科研保障能力风险 |
|  | 重大试验风险 |
|  | 系统研制跨部门跨行业管理风险 |
|  | 引进技术及关键器件的风险 |
|  | 配套成品研制风险 |
| 制造风险 | 技术改造风险 |
|  | 生产制造能力风险 |
|  | 质量保障体系的风险 |
|  | 系统生产跨部门跨行业管理风险 |
|  | 引进关键器件的风险 |
|  | 配套产品风险 |
| 进度风险 | 单项进度计划的风险 |
|  | 达到项目群目标的风险 |
|  | 研制进度风险 |
|  | 制造进度风险 |

续表

| 一级风险因子 | 二级风险因子 |
|---|---|
| 经费风险 | 项目经费的满足度的风险 |
| | 研制经费的风险 |
| | 制造经费的风险 |
| | 研制条件保障经费风险 |
| | 制造技术改造经费风险 |
| | 项目经费使用状况的风险 |
| 不可预见风险 | 研制阶段的不可预测风险 |
| | 制造阶段的不可预测风险 |
| | 发生空中飞行事故和颠覆性事故的风险 |
| | 其他不可预见风险 |

## 二、进行风险定性评估

用主观概率法确定 A 型探测舱计量标度，结果见表 9—4。

表 9—4　　　　　　　　风险评级打分

| 风险评级 | 打分 | 说明 |
|---|---|---|
| 极高 | 91～100 | 极有可能出问题，风险极大 |
| 很高 | 81～90 | 很有可能出问题，风险很大 |
| 高 | 71～80 | 有可能出问题，风险较大 |
| 较高 | 61～70 | 出问题可能性较小，有风险 |
| 一般 | 36～60 | 不会出大问题，风险较小 |
| 低 | 21～35 | 不会出问题，基本无风险 |
| 很低 | 0～20 | 即将使用的系统，无风险 |

首先，由专家组给出 6 个一级风险因子，即引进风险、研制风险、制造风险、进度风险、经费风险和不可预测风险。其权重分别为 0.10，0.30，0.15，0.20，0.15，0.10。然后，针对每个一级风险因子给出其对应的二级风险因子的权重，如对于引进风险的 4 个二级风险因子权重分别为 0.4，0.2，0.25，0.15。接下来针对每个二级风险因子，根据表 9—4 采用专家打分法进行打分，同时，给出其发生的主观概率。如立项风险对应的 7 个风险评级为极高、很高、高、较高、一般、低和很低，其主观概率分别为 0，0，0.1，0.15，0.35，0.25，0.15 对应的打分值分别为 92，85，75，65，46，30，12。这样算得立项风险的期望值为 42.65。类似的，可以得到其他 32 个风险因子的得分期望值。最后，通过计算每个一级风险因

子的综合得分值,可以得到 A 型探测舱的综合得分为 51,这样可以认为其风险评级为一般。

打分原则采用主观评价法。考虑到 A 型探测舱的复杂性和项目管理及研制程序的多样性,在确定概率时,分别采取了以下几种原则。

1. 小中取大原则(又称悲观原则)

该原则的基本思想是假定决策者从每一个决策方案可能出现的最差结果出发,且最佳选择是从最不利的结果中选择最有利的结果。

2. 大中取大原则(又称乐观原则)

该原则的出发点是假定决策者对未来的结果持乐观的态度,总是假设出现对自己最有利的状态。

3. 遗憾原则(又称最小后悔原则)

在决策过程中,当某一种状态可能出现时,决策者必然要选择使收益最大的方案。但如果决策者由于决策失误而没有选择使收益最大的方案,则会感到遗憾或后悔。遗憾原则的基本思想就在于尽量减少决策后的遗憾,使决策者不后悔或少后悔。

4. 最大数学期望值原则

该原则是根据每个方案的期望收益(或损失)来对方案进行比较,从中选择期望收益最大(或期望损失最小)的方案。

# 第 2 节  项目风险控制

 学习单元  项目风险控制

 学习目标

➤ 了解项目风险控制与项目风险监控的概念
➤ 了解风险跟踪技术和方法

## 一、项目风险控制与项目风险监控的概念

**1. 项目风险控制**

项目风险控制就是在风险事件发生时，实施风险管理计划中预定的应对措施。另外，当项目的情况发生变化时，关注风险的变化，风险是否由潜在转变为现实，一旦发现不利情况，重新进行风险识别、评估，并制定新的风险应对措施。

风险控制的依据包括风险管理计划、实际发生的风险事件和随时进行的风险识别结果。

风险控制的手段除了风险管理计划中的应对措施外还应有根据实际情况确定的权变措施。

**2. 项目风险监控**

项目风险监控就是跟踪已识别的风险，监视剩余风险和识别新的风险，保证风险计划的执行，并评估消减风险的有效性。

风险监控是建立在项目风险的阶段性、渐进性和可控性基础上的一种管理工作。通过对项目风险的识别和分析，以及对风险信息的收集，就可以采取正确的风险应对措施，从而实现对项目风险的有效控制。

## 二、风险跟踪技术和方法

项目的跟踪与控制是项目实施中不同性质的活动。跟踪是控制的前提，提供控制系统的反馈信息，控制是跟踪的服务对象，两者相互依存、相互促进。项目的风险跟踪是指项目各级管理人员根据项目风险管理的规划和目标等，对影响项目进展的内外因素进行及时的、连续的、系统的记录和报告的系列活动过程。因此，风险跟踪的核心是及时反映项目风险的变化，提供有关项目风险信息报告。所以，风险跟踪技术和方法更多体现在项目风险信息收集的方式上，一般采取下列五种方法进行。

**1. 发生频率统计法**

即对某一风险事件发生的次数进行记录、统计的一种信息收集方法。

**2. 原始数据记录法**

即对项目运行中实际资源投入量和项目产出技术指标进行统计的一种方法。

**3. 经验法**

这类指标的定量或定级来自于项目管理人员的主观意志。

**4. 指标法**

用这种方法收集信息时，要先确定替代对象和特征指标及特征关系，这需要建

立多个候选指标并对它们与测定对象的特征差异或关系进行分析和评价，选择差别最小或关系清楚而又易于测量的对象特征作为替代指标。

**5. 口头测定方法**

这种方法主要用于测量风险对项目的影响不大的情况。

通常将风险信息收集完毕后，采用风险报告的形式进行反馈：有日常报告、例外报告、特别分析报告。通过不同的报告及时跟踪掌握项目具体风险情况，进行合理监控。

## 三、风险监控的技术和方法

**1. 建立项目风险监控体系**

项目风险监控体系的建立，包括制定项目风险监控的方针、项目风险控制的程序、项目风险责任制度、项目风险信息报告制度、项目风险预警制度和项目风险监控的沟通程序等。

**2. 项目风险审核**

项目风险审核上确定项目风险监控活动和有关结果是否符合项目风险管理计划和项目风险应对计划的安排，以及这些安排是否有效地实施并适合于达到预定目标的、有系统的检查。项目风险审核是开展项目风险监控的有效手段，也是作为改进项目风险监控活动的一种有效机制。

**3. 挣值分析**

挣值分析就是将计划工作与实际完成工作进行比较，从而确定是否符合计划费用和进度的要求。如果产生偏差较大，则需要进一步对项目的风险进行识别、评估和量化。

**4. 技术因素度量**

技术因素度量指在项目执行过程中度量技术完成情况与原定项目计划进度的差异，如果有一定偏差，则可能意味着在完成项目预期目标上有一定风险。

**5. 附加风险应对计划**

项目实施过程中，如果出现了事前未预料到的风险，或者该风险对项目目标的影响较大，而且原有的风险应对措施又不足以应付时，为了控制风险，有必要编制附加风险应对计划。

**6. 项目风险评价**

通过风险识别，充分揭示出项目所面临的风险，然后通过风险分析，定量确定风险发生的概率和损失的严重程度。但是否要采取监控措施？采取什么样的监控措施？监控到什么程度？采取监控措施后，原来的风险发生了什么变化？是否产生了新的风险？这些均要通过风险评价来解决。

项目风险评价按评价的阶段不同可分为事前评价、事中评价、事后评价和跟踪评价。按项目风险管理的内容不同可分为设计风险评价、风险管理有效性评价、设备安全可靠性评价、行为风险评价、作业环境评价、项目筹资风险评价等。按评价方法不同可分为定性评价、定量评价和综合评价。

## 基于"十大风险事项追踪"的项目管理审查会议案例

"十大风险事项追踪"是一种在整个项目生命期内保持风险意识的工具。它涉及与管理部门或用户一起，定期审查项目最重大的风险事项。对项目十大风险来源的状况进行总结，从而开始这种审查。总结包括各风险事件目前的排名、以前的排名、在一段时间内出现在列表上的次数，以及自从上次审查以来解决这一风险事项所取得的进展总结。

表9—5是一个用在项目管理审查会议上的"十大风险事项追踪表"的例子（这一特例只包括了前五位的风险事项）。值得注意的是，各风险条目都是根据当前月份、先前月份和它在十大风险事件中出现的月份数来排序的。最后一栏简要描述了解决各特定风险事项所取得的进展。

表 9—5　　　　　　　　　　十大风险事项追踪实例

| 风险事件 | 月排序 | | | 风险解决进展 |
| --- | --- | --- | --- | --- |
| | 本月 | 上月 | 月份数 | |
| 计划不充分 | 1 | 2 | 4 | 修订整个项目计划 |
| 拙劣的范围界定 | 2 | 3 | 3 | 与项目客户和发起人共同开会来澄清范围 |
| 领导乏力 | 3 | 1 | 2 | 先前项目经理停职，重新指派新的项目经理领导该项目 |
| 拙劣的成本估算 | 4 | 4 | 3 | 修订成本估算 |
| 拙劣的时间估计 | 5 | — | 3 | 修订时间估算 |

风险管理审查会议可以达到多个目的。首先，它使管理当局和客户（如果包括在内）意识到阻止项目成功的主要影响。其次，通过客户的参与，项目团队也许能够考虑一些减轻风险的备选方案，比如未来达到成本和进度目标，可以将一些工作推迟到以后的项目，从而缩小项目范围。再次，它是一种增加项目管理团队信心的手段，具体方法是向管理部门和用户证明，团队已经意识到了那些重大的风险，已经适时建立了减轻策略，并正在有效地实施这些策略。

# 第 10 章
# 项目采购与合同管理

## 第 1 节　项目采购计划

  学习单元 1　采购计划的编写

 学习目标

➢ 了解采购计划的编写原则
➢ 了解采购计划的编写方法
➢ 了解采购计划的主要内容
➢ 能够编写采购计划
➢ 能够编写采购计划工作说明

### 一、采购计划的编写原则

采购计划是在了解市场供应情况、认识项目实施需要以及掌握产品消耗规律的基础上，对计划期内采购活动所做的预见性安排与部署。它涉及是否需要采购、如何采购、采购什么以及采购多少等问题。采购计划应遵循以下原则。

**1. 目标性原则**

采购活动需要满足项目目标要求。

**2. 全面性原则**

计划安排的内容应包括项目范围内所有需要采购的产品，能为采购管理全过程提供指导。

**3. 及时性原则**

保证采购产品的供应时间能满足项目进度的需要。

**4. 灵活性原则**

采购计划中应有相应的变更控制机制，保持适度的灵活性。

## 二、采购计划的编写方法

**1. 采购计划的编制依据**

采购计划的编制依据包括范围说明书、工作分解结构与工作分解结构字典、产品说明、采购活动所需资源、市场状况、其他计划结果、制约因素和基本假设等内容。制约因素和基本假设的存在限制了项目组织对采购活动的选择范围。

**2. 编写采购计划的准备工作**

编写采购计划之前必须做好必要的准备工作，包括项目需求与市场供应情况的分析，采购清单与计划时间的确认等。

**3. 采购计划编制的方法与工具**

采购计划编制过程中常用的方法与工具有自制或外购分析、专家判断、合同类型的选择等。

自制或外购分析是项目采购计划过程的一部分，用以确定项目所需产品是由组织内部自行生产还是从外部购买。在该项分析过程中，往往涉及财务分析相关内容，需要考虑项目预算的制约因素。如果不采用自制方式，还需要继续做出购买或租赁的决策。

组织内部和外部的专家都能为采购决策提供有价值的参考信息，采购计划的依据与成果往往需要专家的技术判断与支持。技术专家可以为采购判断标准的制定或修改提供帮助，律师可以提供相关合同条款和条件方面的支持与帮助。这些专家的支持不仅适用于产品或服务采购的技术细节，也适用于采购管理过程的各个方面。

### 三、采购计划的主要内容

**1. 采购管理计划**

采购计划制订的结果包括采购管理计划与工作说明。

采购管理计划是对后续的采购过程进行管理,它需要回答以下问题:

(1) 应当使用何种类型的合同。

(2) 是否需要有独立的估算作为评估标准,由谁负责,以及何时编制这些估算。

(3) 项目实施组织是否有采购部门,项目管理组织在采购过程中能采取何种行动。

(4) 是否需要使用标准的采购文件,从哪里找到这些标准文件。

一份比较完整的采购管理计划应包括以下内容:项目概况,编制依据,采购原则(包括分包策略与管理原则),采购工作范围和内容,采购岗位设置及主要职责,采购进度控制的主要目标、要求和措施,采购费用控制的主要目标、要求和措施,采购验收方式与标准,采购协调程序,特殊采购事项的处理原则,现场采购管理要求等。

**2. 采购计划工作说明**

采购计划工作说明是对采购项目要求的详细说明,便于潜在承包商确定其能否提供该采购项目的货物或服务。其详细程度视采购项目的性质、买方的要求或者预计的合同形式而有所不同。这些说明在采购过程中可能被修改和细化。例如,潜在承包商可能建议使用比原来规定的效率更高的方法或成本更低的产品。

**3. 采购需求文件**

采购需求书是采购计划的细化文件,对采购执行有重要作用。采购工作的计划性与规范性是成功采购的前提,采购计划的贯彻执行就是运用采购计划指导具体工作的过程,执行效果将对项目实施的后续工作产生深远影响。

一般而言,采购需求书包括以下六方面的内容:

(1) 采购设备、货物或服务的数量、技术规格、参数和要求。

(2) 采购设备、货物或服务在项目实施过程中哪一阶段投入使用。

(3) 采购产品间的相互联系。

(4) 全部产品采购如何分包,每个包应包括哪些类目。

(5) 每个包从开始采购到到货需要多长时间,从而制定出每个包采购过程各阶段的时间表,并根据每个包采购时间表制定出项目全部采购的时间表。

(6) 采购工作的总体要求。

## 某办公楼工程采购计划编制案例

某办公楼工程投资估算约为 1 亿元,是一栋包括地上 6 层、地下 2 层的智能化综合办公大楼,总建筑面积约 30 000 m²。项目从 2006 年 4 月 1 日正式开始实施,2007 年 12 月 31 日竣工,总建设期为 640 日历天。

一、工作准备

1. 采购范围的准备

由于本工程仅完成了方案设计,尚处于项目建设的筹划阶段,因此,其采购内容将包括建设工程咨询服务、建设工程施工承包、大型设备、工程材料等几大类。借助于工作分解结构技术,定义项目里程碑工作项初步拟定采购合同的数量与主要内容。

2. 自制与外购分析以及发包方式的确定

对本项目的主要采购项目进行自制与外购分析,以明确各采购项。与建设管理职能部门沟通,结合项目特点,以法规中的工程招标范围标准及相关采购范围为依据,对采购方式进行划分,工程总体上采用平行发包方式。

3. 市场调查

对所确定的采购项目,按照功能要求、技术参数、质量标准为依据,进行市场调查活动,了解并掌握该类项目的市场供应情况。

4. 准备合同条约

通过对采购工作的分解,以及对项目设计文件、建设成果、进度计划、投资概算、政策法规、建设单位自制和外购、市场调查结果等的系统分析,从功能要求、技术参数、质量标准、经济标准、时间计划、法律法规、采购方式等方面对每一项采购工作拟定主要合同条件。根据合同要约选择合适的合同类型,优先使用符合相关规定的合同示范文本,如无合同示范文本,可自行拟定。

二、工作程序

1. 采购管理计划的主要内容及编写的要点

(1) 编制依据

采购管理计划的编制依据包括项目设计文件、相关政策法规、项目进度计划、项目投资概算与计划等。

(2) 项目概况

项目概况主要指项目建设规模、建设内容、投资额度、资金来源、技术经济指标、项目工期、质量标准、管理模式和管理组织等内容。

(3) 采购原则

采购应遵循经济原则、质量保证原则、安全保证原则、总包与分包原则以及采购管理原则。总包与分包原则是指对必须遵循的采购依据、政策法规、采购范围做出标准上的限制。经济原则、质量保证原则、安全保证原则是指在总包与分包原则基础上,将便于管理、合理控制技术经济指标、确保各分包项目协调一致作为目标。采购管理原则的制定应以项目建设单位自身的管理制度、法定建设程序和政策法规为基础,以项目建设的进度、投资、质量控制目标为要求。

(4) 采购范围和内容

采购工作的范围和内容在准备阶段已经确定,这里是指将通过工作分解结构所得的采购工作范围和内容编入清单。

(5) 采购岗位设置及主要职责

采购工作是一项综合性、系统性的复杂工作,其管理人员应满足工作过程对各类专业的要求。一般而言,采购岗位应配备主管负责人、工程技术人员、工程经济人员、法律专业人员、信息资料管理人员,各岗位主要职责按项目建设阶段及专业要求进行划分。本项目中的楼宇智能化、二次装修等专业采购内容在必要时可外聘专家进行管理支持。

(6) 采购进度控制的主要目标、要求和措施

采购进度控制的主要目标是结合项目建设进度计划,在相应的里程碑事件启动前完成各采购工作。采购进度控制的要求是根据相应里程碑事件的自由时差和可调范围加以控制。采购进度控制的主要措施应根据项目建设情况做出相应规定。本案例采购进度控制措施主要包括以下几项:

1) 预先委托采购代理机构,采用合同约束其完成采购时间。
2) 通过控制设计合同,确保设计文件能及时提供。
3) 通过制订有效的资金计划,合理安排资金使用额度,确保采购资金。
4) 根据采购工作量及时补充采购管理人员。

(7) 采购费用控制的主要目标、要求和措施

采购费用控制的主要目标是确保将采购费用控制在项目允许的范围内,采购费用控制的要求是通过对项目资金预留的额度比例和预备费比例的控制,将总体概算控制在一定范围内。具体措施包括将项目投资概算进行分解后得出各采购项目概算额,并根据市场调查报告和询价结果,对各项目的采购单价及波动范围进行控制。

(8) 采购质量控制的主要目标、要求和措施

采购质量控制的主要目标包括采购标的物符合相应的质量标准。服务提供机构应符合资质和能力要求,主要对服务提供机构的资质、人员、业绩、信誉、能力等条件进行控制。对于工程承包采购,主要控制施工单位的资质、信誉、业绩、管理、资金、材料、劳动力和机械等多方面因素。

(9) 采购验收方式与标准

采购验收方式与标准因采购对象的不同而有区别。

(10) 采购协调程序

在采购协调程序中将规定业主、设计单位、造价咨询机构、采购代理机构、承包商、供货商之间的沟通方式。

(11) 现场采购管理要求

由于采购过程主要由承包商实施,业主需要对其采购过程进行监督,对采购价格、专业分包资质能力等重要条件进行控制。

2. 采购计划工作说明

采购计划工作说明是对采购项目的详细说明,下面以工程监理单位招标采购为例加以介绍。

采购项目名称:某智能化办公楼工程监理单位招标采购

采购形式:公开邀请招标

合同形式:建设工程委托监理合同示范文本及补充协议

采购基本要求:

(1) 房屋建筑工程监理甲级。

(2) 同类同级别工程业绩。

(3) 监理机构专业人员配置数量必须在8人以上。

(4) 总监理工程师拥有同类工程经验。

3. 采购需求文件

按照国家对工程监理的各项要求结合工程特点编制需求文件。具体内容从略。

三、注意事项

1. 编写采购计划前,需要编制完成项目建设进度计划、项目投资概算、项目资金计划、项目设计文件等基础文件。

2. 在对项目的采购内容及采购项目进行分析分解时,要以国家颁布的相关政策法规、规范标准、法定程序为依据。

3. 采购计划编写中应充分考虑到各项专业采购的特定需求,有必要邀请相关领域的专家进行技术支持和指导。

 **学习单元2　采购合同的编写**

 学习目标

➢ 了解采购合同的编写原则
➢ 了解采购合同的主要内容与要求
➢ 能够起草采购合同

## 一、采购合同的编写原则

编写项目采购合同应遵循以下基本原则。

**1. 平等原则**

采购合同各方当事人法律地位平等，应在权利义务对等的基础上订立合同。

**2. 自愿原则**

自愿原则是指合同当事人各方自愿订立合同，是贯彻合同活动整个过程的基本原则。

**3. 公平原则**

采购合同各方当事人应当遵循公平原则确定各方的权利义务。

**4. 诚实信用原则**

采购合同各方当事人应当诚实守信，善意地行使权利、履行义务。

**5. 守法、不损害社会公共利益原则**

采购合同各方当事人应当遵守各项法律法规的相关规定，不得损害社会公共利益和第三方利益。

**6. 成本效益原则**

采购合同应遵循成本效益原则，保证采购合同的价值得到提升。

**7. 适合项目需求原则**

采购合同应以适合项目需求为导向，不盲目追求过高的采购要求，做到够用就好。

## 二、采购合同的主要内容与要求

一份完整的采购合同通常包括首部、正文与尾部三个部分。必要时，对一些专门事项可以以附件形式列入,如非标产品的技术规格书等。

**1. 合同首部**

主要包括合同名称、编号、签约日期、签约地点、买卖双方的名称、合同序言等。

**2. 合同正文**

(1) 产品名称、商标、型号、厂家、数量、金额、供货进度与日期

数量是采用一定的度量制度来确定买卖物品的重量、个数、长度、面积、容积等,包括交货数量、单位、计量方式等,必要时还应清楚说明误差范围。

(2) 产品的质量要求以及供方对质量负责的条件和权限

产品质量常常使用物品或样品以及图样或说明书进行控制。在使用样品确定品质时,供应商提供的物品品质要同样品品质完全一致。使用图样或说明书确定品质时,供应商提供的物品品质要符合设计图样或说明书的要求。

(3) 到货期限、交货地点和方式

到货期限是指约定的最晚到货时间,以不延误项目实施的需要为标准。交货地点是供应商将产品最终交付给买方的地点,一般要求供应商将产品提交到买方指定的仓库或项目实施地。

(4) 运输方式及到达站港和运输费用的承担方式

装运是把产品装上运载工具并运送到约定的交货地点。该条款的主要内容有运输方式、装运时间、装运地与目的地、装运方式(分批次、装运等)、装运通知、费用承担方式、运输到达的确认等。

(5) 合理损耗及计算办法

合理损耗主要指货物运输中,因自然原因,如新鲜蔬菜干枯、活鱼自然死亡等类似非人为原因的损耗。一般合同当事人会在合同中确定相应的损耗率。

(6) 包装标准、包装物的供应与回收

包装是为了有效地保护产品在运输存放过程中的质量与数量要求,应有利于分检与环保。该条款的主要内容有:包装标志、包装方法、包装材料的要求、包装质量、环保要求、包装物的回收与处理等。

(7) 验收日期、标准、方法及提出异议的期限

买方对采购的产品进行检验,要根据产品的类型、性能和技术条件的不同,采用感官检验、理化检验、抽样检验、破坏性检验等方法。在合同中约定检验的时间、标准、方法及提出异议的期限与索赔的条件等。

(8) 产品附件,配备工具的数量及供应方法

对成套供应的产品，应当明确成套供应的范围，并提出成套供应清单。例如，对机电设备，必要时应当在合同中明确规定随主机的辅机、附件、配套的产品、易损耗备品、配件和安装修理工具等。国家或主管部门有计量方法规定的，按国家或主管部门的规定执行；国家或主管部门无规定的，由甲乙双方商定。

(9) 价格条款与支付条款

价格条款的主要内容包括计量单位的价格、货币类型、交货地点、国际贸易术语、物品定价方式。支付条款包括支付手段、支付条件、支付方式与支付时间等。

(10) 保险与担保

保险条款主要内容包括：确定保险类别和保险金额，指明投保人并支付保险费。如需提供担保，则另立合同担保书，作为本合同附件。

(11) 界定违约行为及应承担的责任

违约责任是采购合同的当事人由于自己的过错，没有履行或没有全部履行合同规定应承担的义务，按照法律规定和合同约定应承担的法律责任。根据合同法的规定，在合同中对于违约责任条款要有具体规定。

(12) 解决合同纠纷的方式

一般而言，采购合同的当事人应通过直接的友好协商解决合同纠纷，但如果从协商开始后 30 日内买方和卖方仍不能友好解决合同争端，合同双方中的任何一方可向买方所在地法院起诉。在诉讼期间，除争议部分外，其他合同部分应继续执行。

**3. 合同尾部**

合同的尾部包括的内容有合同的份数、使用的语言及效力、附件、合同的生效日期、双方的签字盖章等。

## 某小型办公楼电梯采购合同案例

甲方（采购人）：××实业开发有限公司

乙方（供货人）：××电梯有限公司

合同编号：略

签约日期：略

签约地点：略

一、合同采购内容及价格

甲方同意向乙方购买附件 1 中描述的设备。

本合同总金额为人民币：壹拾玖万元整（小写：RMB 19 万元，其中含安装费 1.5 万元）

本合同共 1 台电梯设备款及安装费明细　　　单位：万元

载重量 1 000 kg，速度 1.5 m/s，乘客电梯、8 层 7 站 7 门 1 台

| 单台电梯设备款 | 单台电梯安装费 | 1 台电梯设备款及安装费合计 |
| --- | --- | --- |
| 17.5 | 1.5 | 19 |

由采购人负责并承担的其他费用（具体要求省略）。

二、合同构成

1. 本合同条款（含合同附件）的所有文字、表格、符号等均打印而成，甲乙双方不得单方变更合同条款。如需变更合同内容，必须经双方协商一致并形成补充书面协议。

2. 本合同文本包括：合同正本、附件 1 "设备技术规格"、附件 2 "配置"、附件 3 "电梯安装调试后具备功能"。

3. 甲乙双方彼此之间都同意接受此合同时，甲乙双方得到法人授权的代表均在本合同上签名盖章，并加盖骑缝章。

三、设备生产、发货、运输

1. 乙方在收到甲方定金后，甲方应在电梯开始生产前，向乙方发出电梯生产通知书及盖章确认的电梯土建布置图；乙方必须在收到甲方的生产通知书后方能进行电梯生产，同时应向甲方递交生产计划，并按生产计划规定时间开始生产电梯。乙方的生产周期为 45 天，若乙方未收到甲方的电梯生产通知书及盖章确认的电梯土建布置图，乙方的生产周期相应顺延。

2. 电梯生产完成后，乙方必须通知甲方到场查收设备，由甲方和乙方共同按设备清单对装箱设备进行清点核查，甲方必须在 12 h 内提出查收意见。经甲方认可后方能发货运输，发货时间为甲方认可后 24 h 内。如因电梯设备问题及乙方原因导致无法发货，所造成的延误、损失及相关责任由乙方承担。如乙方向甲方发出通知后，甲方未能按时到场进行设备的查收，以及未按时提出查收意见，视为默认发货。

3. 甲方在电梯发货前必须保证电梯土建适于设备安装。如设备到场后，因甲方原因无法安装，所造成的延误、损失及相关责任由甲方承担；因乙方原因无法安装，所造成的延误、损失及相关责任由乙方承担。

4. 包装物材料：木箱及裸装，费用由乙方承担。

5. 乙方负责设备从乙方生产工厂至项目现场运输和运输保险及费用。

四、设备到货、安装、验收

1. 设备及随机易损件、备品备件、专用工具的清单（详细内容省略）
2. 设备到货确认及质量保证（详细内容省略）
3. 安装周期（详细内容省略）
4. 安装责任及费用（详细内容省略）
5. 土建工程配合（详细内容省略）
6. 设备和安装质量的验收及费用（详细内容省略）
7. 安装完验收合格后移交（详细内容省略）

五、合同履约条款

1. 付款规定

（1）合同签字生效之日起10日内，甲方向乙方支付设备合同总金额的30%作为定金。

（2）甲方在电梯设备到达电梯安装现场，初验合格之日起10日内支付合同总金额的50%给乙方。

（3）甲方在电梯安装调试合格并完成资料移交之日起10日内支付合同总额的10%给乙方。

（4）余下合同总金额的10%为质保金，待电梯经××市特种设备检验所验收合格后满30个月时由甲方一次付清给乙方。

（5）本合同总金额以人民币为货币计量单位，甲方应以银行电汇的方式支付给乙方。

2. 技术资料使用规定

甲方不得将乙方提供的任何技术资料向第三方出示、出借或转让等。乙方在电梯微机内所编制的计算机软件，产权属乙方所有，甲方不得以任何形式向第三方转让。

3. 设备抵安装现场后延期安装与设备保管约定（省略）
4. 不可抗力（省略）
5. 违约责任（省略）
6. 争议和纠纷的解决方法（省略）
7. 其他约定（省略）

六、设备技术规格、配置及功能清单

附件1：设备技术规格（省略）

附件2：配置（省略）

附件3：电梯安装调试后具备功能（省略）

七、保修期服务（省略）

本合同经甲乙双方代表人签字且双方盖章立即发生法律效力，共肆份，甲、乙双方各持贰份，具有同等效力。本合同自双方签字盖章之日起生效，至结清财务手续后失效。

双方的签字盖章以及有关单位联系方式与账号。

甲方：　　　　　　乙方：

签字人：　　　　　签字人：

签字日期：　　　　签字日期：

## 学习单元3　采购市场调查与分析

### 学习目标

➢ 了解采购市场调查一般工作程序

➢ 了解采购市场调查分析方法

## 一、采购市场调查一般工作程序

调查研究是有目的、有计划、系统地去了解一些实际情况，借以发现存在的问题、探索一定规律而采取的研究方法。采购市场调查研究就是有意识、有目的地探索采购市场领域的认知活动，以便摸清采购市场的现实问题，为采购计划的制订提供第一手材料和数据。

采购市场调查一般采用抽样调查和典型调查。抽样调查以样本代表总体，节省人力、财力和时间，使调查更深入、更具体。常用的抽样方法有随机抽样、分类抽样、整体抽样和有意抽样等。分类抽样是先把总体按一定的标准进行分类或分层，然后按类层抽取一定数目的对象。整体抽样的做法是将总体按某种标准（如地区）分为若干类，再在各类中抽取一个或几个单位整体来作为样本。单位整体内的每个个体，全部是研究的对象。有意抽样的方法是按一定的目的要求去抽选样本。

抽样调查时，在抽样之前应对总体的各种特征有全面的了解，并能控制其中无关紧要的特征和因素，这样才能使抽样调查的资料正确地代表总体。要顺利地抽取具有代表性的样本，首先要清楚界定研究的总体，然后才能确定样本单位，至于样本多少才算合适，一般要根据总体的性质、抽样的方法及推论所需的正确程度而定，要尽可能抽取足够大的样本，才能真正代表总体的特征。

采购市场调查的一般工作程序包括以下几项。

**1. 准备阶段**

由于采购市场调查的主要目的是通过搜集与分析资料，寻找与采购相关的市场供需与价格情况，提出采购计划编制过程中所存在的问题，针对问题寻找正确可行的措施。所以，采购市场调查必须首先确定自己最关心的问题是什么，根据项目需求，确定采购对象的基本要求，明确调查的主题与目的，然后再确定具体的调查范围与采用的调查方法。具体的调查方法包括资料分析、访谈、开调查会、填写调查表、问卷调查、测量评定等。根据项目具体特点，这些方法也可以同时采用。如标准的设备、材料，可以简单地采用查阅资料方法；非标设备就必须采用访谈调查或问卷调查的方法。

**2. 调查组织**

有些复杂的项目的市场调查工作非常繁杂，持续时间也较长。因此，需要根据采购对象特点，做好调查人员的选择和培训工作。可以聘请许多临时性的市场调研人员或者将调查项目委托给专业性的调查公司、造价咨询机构或者管理顾问公司。

**3. 调查实施**

市场调查的主题得到确认以后，就要决定搜集资料的来源与调研方法，如需要搜集什么资料、采用什么方法、向谁进行调查、调研的地点在哪里、调查次数是多少。还要确定调研工作的时间表与质量要求，制订调查实施计划。

调查的基础是收集与归纳大量的资料信息。因此，设计调查表格是一项重要的工作。调查方法决定后，就需要准备并设计有关调研表格。为了设计科学有效的表格，调研人员必须充分了解要收集的资料的实质和具体需要。由于调研方法和选择询问问题的类型不同，询问统计表的内容设计也应不同。此外，还要准备一些统计表以便临时需要时使用。

**4. 调查结果的处理**

在全部调查结束后，要对来自各个方面的材料加以分类、归纳、比较、分析提炼，从而达到综合的目的，并最后获得比较明确的结论。对调查结果的处理，是整个调查研究中最重要的环节，一般的处理方式有归纳法、对照法、图示法和计算法。

（1）归纳法是由个别性问题得到一般性结论的逻辑推理方法。一般调查研究过程总是遵循这一逻辑程序的。如果作为个别事物的调查对象不断重复相同或相似的结果，那么从中抽出的一般性结论大多是正确无误的。

（2）对照法也称比较法，是将调查出来的两组或两组以上的材料加以对照比较，从中获得有关结论。

（3）图示法是用图示表达调查结果，最具直观效果。

（4）计算法是处理调查结果的数学计算方法，主要采用统计分析计算方法。

**5. 调查报告编写**

经过了调查的过程，又对调查信息认真处理之后得出调查结论，据此编制调查报告。

调查报告又称调查研究报告，应该说后者是它更准确的名称。因为它不仅是调查的产物，更是分析研究的产物。调查报告的主要功能是搜集情况，并通过对调查所得情况的深入研究，提出一定的见解。因此，调查报告既要叙述调查所得情况，又要阐明调查者的建议或结论。

调查报告的正文部分包括整个市场调查的详细内容，含调查使用方法、调查程序、调查结果。对调查方法的描述要尽量讲清是使用何种方法，并提供选择此种方法的原因。调查报告有相当一部分内容应是数字、表格，以及对这些数字、表格的解释和分析。要用最准确、恰当的语句对分析作出描述，结构要严谨，推理要有一定的逻辑性。还需要对调查中的不足之处进行补充说明，这些不足之处对调查报告的准确性有多大程度的影响分析，以提高整个市场调查活动的可信度。调查报告的附件内容包括一些过于复杂、专业性的内容，通常将调查问卷、抽样名单、地址表、地图、统计检验计算结果、表格、制图等作为附件内容，每一内容均需编号，以便查寻。

## 二、采购市场调查的分析

**1. 市场调查研究分析工作的主要内容**

市场调查研究分析工作主要包括以下几项：

（1）涉及调查项目的有关政策的研究。

（2）运用科学方法由此及彼、由表及里、由浅入深、去粗取精、去伪存真，揭示事物的本质，找出问题和经验，揭示材料之间的内在联系和所表明的问题。

（3）找出众多调查材料中的共性部分，以及事物发展的规律、特点。

（4）发现分析某种趋势等。

**2. 采购市场调查分析方法和统计分析工具**

（1）采购市场调查分析方法

采购市场调查分析方法包括定性分析方法和定量分析方法。

定性分析主要是对所调查的资料进行数量描述和分析说明，以文字形式组织和编辑。

定量分析主要是基于统计分析，是人们认识社会现象的一种科学手段。它把人们收集来的数量方面的资料，利用各种数学模型，借助统计学和计算机技术揭示数据后面隐藏的关系、规律和发展趋势。在定性分析的基础上进行统计分析，是保证正确使用统计分析的重要条件。因为统计分析是根据数据资料进行的，依据一定的公式进行计算，有一套专门的方法和技术。

(2) 最常用的统计分析工具

最常用的统计分析工具是统计表与统计图。具体要求见本书第一章第1节学习单元2的"市场调查信息的汇总"。

## 采购市场调查分析案例

某公共场馆建成十年，经原设计单位认定其金属屋面板已经达到使用寿命，使用单位拟更换金属屋面板。在采购金属屋面板前要进行市场调查分析，并编写调查分析报告。

在进行采购市场调查分析之前，首先要由设计单位对须更换的金属屋面板的技术参数进行设计。计算复核金属屋面板的材料用量，明确采购清单。然后再拟订市场调查方案，选择市场调查方法。采购市场的调查分析按照以下步骤展开。

一、市场调查准备

根据已确定的采购清单、技术要求等相关内容，采用资料分析法、问卷调查法、访谈调查法对产品资料、生产厂商、使用单位、行业专家进行相关的市场调查信息收集。

二、市场调查组织

本项目调查范围较广，但调查内容并不复杂。除建设单位自身的工作人员外，仅外聘相关专家对调查结果进行论证分析。

三、市场调查实施

1. 资料分析法

以设计单位提供的金属屋面板技术参数为依据，通过因特网、平面媒体、金属板材行业的统计资料等方式，收集符合本工程所需的金属屋面板资料，并记录生产厂商资料。

## 2. 问卷询问

向生产本工程所需产品的同类厂商及供应商发函，询问产品情况及市场价格。

## 3. 专家咨询

向行业内相关领域专家征询意见，收集评价较好的品牌及产品。

## 四、调查结果分析

### 1. 市场供应分析

对以上市场调查结果进行汇总，得出市场供应情况结果。

### 2. 市场供应与技术要求分析

根据金属屋面板材质的不同，其构造方案也存在差别。施工方案一，采用国产隐藏式高强度复合屋面压型板整体施工安装。施工方案二，面层采用澳大利亚产镀铝锌彩钢板，中间层采用屋面保温材料，底层采用压型彩钢底板分层施工。

通过对供应板材的市场考察发现，浙江一带有能力生产以宝钢产镀铝锌彩钢板为主材的屋面板厂商较多，形成了一定规模，具备较强的市场竞争性。而澳大利亚产镀铝锌彩钢板的国内总代理仅有一家，处于基本垄断状况。经过对价格的询问，得知两种方案每平方米造价相差近24元。

### 3. 调查结果分析论证

采购方组织设计单位及业内专家对两套屋面板方案进行论证，进行了定量分析和定性分析，结果见表10—1、表10—2。

表10—1　　　　　金属屋面板市场调查结果对比表（定性分析）

| 对比项目 | 品　名 | | 对比项结论 |
| --- | --- | --- | --- |
| | 施工方案一（宝钢产金属屋面板） | 施工方案二（澳大利亚产金属屋面板） | |
| 1　产品货源 | 宝钢为型材原料产地型材二次加工厂商和代理供应商遍布浙江、江苏、福建 | 型材原料为澳大利亚进口，国内总代理仅一家 | 方案一货源充足，范围较广 |
| 2　行业状况 | 有较多具备供货能力的供应商 | 仅有一家总代理供货商，呈垄断状态 | 方案一市场状况活跃，利于竞争优选 |
| 3　运输条件 | 国内运输通道方便快捷 | 型材须从国外进口预订 | 方案一运输条件较好，便于施工组织和进度安排 |
| 4　性能状况 | 技术成熟能够满足使用 | 技术成熟能够满足使用 | 性能状况相同，均能满足需要 |

续表

| 对比项目 | 品 名 | | 对比项结论 |
|---|---|---|---|
| | 施工方案一（宝钢产金属屋面板） | 施工方案二（澳大利亚产金属屋面板） | |
| 5 市场状况 | 国内产品基本上取代国外产品 | 在国内有部分建筑采用该项产品 | 方案一市场占有率高 |
| 6 节能保温 | 方案一复合屋面压型板一次成型，不同材料之间联结紧密，保温性能有保证 | 方案二中底板、保温层、面板分开施工，由于人为施工原因保温层不可能铺设均匀，保温效果没有复合板材好 | 方案一保温性能较好 |
| 7 施工方案 | 方案一用复合板材减少了施工中的工序交接，减少了施工步骤，缩短了工期。维修起来只需更换成品板材就行，不需一层一层的剥离更换，方便维修 | 方案二在施工中工序交接多，受人为因素影响较大，为保证质量，中间环节的检查时间就会增加，也会造成不必要的返工 | 方案一施工方案较优 |

表10—2　　　金属屋面板市场调查结果计算法比较（定量分析）

| | 进口镀铝锌彩钢板 | 国产镀铝锌彩钢板 | 价格差 |
|---|---|---|---|
| 单价 | 52元/m² | 28元/m² | 24元/m² |
| 总价 | 52元/m²×5 000 m²=260 000元 | 28元/m²×5 000 m²=140 000元 | 120 000元 |

根据上述分析，除性能质量相同外，方案一宝钢产屋面板在各方面都优于方案二进口金属屋面板。通过定量分析，方案一宝钢产屋面板每平方米可节省费用24元，总价上节约费用120 000元。因此，方案一优于方案二，建议采用方案一。

五、市场调查分析报告编写

根据专家论证意见及市场调查分析结果，将以上工作中所获得的数据和结论进行汇总，编写市场调查分析报告。市场调查分析报告结构如下。

1. 项目概况。
2. 采购内容、清单及依据（技术参数、规格、品牌、性能）。
3. 市场调查结果汇总及资料汇编。
4. 施工方案及分析论证。

5. 专家意见汇总。

6. 结论。

注意：市场调查分析时应尽量通过统计图表来说明分析结果，并充分表达分析的理论依据；对市场调查形成的原始资料及时充分收集，以作为后续询价、合同采购、合同谈判的依据。

## 学习单元 4　招投标的概念与招投标文件编制

### 学习目标

➢ 了解招投标的概念、基本原则与主要阶段

➢ 了解招投标文件编写的原则、主要内容与要求

➢ 能够编写招投标文件

### 一、招投标的概念、基本原则与主要阶段

**1. 招投标的概念**

招投标是一种因招标人的要约，引发投标者的承诺，经过招标人的择优选定，最终形成协议和合同关系的平等主体之间的经济活动，是"法人"之间有偿的、具有约束力的法律行为。招标投标是商品经济发展到一定阶段的产物，是一种特殊的商品交易方式，也是一种非常重要的产品采购方式。招标方与投标方交易的商品统称为"标的"。

招投标的基本特征是平等性、竞争性与开放性。

**2. 招投标的基本原则**

招标投标应当遵循公开、公平、公正和诚实信用的基本原则。

（1）公开原则

公开原则就是要求招标投标活动具有高透明度，公开招标信息和招标程序。具体要求是发布招标公告、公开开标、公开中标结果，使每一个投标人获得同等的信息，知悉招标的一切条件和要求。

（2）公平原则

公平原则就是要求给予所有投标人平等的机会，使其享有同等的权利并履行相应的义务,不歧视任何一方。

(3) 公正原则

公正原则就是要求评标时按事先公布的标准对待所有的投标人。

(4) 诚实信用原则

诚实信用原则也称为诚信原则,是民事活动的基本原则之一。招标投标当事人应以诚实、守信的态度行使权利,履行义务,以维持双方的利益平衡,以及自身利益与社会利益的平衡。

**3. 招投标的主要阶段**

招投标主要包括以下四个阶段:

(1) 招标准备阶段

招标准备阶段一般分为八个步骤:

1) 具有招标条件的单位填写招标申请书,报有关部门审批。

2) 组织招标班子和评标委员会。

3) 编制招标文件和标底。

4) 发布招标公告。

5) 审定投标单位。

6) 发放招标文件。

7) 组织招标会议。

8) 接受投标文件。

(2) 投标准备阶段

根据招标公告或招标单位的邀请,投标单位选择符合本单位能力的项目,向招标单位提交投标意向,并提供资格证明文件和资料。在资格预审通过后,组织投标班子,购买招标文件,参加招标会议,编制投标文件,并在规定时间内报送给招标单位。

(3) 评标阶段

按照招标公告规定的时间、地点,由招投标方派代表并有公证人在场的情况下,当众开标。对投标资料进行审查、询标、评标。投标方做好询标解答准备,接受询标质疑,等待评标决标。

(4) 签约阶段

评标委员会提出评标意见,报送决定单位确定。依据决标内容向中标单位发出《中标通知书》。中标单位在接到通知书后,在规定的期限中与招标单位签订合同。

## 二、招投标文件的编写原则、主要内容与要求

### 1. 招投标文件的编写原则

（1）法规化与标准化原则

招投标文件的编制需要严格遵守国家有关法律、法规要求。如我国颁布执行的《政府采购法》和《招投标法》及相关制度，以及货物和服务类招标文件的有关政府部委的规定。

标准化原则体现在招投标文件的编写要遵守采购对象的有关国际、国家和行业标准，以符合国际惯例、国家政策或标准要求，以及行业标准与规范。

（2）文本规范化原则

招投标活动是基于规范文本形式的经济活动。如招标人的购买意图体现在书面的招标文件中，而投标人的投标内容通过书面的投标文件反映；招标人澄清投标人提出的问题或招标人主动对招标文件进行修改，都应通过书面方式进行；投标人的回函确认，对递交后的投标文件的修改也要以书面方式进行；投标文件要用招标文件规定的文字完成并打印，投标文件及其修改的签字或签证等。

（3）保证评标公正性、公平性及公开性原则

招标的原则是公开、公平、公正，只有公平、公开才能吸引真正感兴趣、有竞争力的投标厂商竞争，通过竞争达到采购目的。标书中是否存有歧视性条款，这是保证招标是否公平、公正的关键环节。招标书及对其的修改，以及招标人澄清投标人提出的问题，都需要及时以书面形式发送给所有的投标人。

评标标准和方法也需要事先由招标人制定并写入招标文件。评标期间招标人可要求投标人对其投标文件进行澄清，但不能寻求、提供或允许投标人对投标价格等实质性内容做任何更改。对于投标文件中不构成实质性偏差的不正规、不一致或不规则内容，招标人可以接受，但这种接受不能损害或影响投标人的相对排序。

（4）招投标活动的时效性原则

招投标活动的时效性贯穿于整个招投标过程，是招投标相关各方都需要严格遵守的规定。

招投标活动的时效性规定主要有出售招标文件的时间规定，投标人对招标文件提出澄清的时间规定，投标人准备投标文件的时间和截标、开标时间的规定，投标有效期的规定，投标保证金有效期的规定，投标人对澄清的答复时间的规定，中标后递交履约保证金的时间规定，启动合同谈判或签订合同的时间规

定等。

(5) 维护本企业商业秘密及国家利益的原则

无论是招标还是投标单位，在招投标文件编制过程中，都要维护国家与企业的利益。如招标书编制要注意维护使用单位的商业秘密，也不得损害国家利益和社会公众利益。

**2. 招标文件的主要内容与要求**

一般来说，招标文件可分为程序条款、技术条款、商务条款三大部分，具体又可分为以下八方面的内容：

(1) 招标邀请书

招标邀请书要简要介绍招标单位名称、招标项目名称及内容、招标形式、售标、投标、开标时间地点、承办联系人姓名与电话等事项。

(2) 投标人须知

投标人须知着重说明招标的基本程序，投标者应遵循的规定和承诺的义务。包括招标文件的修改与澄清说明，投标资格要求，投标文件的基本内容、份数、形式、有效期和密封，及其他投标要求，评标的方法、原则，招标结果的处理，合同类型以及授予和签订方式，投标保证金等。

(3) 招标项目的技术要求与规范

招标项目技术要求是确保招标采购的工程或货物质量的重要技术文件，技术要求、技术规范与技术图样共同反映了采购对象的设计意图或者技术（服务）要求。对于工程项目而言，主要包括项目概述、报价计算基础，工程对投标人所提供的工程计划方案、施工组织、人力安排的具体要求，投标提供的设施及服务内容责任，以及工程施工的材料、设备等的具体技术标准和最低要求。对于货物招标而言，主要包括货物规格、型号、技术参数，质量性能指标，检查验收方式及标准等以及其他一些特殊要求，其附件通常包括典型零件加工图样等。对于服务招标而言相对难以描述，大多是要针对具体的对象进行具体的描述，比较看重承诺的条款、企事业信誉等。

(4) 投标书格式

投标书格式是对投标文件的规范要求。包括投标方授权代表签署的投标函，说明投标的具体内容和总报价，并承诺遵守招标程序和各项责任、义务，投标期限所具有的约束力等。

(5) 投标保证文件

投标保证文件是投标有效的必检文件。保证文件一般采用支票、投标保证金和银行保函三种形式，项目金额少可采用支票和投标保证金的方式。投标保证金有效期要长于标书有效期，与履约保证金相衔接。投标保函由银行开具，是借助银行信誉投标。企业信誉和银行信誉是企业进入国际大市场的必要条件。如果投标方在投标有效期内放弃投标或拒签合同，招标方有权没收保证金以弥补招标过程蒙受的损失。

(6) 招标范围与报价要求

确定招标范围的目的在于使投标人了解投标项目的范围与要承担的责任。需要明确由投标人自行承担的部分，由投标人承担总包责任并由发包人指定分包的部分，还要确定需要承包人配合由发包人平行发包的部分。发包人指定分包是指发包人经过招投标确定具有专业资质条件的专业施工单位，且经过承包人认可并与其签订专业施工分包合同或与其和发包人共同签订专业施工分包合同的行为。

报价要求说明计量计价的依据、计价的方式与规则、报价的说明。

(7) 合同条件（合同的一般条款及特殊条款）

合同条件是招标书的一项重要内容，是双方经济关系的法律基础，对招投标双方都很重要。国际招标应符合国际惯例，也要符合国内法律。由于项目的特殊要求而需要提供出补充合同条款，如支付方式、售后服务、质量保证、主保险费用等特殊要求，在标书中要专门列出。但这些条款不应过于苛刻，更不允许（实际也做不到）将风险全部转嫁给中标方。一般而言，合同条件的主要条款包括工期（交货期）、质量、材料与设备供应、付款、保修、分包、履约保证、违约责任等内容。

(8) 投标企业资格文件

要求企业具有提供招标采购对象的资格文件，包括企业资质、许可证、质量体系论证证书，以及拥有的人员资格、企业业绩证明等文件。

**3. 投标文件的主要内容与要求**

投标文件的内容通常都在招标文件中提供统一的格式，投标单位按招标文件的统一规定和要求进行填报。其中投标书的主要内容有综合说明、标书情况汇总表、工期、质量水平承诺、让利优惠条件、详细预算及主要材料用量、施工方案和主要技术组织措施及资源配置、进度计划、对合同主要条件的确认及招标文件要求的其他内容。

投标书中的施工方案或施工组织设计是投标的必要条件，也是招标单位评标时考虑的因素之一。为投标而编制的施工组织设计与指导具体施工的施工方案有两点不同：一是读者对象不同。投标中的施工方案是向招标单位或评标小组介绍施工能力，应简洁明了，突出重点和长处。二是作用不同。投标中的施工方案是为了争取中标，因此，应在技术措施、工期、质量、安全以及降低成本方面对招标单位有恰当的吸引力。

投标报价是投标的关键工作，其最佳目标是既接近招标单位的标底，又能胜过竞争对手，而且能取得较大的利润。

投标单位应在规定时间内将投标书密封送达招标文件指定的地点。若发现标书有误，需在投标截止时间前用正式函件更正，否则以原标书为准。投标单位可以提出设计修改方案，合同条件修改意见，并做出相应标价和投标书，同时密封寄送招标单位，供招标单位参考。

## 招投标文件编制案例

××办公综合楼工程建筑安装工程，地上6层，地下2层，建筑面积为30 000 m²，计划于2006年8月开工，2007年12月竣工，施工总工期为500日历天。目前项目已完成施工图设计及招标报建工作，拟编写招标文件。

一、工作准备

1. 根据当地招投标政策法规及有关规定，在建设工程交易中心获取工程施工招标文件范本或相关指导性政策文件。

2. 汇总招标所需的项目资料，包括项目概况、工期要求、工程范围、工程量清单、施工图文件等。

3. 安排招标工作日程。

4. 组织编制人员，明确招标文件中需体现的建设需求，分解招标项目，细化招标要求。

二、工作程序

1. 根据工程施工招标文件范本或相关指导性政策文件，拟定招标文件目录。

2. 拟定招标文件所需的合同条款，包括通用条款及专用条款。

3. 按招标文件目录，将招标项目的相关资料填入，招标文件构成及目录如下：

第一章 投标须知及投标须知前附表

一、投标须知前附表

二、投标须知

（一）总则

（二）招标文件

（三）投标文件的编制
（四）投标文件的提交
（五）开标
（六）评标和定标
（七）合同的授予

**第二章　合同条款**
一、通用条款
二、专用条款

**第三章　合同文件格式**
一、合同协议书
二、工程质量保修书

**第四章　工程建设标准**
工程建设标准

**第五章　图样**
一、图样清单
二、标准图集清单

**第六章　工程量清单**
一、工程量清单说明
二、工程量清单

**第七章　投标文件综合标格式**
一、企业法定代表人营业执照（复印件）
二、法定代表人身份证明书
三、法定代表人授权委托书
四、投标函
五、投标函附录
六、投标担保书
七、投标担保银行保函
八、招标文件要求投标人提交的其他投标资料

九、项目管理机构配备情况
（1）项目管理机构配备情况表
（2）项目技术负责人简历表
（3）项目管理机构配备情况辅助说明资料

**第八章　投标文件商务标格式**
采用综合单价形式
一、工程量清单报价表封面
二、投标报价说明
三、投标总报价
四、工程项目总价表
五、单项工程费汇总表
六、单位工程费汇总表
七、分部分项工程量清单计价表
八、措施工程清单计价表
九、其他项目清单计价表
十、零星工作项目计价表
十一、分部分项工程量清单综合单价分表
十二、措施项目费分析表
十三、主要材料价格表
十四、投标报价需要的其他资料

**第九章　投标文件技术标格式**
一、施工组织设计
二、拟分包项目情况一览表

附件1　日程安排表
附件2　专用合同条款
附件3　评标方法和标准
附件4　工程量清单

**4. 编写招标文件各章节要点**

（1）投标须知及投标须知前附表中必须对项目概况进行说明，包括项目建设规模、建设内容、投资额度、资金来源、质量目标、工期目标、招标人情况等。

（2）投标须知及投标须知前附表应对整个的招标过程进行详细的说明，使投标人能够按照程序顺利地进行投标，不致产生纠纷。

（3）工程施工招标文件中的合同条款与文件格式，按《建设工程施工合同》示范文本进行编制。通用条款基本明确，编写时可在专用条款中明示招标人的要约条件，投标人在投标过程中必须响应此类要约条款。同样，投标人可根据采购人提出的要约条件来判断采购人的需求标准，从而为投标工作提供有力的依据，也为后续采购过程中的合同履行提供了保障。

（4）工程建设标准主要是对本工程设备、材料、施工所必须遵循的国家政策法规、规范标准进行规定。对于本工程涉及特殊专业工程，还应对其进行专门的工艺流程和技术标准说明，便于投标人合理掌握本工程的技术要领。

（5）图样和工程量清单应在编制招标文件前准备充足的数量，同时工程量清单应由专业造价咨询单位进行编制。

（6）投标文件格式要求主要是对投标文件的编写及装订格式进行说明。同时对投标文件主要组成部分的文函、表格做出了相应的规定，列出范例表格，供投标单位填写。表格必须集中反映出投标人对采购文件的响应程度，文函、表格还应符合当地采购政策法规所规定的制式文本要求。

（7）评分办法的编写虽然较为重要，但在各地区均有建设主管部门对工程施工招标做出相应的政策规定，对评分办法进行了统一和规范。因此，在编写时按政策规定即可。

# 第2节　采购计划的实施

## 学习单元1　采购计划实施管理一般知识

### 学习目标

➢ 掌握采购管理的主要过程与要求
➢ 掌握采购计划实施的基本要求

### 一、采购管理的一般知识

采购管理的定义、原则与意义在"项目管理员教程"中的"采购计划编制前的准备工作"学习单元进行了介绍，本部分将对采购管理的基本过程有关知识进行说明。

项目采购是一项很复杂的工作，实施有效的采购管理，包括以下基本过程。

**1. 项目采购准备工作**

项目组织及其采购代理人在实施项目采购工作之前，必须清楚地知道所需采购产品的有关情况。包括项目设计与产品或服务的要求、市场供应情况、采购相关法律法规、采购资金筹措方案等。

**2. 制订项目采购计划**

制订项目采购计划的过程就是确定从项目组织外部需要采购哪些商品和服务以便满足项目实施需要的过程。在这个过程中，要明确：项目在什么时间需要投入什么产品；需要采购哪些产品；何时采购；怎样采购；采购多少。并根据对这几个问题的回答，编制出详细可行的项目采购计划。

**3. 制订项目采购工作计划**

项目采购工作计划是以项目采购计划为依据的一个有关项目具体采购工作安排的细化文件，描述了项目采购有关工作的具体实施方案。比如确定各种货物的采购方式，何时招标、何时询价、何时订货、何时签订合同、何时提货、何时付款等具体安排，以确保项目需要采购的各种资源能够在需要的时候准确到位。

4. 选择项目采购方式

依据项目采购计划和项目采购工作计划来选择项目采购方式。不同的采购方式适合于不同的采购规模、不同的资金来源渠道、不同的采购对象。在项目的采购工作中必须根据以上采购对象的不同情况，选择适当的采购方式或者合理组合使用不同的采购方式，以提高采购效率和质量，降低采购成本。

5. 询价

确定了项目所需产品的采购方式之后，接下来项目组织要根据采购方式的不同，开始搜寻市场价格，获得投标报价或供应商的报价单，并对市场价格进行整理分析。

6. 选择产品供应商

询价工作完成之后，根据不同供应商的报价，按照事先制定的评价标准，从众多的供应商中选择一个或多个作为项目所需采购产品的供应来源。

7. 合同管理

合同管理是指选定采购产品的供应商之后，项目组织与各个供应商进行谈判，确定供货条件，明确合同条款，签订合同，监督合同履行等一系列管理工作。

8. 采购收尾工作

项目采购工作完成，或因故终止之后，所开展的诸如采购结算、交接决算，以及索要保险赔偿金和违约金等一系列管理工作。

项目采购管理的这几个过程不是彼此分割独立的，它们之间以及它们同项目其他方面的管理（比如成本管理、时间管理、质量管理等）之间存在着相互依存的关系，同时也存在着某种程度的交叉和重叠，采购管理直接关系到项目其他方面管理的成败。进行项目采购管理时要同项目其他方面的管理紧密结合在一起，这样才能保证项目采购工作的顺利进行，同时也能够保证项目其他方面的工作得以顺利实施。

## 二、采购计划实施的基本要求

采购计划的实施需要以采购计划为主要的依据，包括采购管理计划和工作说明，以及采购需求书。采购需求书作为采购计划的细化文件，在采购执行工作中具有非常重要的作用。采购工作的计划性与规范性是采购工作取得良好效果的基础，而采购计划的贯彻执行情况就是运用采购计划指导具体工作的过程，执行的效果将对项目实施的后续工作产生深远的影响。因此，采购计划的实施有如下要求。

**1. 熟悉采购计划文件**

项目采购计划制订过程产生的重要成果就是两个采购计划文件：采购管理计划和工作说明书，这些与采购需求书一起组成采购计划的主要文件。

**2. 保证采购计划执行的严肃性**

采购计划的制订，经过了详细的企业项目需求与市场供应情况的分析，是在了解市场供应情况、认识项目实施过程需要和掌握产品、材料等的消耗规律基础上，对计划期内物料采购活动所做出的预见性的安排与部署，所以在执行过程中要严格执行。

**3. 采购计划执行的规范性**

项目执行组织内部对采购实施过程都有严格的程序规定，要保证采购管理符合国家法规要求与组织政策要求。同时，为提高项目管理成效，项目管理组织内部一般都编制了严格的程序或规定，在采购计划的执行过程中需要遵守。

**4. 采购计划执行过程中的质量保证**

质量控制、质量保证与质量监督贯穿采购过程的始终。采购计划实施过程中，常用的方法有编制质量保证大纲或者专用的质量计划，加强质量控制点的监督检查，强化过程控制。

**5. 预算控制与核算及时性**

采购计划与费用计划紧密相关。经过项目组织审批并实施的采购计划中必定有费用预算的约束。采购实施过程中要及时进行核算，以反映项目采购费用支出情况，并分析对项目目标实现的影响，及时调整采购计划。

**6. 采购计划变更的控制**

采购计划需要及时进行。由于外界环境和市场的动态变化，以及项目执行过程中的一些变化，导致采购计划在实施过程中偏离原来的条件，不能完全切合实际地指导采购的实施工作，就需要对采购计划进行变更。在不影响整个项目计划实施的情况下，影响较小的变更可以根据实际情况按照计划中规定的程序进行调整，不用对采购计划进行修改。如果发生较大的变化，因项目进度计划、费用计划、设计技术指标与方案等的变更，出现会影响项目整体目标的问题，就必须要对采购计划进行修订更改。

 **学习单元 2　采购对象市场价格的整理与分析**

 **学习目标**

➢ 掌握设备材料采购的价格分析方法
➢ 掌握咨询服务性采购的价格分析方法
➢ 掌握工程项目采购的价格分析方法

市场价格的获取包括采购计划前准备工作中的市场调查，以及在采购计划的实施过程中通过询价与招投标得到的报价。根据采购对象的不同分类，如设备、材料、工程或者服务，以及采购对象的规模或重要程度的不同，其价格分析的方法也有所不同。除了采购对象的价格外，必要时采购成本还要包括采购实施成本，包括采购人员费用、调查与实地考察费用、办公与信息传递费用等。下面分别加以介绍。

## 一、设备材料采购的价格分析

### 1. 价格比较分析法

对于影响较小的采购对象，或者标准设备，即使金额不大，也必须确认所取得的价格与一般市场价格比较，应是公平合理的价格。一般采用快速、低成本的价格比较分析方法。如比较分析各供应商的报价、比较目录或市场价格、比较历史价格、比较类似产品的价格。价格比较结果的整理常用表格、图形等方式形象直观表达。该方法也同样适用于差异性不大的服务与小型工程项目（如简单维修）的采购。

### 2. 价格比较分析加成本分析法

长期持续性的随机采购，但企业还不愿与供应商维持比较密切的合作关系（也称杠杆采购），这是因为采购方对采购产品具有较高的价格波动敏感性，或是产品上市的寿命非常短，使得采购不得不随时寻找价格最低的供应商。常用的方法是价格比较分析方法加上必要的成本分析。成本分析主要是对设备的材料费用、加工费用、外委协作费用、工装与工艺试验费用、组装与调试费用、研制设计费用、工时定额与材料消耗定额、人工费用，以及管理费用、利润与税金等进行分项测算，估计出其价格。成本分析法也适用于一次性或非经常性实施，但采购金额较大，或者是非标准设备，或者是长期性的非常重要的持续性采购而又愿意与供应商建立长期稳定的关系。

**3. 全寿命期成本分析法**

在用成本分析法进行采购产品价格分析时，还需要结合采购对象的全寿命期成本进行分析。采购对象的全寿命期成本则不仅包括产品一次性的购买价格，还包括运行（使用）、使用率、能源消耗、维护维修成本。尤其是那些符合采购技术条件要求，但具有不同的品质与等级的产品，在都能满足采购要求前提下，在进行价格分析时，就要进行产品的全寿命期成本分析。如有些供应商提供的产品具有较低的采购价格，但其产品具有较高的运行（使用）或者维护维修成本，其价格分析就需要进行全寿命期成本分析。

采购对象的运输、包装、培训、保险、许可证（如有）、检验等费用也应该包括在采购对象的价格范畴。

## 二、咨询服务性采购的价格分析

咨询服务是指付出智力劳动获取回报的过程，是一种有偿服务。咨询服务以专门的知识、信息、技能、经验、专有的设施或手段等，为用户提供解决问题的建议、方案，出具报告或者承担技术支持、管理等。

咨询服务性采购的价格成本分析，常采用比例法或计时费率法。下面分别加以介绍。

**1. 比例法**

比例法主要根据采购方需要提供咨询服务对象的规模，以一定的确定价格为基准，按照一定的比例计算价格。如委托编制投资项目可行性研究报告、资产评估等咨询服务的价格计算。

**2. 计时费率法**

计时费率法主要按照提供咨询服务需要的各种专业人员，按照工作需要的时间、办公与差旅费，以及必要的管理费用、利润与税金等进行计算分析得出价格。如果需要专用的设施，还要包括使用设施的培训、维护、易耗品（材料）、使用费用等。

## 三、工程项目采购的价格分析

工程项目采购的价格分析主要有定额分析法与成本分析法。

不同类型的工程项目，一般都有通用的全国或者行业的定额或者工程量计算与计价规则。包括直接费、间接费、利润与税金。对于上述规则中不包括的项目，就需要采用成本分析法。成本分析需要根据项目具体特点，进行人工、材料、工装、试验与机械费，以及管理费、利润、税金等的综合分析与计算。

## 学习单元3  采购招投标的组织

### 学习目标

➢ 掌握招标具体工作内容与要求
➢ 掌握投标具体工作内容与要求
➢ 掌握采购招投标的组织要点
➢ 能够组织招投标实施

### 一、招标具体工作内容和要求

所谓招标，是指招标人（又称业主）对自愿参加某一特定项目的投标人（承包商）进行审查、评比和选定的过程，具体工作包括七方面。

**1. 招标工作班子的组建**

招标工作班子的组成人员要求如下：

（1）有项目组织的代表或其委托的代理人参加。

（2）有与项目采购规模相适应的技术、预算、财务和项目管理人员。

（3）有对投标企业进行资格评审的能力。

开展国际竞争性招标，必须委托具有资格的招标公司或具有招标能力的外贸公司代理招标。

**2. 编制招标文件和标底**

招标文件又称为标书，是招标人向投标人提供的为指导投标工作所必需的文件。

标底又称底价，是招标人对招标项目所需费用的自我测算的期望值，它是评定投标价的合理性、可行性的重要依据，也是衡量招投标活动经济效果的依据。标底应具有合理性、公正性、真实性和可行性。

影响标底的因素很多，在编制时要充分考虑投资项目的规模大小、技术难易、市场条件、时间要求、价格差异、质量等级要求等因素。从全局出发，兼顾国家、项目组织和投标单位三者的利益。标底的构成包括项目采购成本、投标者合理利润、风险系数三部分。

标底直接关系到招标人的经济利益和投标者的中标率，应在合同签订前严加保密。如有泄密情况，应对责任者严肃处理，直到追究其法律责任。

**3. 发布招标公告**

招标文件编制好后，即可根据既定的招标方式，在主要报刊上刊登招标公告或发出投标邀请通知。

**4. 投标者资格预审**

资格预审是对申请投标的单位进行事先的资质审查。合格者方可发给招标文件，这样可以确保招投标活动按预期要求进行，投标者都是有实力、有信誉的法人，通过预审筛选一部分不合格者，也可减少开标、评标的工作量。

资格预审的主要内容有投标者的法人地位、资产财务状况、人员素质、各类技术力量及技术装备状况、企业信誉和业绩等。

**5. 文件答疑**

标前会议是采购者给所有投标者提供的一次质疑机会。投标人应消化招标文件中提到的各类问题，整理成书面文件，寄往招标单位指定地点要求答复，或在答疑会上要求澄清。采购者在回答问题的同时，展示项目设计的有关资料，供投标单位参考。答疑会上提出的问题和解答的概要情况，应记录并作为招标文件的组成部分发给所有投标人。

**6. 开标、询标与评标**

（1）开标

开标是在招标公告事先确定的时间、地点，召集评标委员会全体成员、所有投标方代表和有关人士，在公证人员监督下，将密封的投标文件当众启封，公开宣读投标单位名称、投标项目、报价等并一一记录在案，由招标方法定代表签字认可。

按投标文件递送的先后次序，顺次逐个进行启封。

开标程序很短，结束后即转入内部评审阶段。由招标工作班子和评标委员会对投标文件进行详细审阅、鉴别。首先进行初步审查，其内容包括：投标文件是否符合招标文件的要求；应该提交的技术资料、证明文件是否齐全；报价的计算是否正确；全部文件是否按规定签名盖章；是否提出招标人无法接受的附加条件；其他需要询问质疑的问题。

经过初步审查，对不符合招标文件的投标文件，按废标处理，对基本符合要求尚需投标者给予澄清的问题，招标工作班子应认真地整理出来，通知投标方进行书面回答，或当面会谈，进行询标质疑，相当于对投标文件进行答辩，国际上称为投标"澄清会议"。

(2) 询标

在询标过程中，招标人的质疑、投标方的澄清，均应作书面记录，经双方法定代表人签字后成为招标、投标文件的补充条款。

(3) 评标

评标是一件复杂而又重要的工作，评标委员会应该坚持公正态度，按预先确定的评标原则，一视同仁地对待每份合格的投标文件，从技术、交货时间、管理、服务、商务、法律等方面进行分析、评价。对每份投标文件都要写出书面分析资料和评价意见，拟写评价对比表和分析报告，选出 2~3 家预中标者的建议，供决标参考。

**7. 决标、授标与签约**

(1) 决标

国际上公开招标通用的决标办法是，只要投标文件是符合要求的，就选择评标价最低者中标。然而，单以报价定标会导致许多风险和后患，影响项目的顺利实施，我国颁布的招投标工作条例中均规定要选出报价低而又合理的投标者中标。

评标委员会在听取招标工作班子口头汇报和分析初审时的评价对比表、分析报告的基础上，获取各种决标依据，评出一个技术合适、标价合理、服务优质、质量和进度都有保证的最佳投标者为中标人。同时选定第二位、第三位中标者作为候补，如果第一中标人发生变故，依次替补。

投标者须知中通常还有一条规定，即下列情况允许招标人拒绝全部投标：投标者少于三家，无竞争性；所有投标文件均未按招标文件要求编制；所有报价均大大偏离标底（一般是20%）。如果发现招标方出于私利，故意拒标，也应追究其经济责任。

评标必须在投标文件有效期内结束，一般规定从开标到确定目标单位间隔时间不超过 30 天，如因故不能在预期时间内完成，需征得各投标者的同意。

(2) 授标与签约

投标人向中标人发出书面"中标通知书"称为授标。招标单位应在评标委员会确定中标单位后 2 日内发出中标通知书，并在发出通知书之日起 15 日内与中标单位签订合同。合同价等于中标价。中标人如逾期或拒签合同，招标人有权没收其投标保证金,以补偿自己的损失。同时,通知第二中标人前来签约。

对未中标的单位,由招标单位通知其退回招标文件及有关资料,并退还其预缴的保证金,另外付给一定数量(300~1 000元)的标书编制补偿费。标书编制补偿费在招标单位管理费中列支。如因招标单位的责任未能如期签约的,招标单位应双倍返还保证金,并保留中标单位的中标权。

招标项目的合同文本中应包括招标文件、投标文件、双方签字的开标记录、询标记录、来往函电资料。合同经双方法定代表签字、单位盖章后生效。至此招标工作结束,进入履约实施阶段。

在招标谈判之后,招标人一般应进行工作总结。首先是关于整个工作的全面总结;其次是向那些未中标者公平解释其失败的原因。有些投标失败者甚至会提出关于投标的抗议书,因此,招标者需要准备一份书面报告来回答他们的问题。

## 二、投标具体工作内容和要求

投标过程是指从填写资格预审表开始,到正式投标文件送交业主为止所进行的全部工作。这一阶段工作量很大,时间紧,一般要完成下列各项工作。

1. 填写资格预审调查表,申报资格预审。
2. 购买、译读招标文件(资格预审通过后)。
3. 组织投标班子。
4. 进行投标前调查与现场考察。
5. 分析招标文件,校核工程量,编制规划。
6. 结算价格,确定利润方针,计算和确定报价。
7. 编制投标文件。
8. 办理投标担保,递交投标文件。

投标工作人员必须有较宽的知识面,较强的业务能力,既懂技术,又懂经济管理;应具有实事求是的精神和脚踏实地的工作作风,具有对信息资料分析、研究并做出合理判断的应变能力;有与外界交往的能力,在交往中能坚持原则,和睦共事;还应有较强的语言表达和答辩能力。

## 三、采购招投标的组织要点

1. 在进行招标项目分解时,应充分考虑各项目的专业性和特殊性,对于空调、电梯、灯光、智能化等专业性极强的工程,不能纳入总承包单位的分包范围。若总承包单位也没有实力完成此类工程,必须由业主进行招标采购,必要时对专项工程的深化设计也应进行招标，由专业单位进行设计施工一体化的工作，这是进行招标项目分解的重要原则。

2. 招标计划的组织和实施必须严格遵循项目建设进度计划的时间节点安排，确保在进行某项工程时，其施工单位、材料、设备均已通过合法合理的程序筹备到位。

3. 在组织招标工作前，业主应对自身所有的各类建设许可证进行查验，完善相关手续，避免因手续不全无法办理招标报建手续，延误招标工作。

4. 招标文件及清单的审核是业主对招标工作的重要控制，必须确保招标文件及清单符合招标计划的目标和自身建设需求。

5. 招标代理单位提交的招标资料必须完整、充分地对招标过程进行记录，这也是合同履行的重要依据，业主必须对此进行严格的审核，确保其资料有效性。

## 组织招投标实施案例

下面以某中型剧场招投标工作组织为例说明如何开展采购招投标的组织实施工作。

某中型剧场总建筑面积 15 000 $m^2$，地上 5 层，地下 1 层，需要进行给排水、强弱电、暖通空调、电梯、消防、绿化工程及停车场等配套设施以及舞台机械、灯光、音响等专业设备的购置安装。目前施工图设计已经完成，业主项目经理拟组织实施项目建设招投标工作。

一、招投标工作准备

在正式组织实施招投标之前，要做好如下准备工作。

1. 根据施工图设计及施工图预算，对本工程需进行招标的项目进行分解，罗列招标项目清单。

2. 根据工程招标范围和标准的相关政策法规，对本工程中存在的招标项目的招标方式及合同采购方式进行确定。

3. 组建招投标管理工作组，设定专门的管理人员，其中须有项目组织的代表或其委托的代理人以及与项目采购规模相适应的技术、预算、财务和项目管理人员参加；相关人员应具备相应的专业资质和技术职称，有对投标企业进行资格评审的能力。

4. 准备招投标工作所需的基础资料，包括施工图文件、招标人及项目的基础资料、各类建设许可文件及证照。

二、招投标组织实施步骤

1. 招标项目分解

根据施工图设计及施工图预算，分解招标项目，分解方法按主体工程、专业工程、设备、材料划分，具体如下：

(1) 桩基工程招标。

(2) 主体工程招标。

(3) 监理招标。

(4) 室内装饰设计招标。

(5) 空调工程招标。

(6) 电梯工程招标。

(7) 室外景观绿化工程招标。

(8) 舞台灯光机械设备招标。

(9) 声学音响设备招标。

(10) 剧场坐椅招标。

2. 合同及招标方式确定

(1) 桩基工程、主体工程均属建设工程中最为重要的部分，根据其造价，按招标范围划分，应对其进行公开招标。其合同采用总承包合同方式，桩基工程合同与主体工程合同并行。

(2) 监理招标、室内装饰设计招标也应进行公开招标，便于择优选取具备实力和能力的咨询企业。

(3) 空调工程、电梯工程、舞台灯光机械设备、声学音响设备均以设备采购为主，除数额较大的空调工程项目必须进行公开招标外，其他均可采用邀请招标或竞争性谈判的方式确定。合同方式采用平行发包合同，由建设单位选定单位发包签订合同，总承包单位配合施工。

(4) 室外景观绿化工程招标为二次设计——施工的专业工程，需同时具备设计和施工能力，因此在招标上，宜采用邀请和谈判相结合的方式确定。合同方式采用平行发包合同，由建设单位选定单位发包并签订合同，总承包单位配合施工。

(5) 剧场坐椅招标为物资采购，可进行市场询价，或调查选择适宜的单位进行询价谈判，合理选择最优的坐椅供应商。合同方式采用平行发包合同，由建设单位选定单位发包并签订合同，总承包单位配合施工。

3. 根据招标项目清单、招标及合同采购方式、项目建设进度计划时间节点，编制招标计划。

4. 业主选择招标代理单位，签订招标代理合同，通过合同对其组织实施的招标工作进行约束,向其进行招标计划交底,由招标代理单位根据招标计划进行招标策划,编制招标方案。

5. 选择造价咨询单位或由有造价咨询资质的招标代理单位,对需进行招标的项目进行清单审核和标底编制,进一步细化和明确招标价。

6. 由招标代理单位组织实施对需采购设备的市场调查和分析,作为制定招标标底的依据。

7. 业主提供各类基础资料,由招标代理单位负责完成招标报建手续办理,发布招标公告。

8. 招标代理单位组织投标单位资格预审,业主委派代表参加资格预审。资格预审是对申请投标的单位进行事先的资质审查,通过预审筛选掉一部分不合格者,也可减少开标、评标工作量。资格预审的主要内容有投标者的法人地位、资产财务状况、人员素质、各类技术力量及技术装备状况、企业信誉和业绩等。

9. 招标代理单位编制招标文件,报业主审核后发出。

10. 招标代理单位组织招标答疑及现场踏勘,业主委派代表进行答疑。投标人应充分理解招标文件,并根据自身实际情况,提出遇到的各类问题,整理成书面文件,寄往招标单位指定地点要求答复,或在答疑会上要求澄清。建设单位须提供有关的必要资料,供投标单位参考,答疑会上提出的问题和解答的概要情况,应记录并作为招标文件的组成部分发给所有投标人。

11. 招标代理单位组织开标、评标、定标,发出中标通知书,进行中标公示。

(1) 在招标公告事先确定的时间、地点,召集评标委员会全体成员、所有投标方代表和有关人士,在公证人员监督下,启封密封的投标文件,宣读投标单位名称、投标项目、报价等并进行记录,由监督单位、招标单位、投标单位代表共同签字认可。

(2) 评标工作是由评标委员会对投标文件进行详细审阅、鉴别。对投标文件的符合性进行审查,包括投标文件是否符合招标文件的要求,应该提交的技术资料、证明文件是否齐全,报价的计算是否正确,全部文件是否按规定签名盖章,有否提出招标人无法接受的附加条件,其他需要询问质疑的问题。不符合招标文件或未完全响应的投标文件,按废标处理。

(3) 评标委员会按评标办法,对合格的投标文件进行评审,作出书面分析资料和评价意见,填写评分表,并汇总排名,确定排位在前的推荐中标人,供建设单位定标。

(4) 招标单位根据评标委员会评分得出的推荐中标人,按顺序确定中标人,如第一顺序中标人虽然分数最高,但无法满足招标单位需求的,招标单位可书面出具意见说明,并按顺序考虑和选择下一中标人,最终确定中标单位。

(5) 发布中标通知书,招标单位应在评标委员会确定中标单位后 2 日内发出中标通知书,并在发出通知书之日起 15 日内与中标单位签订合同。合同价等于中标价。中标人如逾期或拒签合同,招标人有权没收其投标保证金,以补偿自己的损失。同时,通知第二中标人前来签约。

(6) 施工招标评标方法参考范例

1 总则

1.1 根据《中华人民共和国招标投标法》《房屋建筑和市政基础设施工程施工招标投标管理办法》(建设部令第 89 号)、《湖北省房屋建筑和市政基础设施工程施工招标评标办法》(湖北省建设厅鄂建[2005]108 号)以及有关规定,制定本评标办法。

1.2 按照本招标文件投标须知第 31 条规定,评标委员会将仅对在实质上响应招标文件要求的合格投标(有效)文件进行评估和比较。

2 评价指标及评分标准

百分法评标。内容由技术标、商务标和综合标三部分组成。设定三部分不同的权重,经加权后,总分值为 100 分。技术标、商务标、综合标权重按下列比例执行:

10% 80% 10%;

2.1 技术标 100 分(采用暗标形式)

2.1.1 施工组织设计应包括以下几项基本内容:

(1) 主要施工方法 16 分;

(2) 拟投入的主要物资计划 6 分;

(3) 拟投入的主要施工机械计划 6 分;

(4) 劳动力安排计划 6 分;

(5) 确保工程质量的技术组织措施 6 分;

(6) 确保安全生产的技术组织措施 6 分;

(7) 确保工期的技术组织措施 6 分;

(8) 确保文明施工的技术组织措施 6 分;

(9) 施工总进度表或施工网络图 10 分;

(10) 施工总平面布置图 12 分。

如施工组织设计基本内容缺项，该项可打零分。

2.1.2　施工组织设计的针对性　12分。

2.1.3　施工组织设计的完整性　8分。

2.1.4　施工组织设计得分评判

施工组织设计总分少于70分，视为技术标不合格，评委应注明评分理由。多数评委认为技术标不合格的，则该投标文件作废标处理。

2.2　综合标　100分

2.2.1　项目班子配备　60分

（1）项目经理　20分

项目经理资质等级满足招标文件要求，并明确承诺只承担本工程的得20分。

（2）项目经理经验　20分

项目经理简历表及项目经理类似工程经历（附相关证明文件），酌情评分，该项最高得20分。

（3）项目工程师（现场项目技术负责人）资历　10分

现场项目技术负责人简历表及类似工程经历（附相关证明文件），酌情评分，该项最高得10分。

（4）项目管理班子人员构成　10分

机构健全、人员齐备、专业配套、具备相关真实有效的岗位证书；主要技术、经济、管理人员素质高、业绩优，酌情评分，该项最高得10分。

2.2.2　投标工期　20分

（1）投标工期满足招标文件要求的得10分；不满足招标文件要求的，作废标处理。

（2）对工期有承诺，有违约经济处罚措施，且合理可行，酌情评分，该项最高得10分。

2.2.3　工程质量、文明施工、安全生产目标　20分

（1）工程质量、文明施工、安全生产管理目标满足招标文件要求的得10分，不满足招标文件要求的，作废标处理。

（2）对工程质量、文明施工、安全生产管理目标有承诺，有违约经济处罚措施，且合理可行，酌情评分，该项最高得10分。

2.3　商务标　100分

2.3.1 评标委员会评审商务标时，按照招标文件投标须知第31.4款至第31.7款规定多数评委认为商务标存在重大偏差的投标文件作废标处理。

2.3.2 确定有效投标报价

招标人对招标的工程设置拦标价，拦标价作为招标人控制招标工程造价的最高限价，高于最高限价的投标为废标。

拦标价的编制机构应保证标底的编制质量，并对成果文件的准确性、真实性负责。拦标价编制的依据如下：

(1) 招标文件及其补充文件。

(2) 施工设计图样。

(3) 图样答疑纪要。

(4) 省建设行政主管部门发布的工程消耗量定额及统一基价表、估价表、费用定额及计价办法。

(5) 工程造价管理机构发布的人工、材料、机械市场信息价。

(6) 施工现场条件。

2.3.3 评标价的确定办法：评标价为各有效投标的投标报价中，去掉一个最高报价和一个最低报价后的算术平均值乘以0.97。若有效投标少于五家（不含五家），则以所有有效投标的投标报价的算术平均值乘以0.97为评标价。

2.3.4 商务标的得分

(1) 投标报价低于评标价的，每低于1.0%扣2分，最多扣100分；

该项记分公式为：$K=100-[(Q-q)/Q]\times100\times2$ $(0\leqslant K\leqslant100)$

(2) 投标报价高于评标价的，每高于1.0%扣3分，最多扣100分。

该项记分公式为：$K=100+[(Q-q)/Q]\times100\times3$ $(0\leqslant K\leqslant100)$

式中 $q$——投标报价，

$Q$——评标价。

3 计分办法

3.1 评标委员会成员按照本办法上述有关规定，给各投标文件评分，并按下列公式确定各投标人的评定分数：

评定分数＝商务标得分×商务标权重＋技术标得分×技术标权重＋综合标得分×综合标权重。

3.2 各投标人投标的最终得分为各评委所评定分数中去掉一个最高分和一个最低分后的算术平均值。

3.3 各项统计、评分结果均按四舍五入方法精确到小数点后两位。

3.4 评标委员会根据各投标人投标的最终评分,按高低次序确定投标人最终的排列名次,并按照招标文件中规定推荐不超过三名有排序的合格的中标候选人。如果投标人的最终评分相同,则投标报价低的投标人排名优先。

4 定标原则

招标人将按照评标委员会推荐的中标候选人,依排名顺序依次确定中标人。排名第一的中标候选人放弃中标、因不可抗力提出不能履行合同或在规定的时间内因自身原因未能与招标人签订合同,招标人可以确定排名第二的中标候选人为中标人。排名第二的中标候选人同样因上述原因不能签订合同的,招标人可以确定排名第三的中标候选人为中标人。

设备采购评委评分表

招标编号:
项目名称:

| | 评分项 \ 投标人 | | | | | |
|---|---|---|---|---|---|---|
| 技术<br>(50分) | 整个系统匹配性 | 10 | | | | |
| | 系统配置情况 | 10 | | | | |
| | 使用材料、部件品牌知名度 | 10 | | | | |
| | 性能与质量 | 10 | | | | |
| | 技术含量 | 5 | | | | |
| | 运行维护成本 | 3 | | | | |
| | 安全可靠性 | 2 | | | | |
| 商务<br>(20分) | 主要设备制造商ISO质量体系认证 | 2 | | | | |
| | 交货期 | 2 | | | | |
| | 质保期 | 2 | | | | |
| | 付款方式 | 2 | | | | |
| | 售后服务保证措施 | 4 | | | | |
| | 近两年国内外类似工程业绩 | 4 | | | | |
| | 类似工程用户使用评价 | 4 | | | | |

| 评分项\投标人 | | | | |
|---|---|---|---|---|
| 价格<br>（30分） | 以各有效投标人投标报价算术平均值为基准价，报价等于基准价得25分，报价高于基准价2%，则得分降低1分，价格分最低20分；报价低于基准价2%，则得分增加1分，价格分最高30分。 | | | |
| 合计（100分） | | | | |
| 评委签名： | | | 日期： | |

12. 招标代理单位协助业主签订合同。
13. 招标代理单位汇编招标资料，并向业主移交。

##  学习单元4　采购合同的谈判与签订

 **学习目标**

➢ 掌握采购合同谈判与签订的内容
➢ 掌握采购合同谈判的作用
➢ 掌握采购合同谈判与签订的技巧

### 一、采购合同谈判与签订的内容

采购合同谈判是采购方与供应方之间所进行的贸易谈判，是买卖双方合作与冲突对立关系的统一，是原则性与灵活性的统一。采购谈判以经济利益为中心，以达成双方都能接受的合同条款为基本目标。

采购谈判的内容包括产品条件谈判、价格条件谈判和其他条件谈判。下面分别加以介绍。

**1. 产品条件谈判**

产品条件谈判包括产品品种、型号、规格、数量、商标、外形、款式、色彩、质量标准、包装等。

**2. 价格条件谈判**

价格条件谈判是采购谈判的中心内容,是谈判中最为关心的问题。通常,双方都会进行反复的讨价还价,最后才能敲定成交价格。价格条件谈判也包括数量折扣、退货损失、市场价格波动风险、商品保险费用、售后服务费用、技术培训费用、安装费用等条件的谈判。

**3. 其他条件谈判**

除了产品条件和价格条件谈判外,还有交货时间、商品检验和索赔、付款方式、违约责任、货物保险和仲裁等其他条件的谈判。

## 二、采购合同谈判的作用

1. 可以争取降低成本。
2. 可以争取保证产品质量。
3. 可以争取采购物资及时到货,降低采购商的库存量,提高其经济效益。
4. 可以争取获得比较优惠的服务项目。
5. 可以争取降低采购风险。
6. 可以妥善处理纠纷,维护双方的效益及正常关系,为以后的继续合作创造条件。

总之,通过谈判可以降低采购成本和采购风险,及时满足企业物资需求,保证物资质量,获取优惠服务,降低库存水平,提高采购的效益。如果能够谈判成功,则对企业非常有利。

## 三、采购合同谈判与签订的技巧

采购合同谈判可以分为摸底试探、初始价格阶段、磋商阶段、解决分歧阶段、成交阶段与采购合同的订立等几个主要阶段。

采购合同谈判的双方均以维护自身利益为核心进行谈判,将会使谈判复杂化、艰难化。为获得采购双方都满意的结果,达到双赢效果,需要掌握合作与礼貌的谈判基本原则,掌握一定的采购谈判方法与技巧。具体如下。

1. 谈判前应做好充分准备。采购谈判前一般需要做好谈判的组织准备,如谈判人员的组织与分工,对谈判的对方的性格、年龄、嗜好、资历、职务均应有所了解,以便派出合适人选参加谈判;谈判的资料准备,如采购产品的资料与谈判对方资料的收集与分析等;谈判方案的制订,如谈判的策略、主要问题与次要问题等;

谈判的议程安排，如商务与技术问题的交叉安排等。

2. 在谈判中，要统一口径，不得将内部矛盾暴露在对方面前。

3. 谈判的主要负责人不宜急于表态，应先让副手主谈，正手在旁视听，从中找出问题的症结，以备进攻。

4. 谈判中要抓住实质性问题，不要在枝节问题上争论不休。实质性问题不轻易让步，枝节问题要表现宽宏大量的风度。

5. 谈判要有礼貌，态度要诚恳、友好，平易近人；发言要稳重，当意见不一致时不能急躁，一旦出现僵局时，可暂时休会。

6. 掌握对等让步的原则。当对方已作出一定让步时，自己也应考虑作出相应的让步。

7. 谈判时必须记录，但不宜录音，否则会使对方情绪紧张，影响谈判的效果。

总之，需要组建合适的谈判班子，并进行精心的准备策划，实施过程中要相互紧密配合。自始至终要严肃、认真、周密、细心，切不可操之过急，草率从事。

# 第11章 项目收尾

## 第1节 合同收尾

 学习单元1 核实合同条款

 学习目标

➢ 掌握项目合同的主要条款
➢ 能够核实合同条款

### 一、项目合同的种类

伴随社会专业化分工的进程,现代项目的种类和项目承包范围日趋扩大,同时演变出很多种承包方式。不同类型项目和不同承包方式项目的合同种类也有所不同,这在《中华人民共和国合同法》(以下简称《合同法》)中也有体现。《合同法》从第九章到第二十三章以分则的形式分别对十四种类别的合同进行了规定,例如运输项目应采用运输合同,建设工程项目应采用建设工程合同,融资租赁项目应采用融资租赁合同。复杂项目往往用到多种类型的合同,例如总承包工程项目经常涉及

借款合同、技术合同、承包合同、租赁合同和运输合同等。

下面以建设工程项目为例介绍项目合同的种类。

建设工程项目合同可以依据不同的分类方式进行如下分类。

1. 按承发包方式分可以分为勘察设计或施工总承包合同、单位工程承包合同、工程项目总承包合同和 BOT 合同（特许经营权协议）等。

2. 按承包工程计价方式可以分为总价合同、单价合同、成本加酬金合同。总价合同可分类固定总价合同和调价总价合同。单位合同分为估计工程量单价合同、纯单价合同、单价与包干混合合同等。

3. 建设工程可能包括的其他有关合同有建设工程委托监理合同、建设工程物资采购合同、建设工程保险合同、建设工程担保合同等。

4. 按工程建设阶段可以分为工程勘察合同、工程设计合同、工程施工合同。

## 二、项目合同的主要条款

项目合同一般包括如下条款。

**1. 项目参与方的名称以及地址**

合同应明确当事人，指明权利的享有者和义务的承担者。

**2. 标的**

标的是合同当事人双方权利和义务共同指向的对象，包括货物、劳务、工程项目等。

**3. 数量**

数量是计算标的的尺度，是对标的的量化描述，以便计算价格或酬金。

**4. 质量**

质量是标的物内在的特殊物质属性和社会属性，是不同标的物之间差异的具体特征。

**5. 价格**

合同中应明确标明当事人一方提供劳务、服务而获得一定数额的货币报酬。在市场经济条件下，绝大部分商品价格实行市场价格。

**6. 合同履行的期限、地点和方式**

履行期限是经济合同当事人义务的时间界限，是当事人交付标的和支付酬金的期限，是一方当事人要求对方履行义务的时间依据。履行地点是合同当事人履行义务的地方，通常需要根据合同标的的性质由双方当事人协商而定。履行方式是指当事人以什么样的方式来完成合同规定的义务。

#### 7. 违约责任

违约责任是指当事人一方或双方由于自己的过错造成合同不能履行或者不能完全履行，按照法律或合同的规定而承担的经济或其他责任。

#### 8. 解决争议的方法

合同当事人应当约定解决争议的方法，比如仲裁或者诉讼。

##  学习单元 2　复查并核实合同履行情况

 学习目标

> 掌握项目合同履行的概念
> 掌握项目合同履行过程产生的资料种类
> 掌握影响项目合同履行的主要因素
> 掌握项目合同履行的主要原则
> 掌握项目合同终止的原因和方式
> 能够复查项目合同履行资料
> 能够核实项目合同履行情况
> 能够编制单项合同执行报告

### 一、项目合同履行的概念

项目合同的履行，是指项目合同的双方当事人根据项目合同的规定在适当的时间、地点，以适当的方式全面完成自己所承担的义务。严格履行项目合同是项目双方当事人的义务，因此，项目合同的当事人必须共同按计划履行合同，实现项目合同所要达到的各类预定目标。项目合同的履行包括实际履行和适当履行两种形式。

#### 1. 项目合同履行的形式

（1）项目合同的实际履行

项目合同的实际履行，就是要求项目合同的当事人按照合同规定的目标来履行。实际履行已经成为我国合同法规的一个基本原则，该原则对项目合同的履行具有重大意义。在某些情况下，过于强调实际履行，不仅在客观上不可行，而且还会给项目合同的另一方当事人和社会利益造成更大的损失。所以实际上也应当允许用

支付违约金和赔偿损失的办法代替合同的实际履行。

（2）项目合同的适当履行

项目合同的适当履行，即项目合同的当事人按照法律和项目合同条款规定的标的，按质、按量、按时地履行。合同当事人不得以次充好、以假乱真，否则，项目合同的另一方当事人有权拒绝接受。这对提高项目质量，满足另一方当事人的需求，甚至满足人民日益增长的需求都具有十分重要的意义。

**2. 项目合同履行的期限、地点和方式**

合同履行的期限是指义务人向权利人履行义务的时间或时间范围。双方当事人应当在合同中明确规定年月日，不能明确规定的，也必须注明某年、某季或某年的上半年或下半年等。合同中明确规定合同履行的地点也十分重要。此外，合同履行的方式应当符合权利人的利益，同时也应当有利于义务人的履行。

## 二、合同履行资料的种类

项目合同履行过程中产生的资料主要包括：合同补充协议书，合同变更（含技术和商务变更）申请、指令和变更批准记录，合同履行过程中产生的会议纪要、备忘录，合同中规定的检查记录表格，合同中规定定期提交的项目进展报告，合同中规定应提交的质量记录和检测报告，合同中规定的付款凭证及相关财务记录和报告，合同中规定的单项和项目验收报告。

## 三、影响项目合同履行的主要因素

影响项目合同履行的主要因素也是影响项目执行的主要因素，可以从项目外部和项目内部两方面来分析。

来自项目外部的因素主要包括社会因素、法律因素、经济因素、文化因素、气候地域因素及不可预见因素等，来自项目内部的因素主要包括技术因素、组织结构、管理水平、项目参与者的态度等。

## 四、项目合同履行的主要原则

项目合同履行的主要原则是当事人在履行合同债务时所应遵循的基本准则。除诚实信用、公平和平等等基本原则外，还有以下专属项目合同履行的原则。

**1. 适当履行原则**

适当履行原则，又称正确履行原则或全面履行原则，是指当事人按照合同规定的标的及其质量、数量，由适当的主体在适当的履行期限、履行地点以适当的方式,全面完成合同义务的履行原则。《合同法》第 60 条第 1 款规定:"当事人应当按照约定全面履行自己的义务。"

全面履行原则和实际履行原则既有联系又有区别。实际履行原则强调债务人按照合同约定交付标的物或者提供服务,至于交付标的物或提供的服务是否适当,则无力顾及。因此,适当履行必然是实际履行,而实际履行未必是适当履行。

**2. 协作履行原则**

协作履行原则,是指当事人不仅适当履行自己的合同义务,而且应基于诚实信用原则要求对方当事人协助其履行债务的履行原则。它一般包括以下内容:债务人履行合同债务,债权人应适当受领给付;债务人履行债务,时常要求债权人创造必要的条件,提供方便;因故不能履行或不能完全履行时,应积极采取措施避免或减少损失,否则还要就扩大的损失自负其责;发生合同纠纷时,应各自主动承担责任,不得推诿。

《合同法》第 60 条第 2 款规定:"当事人应当遵循诚实信用原则,根据合同的性质、目的和交易习惯履行通知、协助、保密等义务。"

**3. 经济合理原则**

经济合理原则要求在履行合同时讲求经济效益,付出最小的成本,取得最佳的合同利益。例如,债务人选择最经济合理的运输方式,选择合理期限履行合同,选择设备体现经济合理原则,变更合同、对违约进行补救等体现经济合理原则。

**4. 情事变更原则**

情事变更原则,是指合同依法成立后因不可归责于双方当事人的原因发生了不可预见的情事变更,致使合同基础丧失或动摇,若继续维护合同原有效力则显失公平,于是允许变更或解除合同。

情事变更原则有其存在的合理性和生命力。我国最高人民法院的司法解释已经承认了该原则,在我国《合同法》草案征求意见稿中也有规定,但该法在最后通过时删除了情事变更原则。

情事变更原则的适用条件:须有情事变更原则的事实;须发生在合同成立以后,履行完毕以前;须不可归责于双方当事人;须当事人不可预见;须使履行原合同显失公平。

情事变更原则的效力体现在两方面:变更合同,使合同履行公平合理;解除合同。

## 五、项目合同终止的原因

根据我国的现行法律和有关司法实践,合同的法律关系可由以下原因而终止。

**1. 因履行而终止**

合同履行就意味着合同规定的义务已经完成，权利已经实现，因而合同的法律关系自行消灭。所以，合同履行是实现合同、终止合同的法律关系的最基本方法，也是项目合同终止的最常见原因。

**2. 因行政关系而终止**

项目合同的双方当事人根据国家计划或行政指令而建立的合同关系，可因国家计划的变更或行政指令的取消而终止。

**3. 因不可抗力而终止**

项目合同不是由于当事人的过错而是由于某种不可抗力而使合同义务不能履行的，应当终止合同。

**4. 当事人双方混同一人而终止**

法律上对权利人和义务人合为同一人的现象，称为混同。既然要发生项目合同当事人合并为一人的情况，那么原来的合同已无履行的必要或已不需要依靠这种契约关系而维系项目的实施，因而项目合同自行终止。

**5. 因双方当事人协商同意而终止**

当事人双方可以通过协议来变更和终止合同关系，所以通过双方当事人协议而解除合同关系或者免除义务人的义务，也是终止项目合同的一种方法。

**6. 仲裁机构或者法院判决终止合同**

当项目合同的一方当事人不履行或不适当履行合同时，另一方当事人可以通过仲裁机构或法院进行裁决以终止合同。

## 六、核实合同履行情况

助理项目管理师应能够根据合同要求，检查项目在质量、进度、费用、环境保护等方面的实际执行情况，将执行情况按照项目合同管理制度规定形成合同履行资料并进行复查、填写合同执行情况检查表或者编制合同执行报告。

**1. 复查合同履行资料**

首先应根据合同要求的格式、时间、数量、种类一一对应检查已形成的资料是否符合合同要求，并按照项目合同管理制度进行整理和归档，按时将合同中规定应提交的资料在经过复查程序、保证资料准确无误后送达相关方。

**2. 填写合同执行情况检查表**

合同执行情况检查表见表11—1。

表11—1　　　　　　　　合同执行情况检查表

检查时间：

| 项目名称 | | | 项目经费 | |
|---|---|---|---|---|
| 立项时间 | | 项目负责人 | 起止年限 | |
| 执行单位 | | 项目经费（万元） | 实际使用经费（万元） | |
| 计划完成内容 | | | | |
| 实际执行情况 | | | | |
| 经费使用情况 | | | | |
| 存在的问题及其解决措施 | | | | |
| 单位领导意见 | | 签章 | 合同管理部意见 | 签章 |

**3. 编制单项合同执行报告**

合同执行报告一般在合同执行情况检查表等无法清楚明确地表达项目合同执行情况的时候使用，主要用于合同范围比较大，涉及面广的复杂项目。下面以三峡左岸电站水轮发电机组为例说明如何编制合同执行报告。

## 三峡左岸电站水轮发电机组合同执行情况（节选）

水轮发电机组合同执行主要完成出厂主要部件验收、设计联络、图样资料审查、现场发现的制造缺陷处理以及合同执行过程中各种问题的处理、设备监造工作等。

(1) 水轮机座环的出厂检验

2001年由国内分包商东方电机股份有限责任公司、哈尔滨电机厂有限责任公司制造的9#、10#、11#、12#四台座环出厂，中国三峡总公司组织进行出厂检验。出厂检验过程中对主要焊缝做超声波探伤抽查，进行外观检查，审核尺寸检查记录文件。

3月15日、16日对9#座环作出厂检验，随机抽查了座环编号11#瓣的一个导叶焊缝和11#/12#瓣的5处焊缝，焊缝累计长度14.6 m，按ASME标准评定，被抽查的焊缝质量合格。焊缝表面打磨平整，厚薄板过渡处理较好。过渡板焊缝是在组合情况下进行的，因此，分瓣面错牙控制在设计范围内。

6月11日、12日对10#座环进行出厂检验，抽查带舌板的第201瓣。抽查焊缝长度11.72 m，所有抽查的焊缝均合格。

8月28日—30日对11#座环作出厂检验，UT抽查焊缝长度26.83 m，检测合格。11#座环质量比前一台9#座环的质量有明显提高，焊缝一次合格率提高，减少返修率，杜绝同一部位多次返修。外观检查满意，主要焊缝表层用细焊丝补焊再做砂轮打磨使外观质量提高。

10月22日—24日对12#座环作出厂检验，UT抽查焊缝长度23.5 m，过渡板对接焊缝有一处可记录缺陷和一处超标缺陷，并进行处理。为确保设备质量，厂方立即决定对整个座环有超标缺陷的同类焊缝作100%的UT复查，未发现新的超标缺陷。焊缝外观质量良好，厚薄板过渡合理，与10#机相比有较大改进。尺寸误差也在允许范围之内。

(2) VGS、ALSTOM在巴西生产的导水机构的出厂检验

2001年7月下旬至8月初，中国三峡总公司组团对VGS和ALSTOM在巴西工厂生产的导水机构进行出厂目击试验。VGS供货的3#机导水机构已组装具备试验条件，ALSTOM供货的4#机导水机构尚未达到组装阶段。因此，着重对VGS的导水机构进行目击试验，而对ALSTOM的导水机构进行制造文件检查，监造方参加目击试验。

试验表明：顶盖与底环轴孔的加工同心度满足设计要求，导叶加工在卧车上进行，轴径椭圆度控制在满足设计要求的公差之内。

由于座环先期运抵工地进行安装，在工程进行的试验中，顶盖、底环只能靠临时支撑进行组装，只能进行全关—全开—全关的操作，进行配合间隙的测量。

导水机构上下固定止漏环的同心度符合设计要求。导叶不同开度的端面间隙偏差在设计允许范围内。导叶立面间隙通过调整达到设计要求。

（3）转轮的出厂检验

中国三峡总公司验收小组于2001年12月在加拿大达蒙特利尔进行3#机转轮的验收。验收的主要内容及成果如下：

1）转轮静平衡试验。进行配重，将转轮的不平衡力矩控制在120.9～286.9 kgm的范围内，小于设计允许的334 kgm。

2）叶片出口角测量。每个叶片测量4个不同位置的出口角度，最大的平均值偏差－0.232 8°，最大的单个值偏差－0.765 8°，都在合同规定的±1°的偏差范围之内。

3）最终外观检查。对发现的转轮表面微小气孔、凹坑都做了补焊、打磨，使表面粗糙度达到图样标注的要求。

4）PT检查。对叶片与下环焊缝的出口边进行PT检查。对转轮加工过程中叶片上焊接的临时支撑点进行切割、打磨和PT检查。对配重块与上冠的连接焊缝和其他补焊过的部位也做PT检查。

5）表面喷漆检查。验收小组指出的喷漆不均匀等不足之处，GE水电公司进行了打磨和重新喷涂处理。

6）厚钢板焊接试验。由于叶片与下环的焊接厚度大（最大焊接厚度超过200 mm），GE水电公司原来所做焊接试验的板厚达不到规范要求。符合规定的试验于2001年12月18日进行，采用机械手自动焊。焊接完成后，将由独立的检验机构对焊缝材料取样，进行拉伸、弯曲和冲击等力学性能试验。

7）文件审查。铸件—铸件化学成分和材料的力学性能均符合ASTM标准。在制造过程中对铸造缺陷按规定进行修复，修复后重新作UT、MT、PT检查，均符合ASME规范要求。转轮尺寸检查：相似性检查、转轮最终尺寸检查都符合设计规定。加工过程中的焊接质量——最终质量符合ASME标准。制造过程中的设计变更请求（DCR）和不一致报告（NCR）都得到确认，符合规定的程序。

（4）发电机定子线棒工厂试验情况

VGS承担6台发电机的生产任务，其中2台发电机定子线棒在巴西西门子LAPA工厂生产，2台在加拿大GE水电公司工厂生产，2台在中国东方电机厂生产。2001年4月下旬，LAPA工厂承担的首台（2号）发电机定子线棒生产完成，进入定子线棒试验阶段，中国三峡总公司派出小组对定子线棒进行目击试验检验。

定子线棒试验项目有：水力试验包括流量试验、压差试验、热振试验、吹气/真空干燥试验、氦气试验；电气试验包括 $\tan\delta$ 试验、匝间绝缘试验、电晕试验、线棒表面电阻试验测量、高电压试验、主绝缘电阻试验。

检验小组审阅相关试验文件，确认已进行的电气试验中，高电压破坏性试验（2 根 110 kV）满足合同要求；EDF 参加目击的高电压冲击试验（2 根 76 kV）满足合同要求。

水力试验，西门子 LAPA 工厂的检验方法与发电机技术规范有所不同，但其方法比原技术规范规定的方法更严格。西门子公司表示该检验方法是该公司的内部方法，广泛运用在所有水冷定子线棒中，包括水电发电机、火电发电机。检验小组目击试验并讨论后，一致认为西门子 LAPA 工厂可以采用该检验方法。

检验小组共目击 8 根线棒的高电压绝缘试验。试验采用合同规定的标准 61.5 kV，持续时间 1 min。试验过程中有 2 根线棒击穿，绝缘电阻急剧下降，厂方初步分析认为，击穿部位在端部，可能与端部防晕层有关。检验小组要求西门子公司认真分析，找出事故原因，并提出解决方案。西门子公司根据分析，对线棒绝缘进行处理，再次进行试验，设备监造方目击试验过程，试验获得通过。

(5) 机组监造

法国 BV/EDF 负责三峡机组在国内外各个制造厂的监造工作。及时向业主报告在制造厂出现的各种偏差，使业主能及时了解制造情况，对重大偏差作出及时反映。BV/EDF 按照中国三峡总公司的要求，制订、落实"加强检验工作的计划"，具体表现为调整项目经理的责任与权利，增加设备出厂前的检验。

(6) 第五次设计联络会

2001 年 10 月 10 日—24 日，机组合同执行第五次设计联络会在上海举行，10 月 29 日在湖北宜昌举行总纪要签字仪式。中国三峡总公司有关单位、长江水利委员会（以下简称长江委）设计院、卖方及其分包商等出席会议。会议分 ALSTOM 组、VGS 组、电气协调组、商务组进行。中国三峡总公司副总经理出席会议。

会上，双方分别介绍工程进展、安装计划、机电工程设计情况、制造进度。进行图样审查；备品备件和专用工具确认；设备安装程序介绍和讨论；进一步落实设备交货、运输、仓储问题；设备调试及现场验收问题的讨论；与其他机电设备接口的协调；落实安装培训、运行培训及转轮出厂验收等项工作的安排。

注：本案例引用自《中国三峡建设年鉴》

 **学习单元3 组织合同资料归档**

 学习目标

➢ 掌握项目合同资料归档的原则
➢ 掌握项目合同资料归档的流程
➢ 掌握项目合同资料归档中的问题及解决方法
➢ 能够组织项目合同资料归档

## 一、项目合同资料归档的原则

中华人民共和国档案行业标准DA/T 222000《归档文件整理规则》讲述了归档文件整理的原则，即遵循文件的形成规律，保持文件之间的有机联系，区分不同价值，便于保管和利用。这是档案行业标准规定的资料文件归档的总体原则，同样适用于项目合同文件及相关资料。

## 二、项目合同资料归档的流程

项目合同文件具有成套性、阶段性和专业性的特点，其归档流程和其他项目资料的归档流程一致，即包括分类、组卷、文件整理、编号、填写卷内目录、装订、填写案卷封皮、入盒、上架排列等流程。其目标是使整个项目合同档案系统化，如实反映整个项目的合同结构和真实面貌，方便保管和查阅。

下面详细介绍项目合同资料归档的流程。

**1. 分类**

按项目合同文件管理制度规范中制定的分类编号方案分类组卷。一般合同文件资料按签订对象、合同功能、项目分包等划分类别，如总承包工程类项目合同可以分成总承包合同、设计分包合同、工程分包合同、劳务分包合同、设备采购合同、材料采购合同、运输合同、保险合同等，其中工程分包合同还可以按照单项工程继续细分，如A车间、B车间等。

**2. 组卷**

先分项目，后分阶段，按照分类方案中的项目组卷。建设工程项目一般分为立项审批、报批报建、设计、施工、竣工、使用维护等几个阶段。每个阶段所包含的材料可根据多少分成若干卷，材料不多可合组成一卷。声像材料按特殊载体档案立卷整理方法归档，可参考电子文件归档整理规范。

**3. 文件整理**

首先各种合同文件资料要统一幅面，一般 A4 大小，为 297 mm×210 mm。比规定幅面大的要折叠成统一幅面大小，图样的折叠采用手风琴折叠法，按规格为 4 号图纸（210 mm×297 mm）大小进行折叠，以显露图样右下角的图标为基准。文件材料要去掉金属物，用线装订或用胶水黏合。

**4. 编页号、档号及件号**

装订的案卷在卷内每份文件材料、图样正面右下角，背面左下角编写页号。不装订的案卷在每件文件材料右上角加盖档号章，档号章内容包括档号和件号。

档号由分类号和案卷号两部分组成；每个案卷的件号从"1"开始，顺序编号。

**5. 填写卷内目录**

卷内目录应录入计算机并统一格式打印后填写。

卷内目录通常包括序号、文件编号、责任者、文件材料题名、日期、页次和备注。各部分注意事项如下：

（1）序号

用阿拉伯数字从 1 起顺序标注，每件一个号。

（2）合同文件材料题名

要注明合同全称。

（3）文件编号

合同的编号及包含图样的图号。

（4）责任者

合同签署单位。

（5）日期

合同签署时间（年、月、日）。

（6）页次

每份合同文件材料首页上标记的页次。

**6. 装订**

合同文件案卷可以装订，也可以不装订。

装订的案卷卷内目录排在首页，备考表排在最后，其余文件按页码排列，取齐左边、下边，采取三孔一线的装订方法进行装订。不装订的案卷，卷内首页放卷内目录,最后一页放备考表,其他按件号放置,装入盒内。

#### 7. 填写案卷封面

案卷封面可采用案卷外封面(卷盒)和案卷内封面(软卷皮)两种形式。填写时应注意以下事项:

（1）档号

分类号加案卷号,如"B1－1"。

（2）案卷题名

案卷题名应简明、准确说明合同文档名称及相关内容,主要包括合同的名称、代字、代号及组件、附件、阶段的代号和名称等。

（3）签署方名称

合同签署方或主要责任者,一般应写建设单位、设计单位、施工单位。设备合同档案应写购方和设备制造单位。

（4）编制日期

卷内文件材料形成的起止日期。

（5）保管期限

永久、长期、短期中的一种,合同文件资料一般写永久。

（6）密级

密级分为秘密、机密、绝密三种。

（7）填写案卷脊背

档号同上;案卷题名同上。

（8）填写卷内备考表

检查案卷,入盒。卷内备考表要标明案卷内合同文件材料的件数、页数以及在组卷和案卷使用过程中需要说明的问题,还必须签写组卷时间、组卷人签名,而后检查一下卷内文件排列、装订是否正确,将案卷入盒。

经过上述步骤,合同文件整理归档基本完成。

### 三、合同资料归档中的常见问题、原因及解决方法

#### 1. 合同资料归档中的常见问题

从很多项目实践中可以发现在合同资料整理归档过程中往往会出现一些问题,例如部分合同履行资料出现不准确、不齐全、不规范、缺失等问题,还有一些项目没有建立合同资料管理制度,没有专人负责合同资料收集整理、归档工作,或者从事这项工作的人不具备资料收集整理归档工作的专业知识,给合同收尾工作带来诸

多困难，无法关闭合同，严重影响项目移交。

**2. 出现上述问题的主要原因**

（1）项目上级主管部门领导档案意识薄弱。在我国项目管理实践中，长期以来存在着重实施过程、轻档案的现象。

（2）项目参与方在谈判签订合同时，对项目资料的整编责任、内容、深度、要求不明确、不具体、不细化造成资料管理工作没有明确的目标。

（3）没有建立有效通畅的资料档案相关法规宣传学习的制度和渠道，造成项目管理人员及主管单位领导人对档案意识、档案知识的缺乏和相关专业知识素质偏低。

（4）项目参与方没有建立资料文档管理体系规范，缺乏有效控制资料文件质量的具体措施。

（5）项目实施单位人员素质低，技术力量薄弱，培训少，管理水平差，是造成项目实施过程中产生原始文件不规范、质量不高的一个重要因素。

**3. 解决问题的主要方法**

（1）项目资料文件管理工作必须从项目立项开始抓起。

（2）项目组织成立之初要建立相应的资料文件管理制度。对于项目资料管理制度的订立，要遵循国家相关的法规和标准，除通用标准外，还要注意项目所在地区和行业的特殊规定，例如在 GB/T 50328－2001《建设工程文件归档整理规范》国家标准中就规定了建设工程项目的文件归档整理规范。

（3）将项目资料文件管理和验收标准写入合同。

（4）加强档案意识宣传教育和培训工作。

（5）把项目资料管理工作列入项目实施计划中。

总之，项目资料管理工作是一项系统工程，是需要项目各个专业技术部门协同配合的一项复合型工作，是项目本身不可缺少的一项工作内容，应该在各个方面创造条件保证项目文件资料的完整、准确、系统、齐全，真实地记录和反映项目实施的全过程。

组织项目合同资料归档要依据标准、规范及项目合同资料管理制度来进行。

# 第 2 节 管理收尾

 **学习单元1 起草项目验收报告**

 **学习目标**

➢ 掌握项目验收的概念
➢ 掌握项目验收的过程
➢ 能够起草项目验收报告

## 一、项目验收的基本概念

项目验收也可以称为项目移交评审，是指项目实施结束或阶段性结束时，项目使用者接受项目工作成果之前，由项目团队向项目接受方和其他相关管理方提出申请，提请按照约定的程序和要求对其工作成果进行审查，核实项目合同规定的各项工作或活动是否已经完成，项目工作成果是否符合合同约定的各项条件。

如果审查合格，项目团队和项目接受方办理接受手续，项目转入应用或使用阶段。同时，总结经验教训，为后续类似项目提供参考。

项目验收是项目收尾工作中很重要的一项工作，预示着项目的结束（或阶段性结束），项目验收如果顺利通过，项目参与方就可以中止各自的义务和责任，并获得合同约定的权益。

根据工程项目生命期，项目验收可以分为合同期验收、中间验收和竣工验收；按项目验收的范围不同还可以将项目验收分为部分验收和全部验收，工程项目也可以称为单项工程验收和工程整体验收；按项目验收的内容，可以分为质量验收和文件验收。质量验收和文件验收是项目验收的两大组成部分，这样分类能比较准确、全面地理解掌握项目验收的工作内容。

## 二、项目验收的主要参与方及过程

项目验收的主要参加者包括项目发起人、项目接收或使用人、项目主管部门、承包商和项目监督方等。

项目验收过程一般可以分为验收准备、预验收和正式验收三个阶段,简单项目可以只有验收准备和验收两个阶段。下面以工程建设项目竣工验收为例说明项目验收过程。

**1. 验收准备**

由项目业主或其代理管理者组织勘察、设计、施工、监理、审计、质检等单位,做好下述验收准备工作。

(1) 核实项目的完成情况,列出已完成工程和未完成工程一览表(包括工程量、预算造价、完成时间)。

(2) 检查建设项目质量,查明须返工或修补的工程,提出竣工时间。

(3) 收集、整理、汇总建设项目的档案资料,分类编目,绘制好工程竣工图,并装订成册。

(4) 提出竣工决算报告。

(5) 登载固定资产,编制固定资产构成分析表。

(6) 落实项目投入使用的准备工作,提出项目试运行考核情况报告。

(7) 生产型项目在正式验收前应通过试生产,并提交试生产测试报告、运行情况报告。

(8) 承包商提交竣工验收申请报告。

**2. 预验收**

(1) 验收准备完成后,进行预验收。

(2) 检查、核实竣工项目准备移交使用单位的所有档案资料的完整性、准确性和符合档案归档要求的情况。

(3) 核查项目建设标准和项目质量,是否符合相关标准、设计文件,对存在的隐患和遗留问题提出处理建议。

(4) 检查财务账表是否齐全,数据是否真实,开支是否合理,是否符合国家相关规定。

(5) 检查试运行情况和投入业务使用准备工作的进展情况。

(6) 协调项目各有关单位,排除存在的争议问题。

(7) 督促返工工程、补做工程、收尾工程的完工。

(8) 填写预验收确认书。

(9) 编写项目竣工预验收报告和移交生产使用准备情况报告。

**3. 正式验收**

(1) 预验收合格后，竣工验收必须报请上级主管部门批准的工程建设项目，由项目业主或行使代理业主责任的单位填报竣工验收申请书，向上级主管部门提出正式验收申请，经审核批准后，组织进行正式验收。无需报请上级主管部门批准的项目省略这个步骤。

(2) 视建设项目的重要性、规模大小和隶属关系组成验收委员会（或验收组）进行正式验收。在进行正式验收时，对已进行单项验收合格的项目可以将单项验收报告作为正式验收附件。

(3) 竣工验收委员会应由项目投资方（或上级主管单位）的计划财务管理部门、业务管理部门、审计部门、档案管理部门、资产管理部门、投资方、生产使用单位的人员组成；土建工程的竣工验收委员会还应当包括地方质检、环保、劳动、消防、人防、防雷及其他有关部门的人员组成。项目接管（使用）单位、施工单位、勘察单位、监理单位、设计单位人员应参加验收工作。

## 三、项目验收报告的编写方法

不同的项目，项目验收报告的编写方法各不相同。我国部分行业主管部门针对主管行业内的项目编制了特定的项目验收规范和项目验收报告的样式，有特定验收报告编写样式的项目需遵照特定样式来验收并编写其验收报告，如中国气象局在2005年发布的气象行业标准QX/T 31—2005《气象建设项目竣工验收规范》就以行业标准的形式规定了气象建设项目的验收规范。

工程建设项目的验收报告一般包括前言、工程概况、项目招投标及合同管理情况、工程建设情况、项目采用的主要工艺设备、项目环保情况、项目消防情况、项目劳动安全卫生情况、工程监理、工程质量评测结果和交工验收、竣工结算、试运行报告、本工程建设项目存在的问题和建议等部分。

## 起草项目验收报告案例

值得注意的是，对于不同行业的项目，其项目验收标准、内容和关注重点有所不同。国家有关部委对其主管行业出台了验收项目标准或规定，所以不同行业的项目验收报告应该首先遵循行业内的标准或规定。例如交通部在交通部令2005年第2号《港口工程竣工验收办法》中就规定了港口工程的项目竣工验收办法，其附件包括了验收报告模板，具体如下。

## ××港口工程项目竣工验收报告（框架）

前言：简要叙述工程前期工作情况和工程要点

### 第一章 工程概况

1. 建设依据：行政主管部门有关批复、核准、备案文件。注明文件文号、名称和时间等。

2. 地理位置：概括描述相对位置并注明经纬度。

3. 自然条件：地形、地质、水文和气象等主要特征。

4. 批复、核准或备案的建设规模、标准、能力和总投资。

5. 建成的码头靠泊等级、吞吐能力以及进出港口的航道等级。

6. 项目法人，主要设计、施工（含设备制造、安装）、监理、质量监督等单位名称。

7. 开、竣工日期。

### 第二章 招投标及合同管理

概述招标、投标情况，招投标存在的问题和处理意见，合同的签订及执行情况。

### 第三章 工程建设情况

详细叙述各单项工程的工程总量、开工和完工时间、主要设计变更内容、工程中采用的主要施工工艺等；工程事故的处理；对各单项工程中的主要单位工程应着重说明其结构特点、特殊使用要求和建设情况，同时附工程建设项目一览表。

单项工程建设情况的内容按初步设计文件编制的章节顺序编写。

### 第四章 工艺设备

叙述主要工艺流程、机械设备和工作车船的数量及其性能参数、制造厂家和供货、安装和调试情况，同时附机械设备一览表。

### 第五章 环保、劳动安全卫生、消防和档案

概述有关环境保护、劳动安全卫生、消防主要建设内容、工程档案资料归档的情况，以及相关主管部门的专项验收意见。

### 第六章 工程监理

概述监理工作情况以及监理过程中存在的问题和处理意见。

### 第七章 交工验收和工程质量

概述交工验收情况。根据工程质量监督报告，综述工程质量评定情况以及存在问题的处理情况。

### 第八章 工程建设标准强制性条文执行情况

概述工程建设、设计、施工、监理各方执行工程建设标准强制性条文的情况。

第九章　竣工决算

概述竣工决算情况以及审计意见。

第十章　生产准备及试运行

概述建设项目生产准备工作情况和试运行情况。

第十一章　问题和建议

对竣工验收时存在的主要问题如实反映并提出建议意见。

附：港区形势图、总平面布置图及能够反映工程特点的部分图片（略）。

 学习单元 2　起草项目总结报告

 学习目标

➢ 掌握项目总结的概念和作用
➢ 掌握项目总结的方法
➢ 掌握项目总结报告的内容
➢ 能够起草项目总结报告

一、项目总结的概念、作用和方法

项目验收后，项目团队最后一项任务是完成一份正式总结。这是一个经常被忽视的任务，也是项目管理中最值得学习的部分之一。每个项目，无论成功或者失败，都应被看成是一次学习的机会，从过去亲自经历的经验中学习项目管理，评价错误与评价成功一样重要。因此，助理项目管理师应协助项目经理做好项目的总结工作，收集必要的数据，为总结项目的经验和教训提供信息。这些信息包括项目的范围核实记录、进展报告、成本记录、质量检验报告、人员表现情况、客户关系、供应商及承包商的表现、项目沟通情况、问题解决结果以及其他各种记录、报表、单据、批复、验收报告等。

项目执行完毕，项目小组的每一个人都应该总结一下项目执行的得与失、成与败。这样做的目的有两个：一是为员工个人的成长积累经验，二是为将来的项目提供借鉴。只有进行总结，这些信息才能指导员工今后的工作，才可以在未来项目的计划和估算中发挥作用。

项目总结的主要方法之一是进行项目总结评价,项目总结评价过程一般包括如下几方面。

1. 评价项目最初制定的在技术性能、进度和成本方面的目标及目标的实际完成情况。
2. 对项目目标的完成情况进行评价能反映出项目团队在目标执行方面表现得如何,而且要找出产生变更的原因,记录哪些变更是可以避免的,哪些是不可避免的。
3. 对项目团队的绩效评价应贯穿项目生命期,团队绩效评价包括对工作接口、绩效和项目管理的有效性的评价,还应该包括项目高层管理人员、项目团队、公司职能组织和客户之间的关系以及客户满意度的评价。
4. 评价项目利益相关者在本项目的参与性和绩效,包括分承包商、供应商和外部的支持团队。
5. 审计项目的收入来源和项目费用支出的合理性、计算项目利润。
6. 找出项目绩效表现出色的方面,并记录成功的原因。
7. 列出项目执行过程中出现的问题、错误、疏漏并找出原因。
8. 总结从项目中得到的经验教训,提出未来项目的改进方向。

对于项目执行得失的评价,可以请参与评价的每个代表列举出项目执行中哪些是正确的和错误的事项,之后在评价会议上汇总讨论列举的事项,从而生成一个共同的关于正确的、错误的、经验教训和未来建议的列表。进行上述评价后能总结出这个项目执行的经验教训,找到更好的项目执行方法,提高未来项目的执行绩效。

例如,在某跨国公司绝大多数软件产品开发项目都是以书面总结报告形式结束的,项目团队提交的总结报告随后会被递送到最高层管理人员,因为他们要对主要项目负责。一份总结报告可能需要长达六个月的时间来准备,篇幅从数十页到上百页不等。基本目的是描述项目中哪些方面进行得顺利,哪些不顺利,以及哪些应该在下一个项目中改进。其中也包括一些说明性信息,比如项目团队的规模、项目工期、产品各个方面(代码行的多少、使用的语言和平台)、计划的绩效(实际日期和计划日期的对比)以及开发过程(使用的工具、与其他团队的相互联系)。职能管理人员准备最初的计划书,然后用电子邮件把它发送给其他的团队成员并对其提出改进意见。最终的计划将发送给团队成员、高级行政主管和项目开发、编程和测试的主管人员。

项目总结评价主要由项目团队成员一起来完成,如果有可能,有些部分的评价还应邀请利益相关者代表参加,利益相关者或多或少地参与了项目的实施过程——如设计、施工、试生产、质量保证、性能测试等。为了保证项目总结评价的结果是全面的、无偏见的和准确的,可以向组织申请一个不在项目团队内的具有较高威望的领导人来指导监督总结评价过程。

## 二、项目总结报告的内容

项目评审的结果应整理加工成项目总结报告,项目总结报告是项目正式文档的组成部分,也是一本生动的项目管理培训教材,而且能帮助以后的项目团队避免犯同样的错误。项目总结报告将成为未来项目执行的重要参考资料,由于那些曾经为项目工作的人可能在未来无法解答这个项目中出现问题的原因及解决方法,因此,项目总结要保证其完整性、清晰性及未来的可参考性。

项目的总结报告包括团队成员个人的总结报告和项目经理对整个项目的总结报告。

### 1. 个人总结报告

项目小组个人的总结应注重个人在项目中角色的扮演情况、个人负责任务的完成情况、个人对团队的贡献等方面进行。一般而言,个人项目总结报告应突出如下内容(见表11—2)。

表11—2　　　　　　　　　项目自我评价表

| 项目名称: | | 自评人姓名: | |
|---|---|---|---|
| 我在该项目中的角色是什么?负责的主要任务有哪些? | | | |
| 你对自己负责工作如下目标的评价:<br>质量性能:　　□达到标准　　□低于标准　　□高于标准<br>费　　用:　　□按照预算　　□超出预算　　□低于预算<br>进　　度:　　□按照进度　　□提　　前　　□滞　　后 | | | |
| 你成功地完成了项目任务吗?如何衡量?如果不成功,原因是什么? | | | |
| 在项目实施过程中,你遇到了哪些困难和挑战?是如何克服的?为何要采取这种方法? | | | |
| 你在建设高效项目团队和促进信息沟通方面作出了哪些贡献? | | | |
| 你在该项目中积累了哪些成功的经验教训?又吸取了哪些失败的教训? | | | |
| 如果再做一次,你将采用哪些不同的方法? | | | |
| 项目经理评语: | | | |

## 2. 项目经理对整个项目的总结报告

项目经理对项目的总结报告则应注重项目进度、成本、范围等目标实现情况，项目交付成果的质量情况、团队工作情况、客户关系、项目合同执行情况以及在项目执行过程中成功的经验和失败的教训，项目总结经常围绕以下问题展开：这些工作是怎样进行的，使用了哪些方法和程序，是如何管理问题和风险的，是如何平息冲突的，用到了哪些方法激励队员。

在准备项目的总结报告时，应重点收集如下内容的信息：对项目执行情况的总体评价，项目范围完成情况，项目进度执行情况，项目成本执行情况，项目交付结果的质量状况，项目人员使用及表现绩效，供应商及承包商的表现，客户关系，问题解决情况，积累的经验，吸取的教训，建议与意见等。

不同类型的项目有不同的项目总结报告编写方法和格式，但总体而言，项目总结报告应包括项目说明、执行过程和最终成果。报告从项目计划开始，从质量、进度、费用、人力资源、沟通等方面阐述计划是如何执行的，执行的结果、失败之处及原因以及最后的经验教训。

## 3. 项目总结报告内容和结构框架

有些行业或企业会规定本行业或企业总结报告的内容和格式，一般是以总结报告模板的形式出现的。一般而言，项目总结报告的内容和结构框架见表11—3。

表11—3　　　　　　　项目总结报告内容和结构框架

| 项目名称： | 编号： |
|---|---|
| 项目计划起止日期： | 项目实际起止日期： |
| 项目经理： | 本报告起草人： |
| 完成了项目的哪些交付成果？ | 没有完成的工作有哪些？原因是什么？ |
| 对项目的总体评价： | |
| 进度方面 | 项目实际进展情况与计划进度如何？<br>哪些方面的工作本来应多花些时间？<br>在进度上发生了哪些变化？<br>我们用到了哪些进度控制方法？ |
| 成本方面 | 项目实际成本与计划预算相比如何？<br>哪些方面的工作本来应多花些资金？<br>预算怎样才能作得更准确些？ |

续表

| | |
|---|---|
| 质量方面 | 项目的质量符合客户的具体要求吗？<br>在质量方面发生了哪些问题？是如何处理的？<br>客户对项目的质量要求发生了哪些变更？<br>客户对项目的最终移交成果是否满意？<br>以后如何更好地理解客户的质量要求？ |
| 人力资源方面 | 小组成员是否理解他们的角色？<br>是否存在有人工作分配负担过重或过轻的情况？<br>成员之间的协作情况如何？<br>角色分配是否合适？<br>运用的激励、领导方式、监督方法是否有效？<br>成员在哪些方面得到了锻炼与成长？ |
| 沟通交流方面 | 小组成员对项目的目标、客户要求是否有充分地了解？<br>成员是否迅速地交流自己遇到的问题？<br>有没有利益相关者在交流沟通中被忽略？<br>今后的项目在交流沟通上可作哪些改进？ |
| 技术与方法方面 | 该项目运用了哪些新技术？它们如何促使项目的成功？<br>项目跟踪与控制的方法是否发挥了作用？<br>什么样的改进可能有用？ |
| 外包供应商与分承包商方面 | 与供应商、分承包商打交道方面积累了哪些经验？<br>供应商与分承包商的职能履行得如何？ |
| 经验教训 | 该项目有哪些成功的经验？又有哪些失败的教训？<br>如果有机会重新做这个项目，应该怎样去做？ |
| 项目总监评语： | |

# 参考文献

1. 纪燕萍，王亚慧，李小鹏主编．项目管理实战手册．北京：人民邮电出版社，2002
2. 陈光键，徐荣初，叶佛容主编．建设项目现代管理．北京：机械工业出版社，2004
3. ［美］库珀，辛德勒．郭毅，詹志俊译．商业研究方法（第7版）．北京：中国人民大学出版社，2006
4. 《投资项目可行性研究指南》编写组．投资项目可行性研究指南．北京：中国电力出版社，2002
5. 刘伊生．建设项目管理（第2版）．北京：清华大学出版社，2004
6. 谭崇台，郭熙保主编．宏观经济学．北京：中国社会科学出版社，2000
7. 朱志刚等．财政投资评审指南．北京：中国财政经济出版社，2002
8. 成虎．工程项目管理（第2版）．北京：中国建筑工业出版社，2001
9. ［美］豪根（Haugan, G. T.）．有效的工作分解结构．北京：机械工业出版社，2005
10. ［美］施瓦尔贝（Schwalbe, K.）著．邓世忠等译．IT项目管理．北京：机械工业出版社，2004
11. ［美］维尔朱（Verzuh, E.）著．刘霞等译．项目管理：模板、解决方案与最佳实践（第2版）．北京：电子工业出版社，2006
12. Richard Luecke. Managing Projects Large and Small. US：Harvard Business School Press，2004
13. ［美］巴卡等著．爱丁等译．PMP：项目管理专家认证练习与解答．北京：电子工业出版社，2003
14. ［美］格雷（Gray, C. F.），拉森（Larson, E. W.）著．王立文等译注．项目管理教程：双语教学版．北京：人民邮电出版社，2005
15. ［美］杰弗里 K. 宾图（Jeffrey K. Pinto）著．项目管理（英文版）．北京：机械工业出版社，2007
16. 白思俊主编．现代项目管理（下册）．北京：机械工业出版社，2006
17. 甘华鸣主编．项目管理．北京：中国国际广播出版社，2002
18. 张婀娜，邱菀华主编．项目管理师．北京：机械工业出版社，2003
19. 戚安邦主编．项目管理学．天津：南开大学出版社，2003

20. 中国建设监理协会. 建设工程进度控制. 北京：中国建筑工业出版社，2002
21. 中国（双法）项目管理研究委员会. 中国项目管理知识体系. 北京：电子工业出版社，2006
22. ［美］项目管理协会. 卢有杰，王勇译. 项目管理知识体系指南（第三版）. 北京：电子工业出版社，2005
23. 纪燕萍，张婀娜，王亚慧主编. 21世纪项目管理教程. 北京：人民邮电出版社，2002
24. 《中国工程项目管理知识体系》编委会. 中国工程项目管理和知识体系. 北京：中国建筑工业出版社，2003
25. 胡宇辰，李良智. 企业管理学. 北京：经济管理出版社，1999
26. 石川馨，质量管理. 北京：中国人民大学出版社，1979
27. 丁荣贵，杨乃定主编. 项目组织与团队. 北京：机械工业出版社，2005
28. 范黎波. 项目管理. 北京：对外经济贸易大学出版社，2005
29. 中国项目管理研究委员会. 中国项目管理知识体系与国际项目管理专业资质认证标准. 北京：机械工业出版社，2005
30. 白思俊等. 现代项目管理概论. 北京：电子工业出版社，2006
31. ［美］加里·德斯勒. 人力资源管理. 北京：中国人民大学出版社，1999
32. ［美］雷蒙德·A. 诺伊著. 徐芳译. 雇员培训与开发. 北京：中国人民大学出版社，2001
33. ［美］斯蒂芬·P. 罗宾斯. 孙建敏译. 组织行为学（第七版）. 北京：中国人民大学出版社，2001
34. 杜栋. 信息管理学教程. 北京：清华大学出版社，2002
35. 杜栋. 管理控制学. 北京：清华大学出版社，2006
36. 陈国青，［德］雷凯著. 信息系统的组织、管理、建模. 北京：清华大学出版社，2002
37. ［美］玛丽·蒙特. 钱小军，张洁译. 管理沟通指南（第七版）有效商务写作与演讲. 北京：清华大学出版社，2007
38. 薛华成主编. 管理信息系统（第三版）. 北京：清华大学出版社，1999
39. 闪四清. 管理信息系统教程. 北京：清华大学出版社，2003
40. 王晓奇，郭晔主编. 管理信息系统. 西安：西安交通大学出版社，2003
41. 赖茂生主编. 信息资源管理教程. 北京：清华大学出版社，2006
42. 王宪磊. 信息管理论. 北京：社会科学文献出版社，2004
43. 全国监理工程师培训教材编写委员会，全国监理工程师培训教材审定委员会. 全国监理工程师培训教材——工程建设信息管理. 北京：中国建筑工业出版社，1997

44. 李日保. 现代物流信息化. 北京：经济管理出版社，2005

45. Robert M·Thomas. 陈奇岩，杨继红等译. 局域网实用手册——计算机联网指南. 北京：电子工业出版社，1996

46. 贺正楚，文先明. 信息沟通与企业危机管理研究. 长沙：湖南人民出版社，2006

47. 苏勇，罗殿军主编. 管理沟通——工商管理硕士（MBA）教材. 上海：复旦大学出版社，1999

48. 周中胜. 职场完全沟通百法. 广州：广东经济出版社，2006

49. ［美］约翰·雷克斯，费琳. 张祖成译. 项目文档管理指南. 北京：电子工业出版社，2006

50. 陆卫明，李红. 人际关系心理学. 西安：西安交通大学出版社，2006

51. 鲜继清，张德民，蒋青等. 现代通信系统与信息网. 北京：高等教育出版社，2005

52. 国际项目管理协会. 中国（双法）项目管理研究委员会译. 国际项目管理专业资质认证标准. 北京：电子工业出版社，2006

53. 中国（双法）项目管理研究委员会. 中国项目管理知识体系（C－PMBOK2006）. 北京：电子工业出版社，2006

54. 中国（双法）项目管理研究委员会，中国信息产业商会，中国电子信息产业发展研究院. IT信息化项目管理知识体系与国际项目管理专业资质认证标准iPMBOK2004. 北京：电子工业出版社，2004

55. 纪燕萍，王亚慧，李晓鹏主编. 中外项目管理案例. 北京：人民邮电出版社，2002

56. 中国软件评测中心. 计算机信息系统集成项目管理基础. 北京：电子工业出版社，2004

57. 中国软件评测中心. 计算机信息系统集成项目管理实践. 北京：电子工业出版社，2004

58. 计雷等. 突发事件应急管理. 北京：高等教育出版社，2006

59. 赖一飞，夏滨，张清. 工程项目管理学. 武汉：武汉大学出版社，2006

60. 乌云娜等. 项目管理策划. 北京：电子工业出版社，2006

61. 何伯森主编. 国际工程合同管理. 北京：中国建筑工业出版社，2005

62. 沈建明主编. 项目风险管理. 北京：机械工业出版社，2003

63. 毕星，翟丽主编. 项目管理. 上海：复旦大学出版社，2000

64. 乌云娜等. 项目采购与合同管理. 北京：电子工业出版社，2006.7

65. 梁军主编. 采购管理. 北京：电子工业出版社，2006

66. 郑建国. 项目采购管理. 北京：机械工业出版社，2007

67. 骆温平. 物流与供应链管理. 北京：电子工业出版社，2002